KB013313

현상학, 현대 철학을 열다

현상학, 현대 철학을 열다

초판 1쇄 인쇄   2021년 12월 23일
초판 1쇄 발행   2021년 12월 30일

—

기 획   한국현상학회
엮은이   신인섭
지은이   박승억·김희봉·김태희·하피터·한상연·조정옥·이은영·김기복·홍성하
펴낸이   이방원
편 집   송원빈·김명희·안효희·정조연·정우경·조상희
디자인   손경화·박혜옥·양혜진   **마케팅**   최성수·김 준

—

펴낸곳   세창출판사
　　　　신고번호 제1990-000013호   **주소** 03736 서울시 서대문구 경기대로 58 경기빌딩 602호
　　　　전화 02-723-8660   팩스 02-720-4579
　　　　이메일 edit@sechangpub.co.kr   홈페이지 http://www.sechangpub.co.kr
　　　　블로그 blog.naver.com/scpc1992   페이스북 fb.me/Sechangofficial   인스타그램 @sechang_official

—

ISBN   979-11-6684-067-8 93160

현상학, × 현대 철학을 열다

신인섭 엮음

한국현상학회 기획

세창출판사

1부　두 원천의 현상학자

총론

신인섭
한국현상학회 13, 14대 회장

「총론」의 일부분은 신인섭(2021), 「프랑스현상학의 지형도 형성 및 현황에 대한 유형별 고찰」, 『현상학과 현대철학』 90집, 1-34쪽의 내용을 일부 선별, 수정하여 실은 것임.

1. 현상학의 태동

과학적 객관성에 집착하는 실증주의와 주관적 경험에 의존하는 심리학주의가 팽배하던 20세기 초, 소위 '지향성'을 통해 객관과 주관 사이의 인식론적 이분법을 해소시킨 철학자가 나타났다. 모라비아 출신의 독일 철학자 에드문트 후설(Edmund Husserl)이다. 그는 의식이 언제나 '무엇에 대한 의식'으로서 대상과의 관계 하에서만 활성화된다는 유명한 '지향성' 이념을 내놓으면서 철학계의 일약 스타가 된 것이다. 의식 대상의 본질 직관이 가능한 '지향성'을 통해 주-객 상관적인 틀을 출범시킨 그는 요컨대 '사태 그 자체로(Zu den Sachen selbst)' 돌아갈 수 있는 꿈의 철학인 현상학을 탄생시킨다. 이후 그는 초기의 기술 현상학이 결핍한 절대적 명증이라는 보편성을 위해 선험적 현상학[1]을 구축하면서 유럽 학문의 위기 극복이 목표인 생활세계(Lebenswelt) 현상학에까지 이른다. 이같이 생동적이고 다양한 철학적 시추 작업이 진행되자, 마르틴 하이데거(Martin Heidegger)를 비롯한 독일 제자들은 물론 국경 너머의 적지 않은 학자들이 제각기 고유의 학술적 청사진을 제시하면서 '운동' 내지 '흐름'으로서 현상학에 동참하여 오늘에 이르고 있다. 우리는 이것을 현상학의 태동, 현상학의 계승, 현상학의

---

[1] '선험적'을 뜻하는 transcendental은 이번 저술에서 '초월론적'으로도 사용되고 있음을 밝힌다. '선험'이란 '아프리오리(a priori)'와는 다른 개념으로서 독자 여러분이 책장을 넘기면서 조금씩 더 이해할 수 있을 것으로 사료된다.

『현상학 입문』 강의 원고(© Husserl Archives Leuven)

현황, 현상학의 응용, 현상학의 위기라는 주제로 해명하고자 한다.

한편 현상학의 발생지는 따로 있음에도 현재 마치 종주국처럼 압도하는 프랑스 철학자들의 찬란한 지적 열매는 후설과 하이데거가 없었다면 불가능했을 것이다. 게다가 막스 셸러(Max Scheler), 에디트 슈타인(Edith Stein), 오이겐 핑크(Eugen Fink), 얀 파토치카(Jan Patočka) 역시 프랑스 현상학 발전의 동력으로 작용했다. 이번 저술에서는 후설을 비롯한 독일 문화의 보석 같은 현상학자들이 소개되는데 이들은 고유의 독창성과 영향력으로 선정된 것이다. 1부에서는 후설 현상학의 세 시기와 하이데거 사상의 전후기가 다섯 편의 글로 정리될 것이며, 2부에서는 아직 우리나라에서 그다지 많이 다루어지지 않았지만, 앞의 두 철학자 못지않은 현상학자 4인방이 철학사에 빛날 면모를 드러낼 것이다. 한편 체코어로 쓰인 데다 지난 세기 후반부터서야 알려졌기 때문에 파토치카의 저술에 대해 모르고 있던 메를로퐁티(Maurice Merleau-Ponty)가, 셸러의『자기 인식의 환상』과『지식의 형태와 사회』를 인용하고, 핑크의 1930년대 주요 논문 세 편과 슈타인의 핵심 논문을『지각의 현상학』에서 다룬 것을 보면, 이 철학자들의 위상을 충분히 짐작할 수 있으리라. 본 저서의 목표는 현재 프랑스에서 만개하고 있는 현상학 운동 이전에 그리고 동시에 철학사적으로 깊고도 신선한 충격을 준 독일 문화권 현상학자들의 진리 내막을 정리하여 인문, 사회, 예술 분야의 연구자 및 독자들과 공유하는 데 있다. 각 저자들의 의견도 포함된 여섯 현상학자의 이력은 다음과 같다.

① 에드문트 후설(1859-1938)

인문학과 사회과학 분야에 관심 있는 사람이라면 누구든 한 번쯤은 들어본 이름이 현상학일 것이다. 하지만 그런 유명세에 비해 쉽사리 다가서기 어려운 학문적 방법론도 현상학이다. 잘 알려져 있다시피, 1930년대부터 각국의 연구자들을 매료시키고 인문·사회과학 전반의 학술 프레임으로 현상학적 철학의 기초를 마련한 철학자는 후설이며 그를 통해 현대 철학은 새로운 전기를 마련한다. 난해성에도 불구하고 후설의 현상학이 중요한 이유는, 전기 사유에서 의식 일반의 본질과 그 작동 방식에 대해 치밀한 분석을 시도했으며, 후기로 가면 당시 유럽 학문과 정치 상황의 위기를 진단해 경고하는 선명한 역사의식도 피력했기 때문이다. 그의 이러한 문제의식은 현재 발생 중인 지구상의 각종 위험까지 내다볼 수 있는, 유럽 역사의 이성적 휴머니티의 회복과도 관련된다. 물론 이 테제는 후일 포스트구조주의와 프랑스 현상학의 비판을 감수해야 했다. 아무튼 엄밀한 철학자 후설에게 현상학이란 무엇보다 먼저 인간의식의 본질적 면모에 대한 근본적이고 체계적인 해명이 된다. 이른바 지향성(Intentionalität)을 통한 의식의 존재 양식은 그러한 작업의 결정적인 실마리로서 마침내 '사상(事象) 그 자체'로의 길을 열게 된다. 하지만 이 의식 현상의 복잡성은 우리의 상상을 넘어서는 것이기에 학술적으로 예리했던 후설조차 일평생 진퇴를 거듭하면서 그 문제의식과 탐구 분야를 끊임없이 개척하고 또 심화해 갔다. 요컨대 초기의 수리-논리학적 문제의식에서 출발한 그의 현상학은 중기의 선험적 현상학, 후기의 생활세계 현상학이라는 3단계로 펼쳐지면서 궁구된다. 이것들은 후설의 진리 탐색의 여정을 보여 주는 명칭들인 동시에 의식이라는 수수께끼를 현대적으로 해명하는 초유의 작업이 얼마나 힘든 일인지도 잘 보여 주고 있다. 하지만 그가 현상학 연구의 세부 영역 도처에 길을 트자 이내 수많은 연구자가 뒤를 따랐는데 그중 다섯 명의 탁월한 독일 철학자를 다음과 같이 소개한다.

② 막스 셸러(1874-1928)

신칸트학파 시기, 현상학파 시기, 범신론적 시기로 연구 지층이 구분되는 막스 셸러는 주로 '공감의 현상학자'[2]로 알려져 있다. 특히 그의 "살아 있는 몸(lived body)" 개념은 메를로퐁티의 사유에도 깊은 흔적을 남겼다. 사르트르(Jean Paul Sartre)의 감정 이론에도 지대한 영향을 끼친 셸러[3]는 후기에 접어들자 철학적 인간학을 구축하는데, 인간과 동물의 공통점을 감지적 충동, 본능, 연상기억 그리고 실천적 지성이라고 한 후 갑자기 정신은 인간만의 것이라고 선을 긋는다. 이 돌연한 간극의 정당화는 '동물 행동의 연구'에서 볼 때 오류로 나타나고, 결과적으로 생존 그 이상의 행위가 동물에게도 가능한 것으로 나온다. 본질 직관과 자기 절제 및 타자 배려의 능력도 아쉬운 대로 동물이 갖추고 있다면 사람에 준하는 그의 인격성도 부정될 수 없을 것

---

2 셸러가 모방감정(emotional imitation)인 밈-파토스(mim-pathos)를 공감(sympathy)의 토대로 기술하는 것으로 보아 르네 지라르(René Girard)의 모방심리학을 선취한 것으로 보인다.

3 셸러 철학에 대한 전문적이고도 종합적인 주해서이자 또 하나의 현상학적 가능성을 제시한 위대한 저술은 1959년 출간된, 보르도대학 교수 모리스 뒤퓌이(Maurice Dupuy)의 756쪽에 달하는 방대한 작업이다. 이미 일본에서는 피에르 테브나즈(Pierre Thévenaz)와 더불어 연구가 더 필요한 현상학자로 분류되어 있다. Dupuy(1959), *La Philosophie de Max Scheler. Son évolution et son unité* 참조; 이후로도 Ranly(1966), *Scheler's Phenomenology of Community*; Frings(2003), *Lifetime: Max Scheler's Philosophy of Time* 등이 이어진다.

이다.[4] 셸러 철학의 취약점이 될 수도 있는 이 논점은 오히려 동물로서는 종래 자신의 위상을 넘어서는 일종의 특이점(singularity)으로 기록된다.

한편, 셸러는 쾰른대학에 재직하다가 1928년 프랑크푸르트대학 정교수로 자리를 옮기면서, 마르크스주의를 강단 철학으로 유입하고자 설립된 프랑크푸르트 사회연구소의 소장직까지 맡기로 하였으나 학기 시작 직전에 사망한다. 그는 1919년부터 1926년까지 인식의 사회적 조건을 탐구하는 과정에서 마르크스주의를 천착하게 되는데, 1924년 「지식사회학의 문제들」을 발표하고 1926년에는 여기에다 「인식과 노동」이라는 글을 보태 『지식의 형태와 사회』[5]라는 또 하나의 주요 작품[6]을 간행한다. 재기발랄한 그의 학문 능력은 후설의 시각으로는 감당할 수 없었던 윤리학, 인간학, 환경론, 종교론 그리고 사회학에까지 확장되면서 현상학의 틀을 혁신하게 된다.

이런 맥락과 더불어 지식사회학의 실질적 창시자가 된 그는 마르크스주의를 비판적으로 이해하면서 실용주의적 사회주의를 기반으로 한 사회철학자가 되었으며 1928년 프랑크푸르트대학에서 다음 꿈을 실현하려 했으나 때 이른 죽음으로 뜻을 이루지 못했다. 그가 타

---

4 셸러의 철학적 인간학의 미완성적인 동물 이해는, 인간의 동물적 기원에 초점이 맞춰진 뱅브네(보르도대학)의 현상학적 인간학에서 보완되고 있다. Bimbenet(2017), *Le Complexe des trois singes. Essai sur l'animalité humaine*; (2011), *L'Animal que je ne suis plus* 참조.

5 Scheler(1926), *Die Wissensformen und die Gesellschaft*; 막스 셸러(2011), 『지식의 형태와 사회』 I/II.

6 『윤리학에 있어서 형식주의와 실질적 가치윤리학』(1916) 및 『공감의 본질과 형태들』(1923)과 더불어 가장 중요한 저작인 데다 프랑크푸르트대학 정교수 및 사회연구소 소장직을 수락하면서 앙가주망의 상징으로 드러나는 특별한 저술이라 하겠다.

계하지 않았다면 독일 현상학의 계보 및 프랑크푸르트학파의 면모는 달라졌을 터이고 호르크하이머(Max Horkheimer)나 아도르노(Theodor W. Adorno)의 운명도 바뀌었을 것이다. 그는 지식사회학의 대명사로 평가받는 카를 만하임(Karl Mannheim)의 스승으로 이 분야의 원조가 된다. 메를로퐁티와 하이데거도 참조한 셸러의 '노동기초' 지식사회학은 후속 연구들을 통해 셸러가 현상학과 프락시스를 아우른 최초의 철학자라고 재평가될 것으로 보인다.

③ 마르틴 하이데거(1889-1976)

후설의 제자, 조교, 후임으로 인연을 맺었으나 사유 체계의 기초 구축과 결말에서는 스승과 사뭇 다른 길을 걸었던 하이데거의 전기 사상은 현존재 이념을 중심으로 전개된다. 그는 현존재의 고유한 본질을 실존에서 찾고 있다. 현존재나 실존 이념의 근본적인 성격은 존재를 시간성 및 역사성의 관점에서 이해할 단초를 제공함이다. 재래의 철학은 대체로 존재를 영원불변의 실체로 이해해 왔으며, 감각 경험을 넘어선 실체적 존재를 이성을 통해 해명해 왔다. 그런데 시간적 존재자로서 현존재는 두 가지의 상반된 존재 방식을 지닌다. 도구적 의미 연관이 지배하는 일상 세계 내의 비본래적 존재 방식이 그 하나이고, 불안과 죽음으로 말미암아 일상 세계로의 전락으로부터 자신의 본래성을 회복하는 존재 방식이 다른 하나이다. 한편, 후기 사상은 대체로 소위 '전회' 이후의 것으로 '시 짓기로서 예술'이 중심 이념이 된다. '시 짓기로서 예술'을 가능하게 하는 것은 '아이스테시스', 곧 무언가를 그 자체로 '순연하게 감각적으로 봄'이다. 『존재와 시간』에서도 발견되는 이 아이스테시스는 로고스보다 더 근원적인 진리의 자리가 되고 있으며 바로 이러한 관점이야말로 '근본적으로 현상학적인' 것이다. 이처럼 '시 짓기로서 예술'의 프레임으로 전개된 후기 사상 역시 현상학을 바탕으로 하고 있지만, 후설 유형으로만 한정되지 않은 그의 현상학은 결국 철학 자체에 대한 본질 규정의 시도와 다름이 없다. 하이데거의 관점에서 보자면, 고대 그리스로부터 철학이란 언제나 현상학적인 사유로 발현되어 온 것이다.

④ 에디트 슈타인(1891-1942)

슈타인은 1998년 교황 요한 바오로 2세가 성인으로 시성한 종교인으로도 알려져 있지만 실상은 후설의 조교 출신으로, 철학사의 중요 주제인 타자 문제를 해결하기 위해 감정이입 이념에 집중한 현상학자로서 치열하게 고민한 인물이다. 자기중심주의에 빠지지 않도록 현실을 제대로 알려 주는 것이 '타자로의 개방'이라 본 슈타인에게는, 첫째, 후설에게 배운 현상학적 방법의 심층 이해, 둘째, 타자에 대한 깊은 책임, 셋째, 신 없이는 유의미한 것을 이룰 수 없다는 무기력의 인정, 이 세 가지가 중요했다. 이것들은 ⓐ 현상학 연구 시기, ⓑ 비교 연구 시기, ⓒ 그리스도교적 시기에 각기 상응하면서 자연스럽게 에디트의 사유를 종합하게 된다. 본서에서는 그녀의 『감정이입의 문제』를 통하여 슈타인 자신과 후설 및 당대 괴팅겐학파 사이의 현상학적인 간극을 추적할 것이다. 독일의 한나 아렌트(Hannah Arendt), 프랑스의 시몬 베유(Simone Weil), 폴란드의 로자 룩셈부르크(Rosa Luxemburg)와 함께 20세기의 4대 유대계 여성 철학자로 우뚝 선 에디트 슈타인의 사유 궤적이란, 요컨대 열린 현상학과 실재론적 현상학 그리고 본질 현상학으로 규정될 것이다.

⑤ 오이겐 핑크(1905-1975)

콘스탄츠에서 태어난 핑크는 후설의 지도와 하이데거의 조언으로 박사학위를 받았으며, 후설의 조교로서 일상적으로 스승과 논의하는 동안 마침내 후설 철학의 중요한 모티브를 촉발함으로써 스승 말년의 선험적 현상학 이념을 구축하는 데 이바지한 바가 있다. 후설은 『데카르트적 성찰』의 개정판을 핑크에게 부탁하면서 자신의 주해와 부론을 추가한다. 더욱이 『제6성찰』을 저술한 핑크는 후설의 『데카르트적 성찰』이라는 학설의 제약 속에 선험적 현상학의 기틀을 유지하면서 후설 철학에 잠재된 현상학의 자기비판, 곧 "현상학의 현상학"을 현상학 자체의 방법론으로 삼으려 했다. 학문 여정의 전반기 동안은 선험적 주관을 메온(μηὄν), 곧 비존재라 여기는 현상학적 이념으로 후설 체계의 난점을 해결하려고 했지만, 후반기로 접어들자 전통적 존재론의 세계 망각을 비판하면서 세계 자체를 사유하려 했는데 그에게 존재의 문제란 인간과 함께하는 '우주적 운동'의 표명이 된다. 말하자면 핑크는 후설 현상학의 프레임을 지키되 하이데거 철학을 현상학의 수행에 대한 반성 및 그 수행 주체에 대한 성찰의 거울로 수용하고자 한 것이다. 핑크의 이러한 하이브리드적인 기획은 메를로퐁티와 그 이후의 프랑스 현상학에 영향을 주게 된다.

한편 '인간공동체' 역시 이 우주론적 인간학의 형태에서 나오는 세계 사유의 관점으로 도출된다. 이때의 인간은 후설의 선험적 주관이나 하이데거의 현존재가 아니라 세계가 조성됨에 따라 등장하는 존재이다. 요컨대 인간이란 하늘과 땅, 세계와 사물 사이의 '우주론적 변증법 놀이'로써 열린' 공간 속에 존재하는 자가 된다. 이러한 이해를 바탕으로 현존재의 존재의미도 재해석되는데 그는 에로스, 죽음,

노동, 지배, 놀이를 통해 세계로 삽입된 인간의 실존[8]을 펼쳐 보이면서 세계 차원에서 일어나는 대극적인 투쟁이 어떻게 이 요소들 속에서 상징화되는지를 보여 준다. 특히 핑크가 '사유'와 '놀이'의 공존을 역동적 이미지로 드러내는 지점이자 '놀이'와 '존재' 사이의 만족스러운 접합지로 '행복의 오아시스'[9]라는 시공간을 생성한 것은 독창적인 공헌이라 하겠다.

⑥ 얀 파토치카(1907-1977)

후설과 하이데거 및 핑크의 영향을 받았으며 특별히 핑크로부터는 개인적 친분으로 지도를 받기도 한 얀 파토치카는 학문 여정의 초기에 자신의 박사 논문이기도 한 『철학적 문제로서 자연적 세계』[10]를 천착하여, 자연적 세계와 그 형이상학적 토대 사이의 '상인상대(相因相待)' 및 세계와 인간실존 사이의 '조화로운 결속력'을 발견하게 된다. 이런 입장을 취하게 된 배경은, 도덕 차원이 부정되는 시대를 거슬러 인간적 차원을 역사에 정박시키려 한 '모라비아 전통'의 회복 운동에 있었다. 이 전통 속의 주요 선배들은 17세기의 교육철학자 코메니우스(Johann Amos Comenius), 체코슬로바키아의 초대 대통령이자 철학자인

---

7 핑크는 인간과 놀이 사이의 '운명적 밀접성'을 로제 카유아(Roger Caillois)의 저서를 통해 해명한다. Eugen Fink(1960), *Spiel als Weltsymbol*, Stuttgart: W. Kohlhammer Verlag; Roger Caillois(1958), *Les jeux et les hommes*, Paris: Gallimard.

8 Célis(1978), "La mondanité du jeu et de l'image selon Eugen Fink", in *Revue Philosophique de Louvain*, pp. 54-66.

9 Fink(1957), *Oase des Glücks. Gedanken zu einer Ontologie des Spiels* 참조.

10 Patočka(1976), *Le Monde naturel comme problème philosophique*; (2016), Nouvelle Traduction par Erika Abrams.

토마스 마사리크(Tomáš Masaryk) 그리고 현상학의 창시자 에드문트 후설이다. 파토치카 역시 핑크처럼 후설에서 출발한 자신의 사유를 하이데거의 존재론으로 교정한다. 그는 인간실존의 '세 가지 운동'이라는 학설로 독창적인 주관성 개념을 개발한 현상학적 철학에 도달한다.

ⓐ 자기 정박(auto-ancrage)의 운동

인간은 자신이 입지한 상황을 수용하면서 타인을 통해 일원으로서 받아들여진다.

ⓑ 자기 박탈(dessaisissement de soi)의 운동

노동과 생계의 운동으로서, 인간이 자신에게 유용한 것에만 주의를 기울임이다. 곧 자신뿐만 아니라 타인도 조작할 수 있는 이익의 대상으로 여기며 스스로를 '확장'한다.

ⓒ 자기 발견(découverte de soi)의 운동

직접적으로 주어진 세계를 넘어 인간이 전체로서의 세계와 연결되는 획기적인 운동이다. 이것은 익명적인 소비의 삶을 사는 것을 거부하면서 그 자신의 유한성과 고유한 삶에 대한 책임을 의식하는 것이다. 이 책임은 결국 플라톤주의적 "영혼의 보살핌"으로 그를 이끄는 것이다.

이러한 운동의 물결에서 파토치카 철학의 상징이 된 '비주관적(asubjective) 현상학'은 궁극적 토대인 '나타남(Erscheinen)으로 귀환'하는 사상이며, 오직 '현상적 장'에서 현상학적인 해명을 추구하는 것이다. '비주관적 현상학'에서 드러나는 세계야말로 원본적인 통일성이자 궁

극적 지평이 된다. 따라서 그의 철학은 '나타남 너머'를 구하는 형이
상학이 아니라, '나타남 자체'를 그 총체적 맥락으로 깨닫는다는 점에
서 메를로퐁티에게 가까운 사상이 된다. 한편 '비주관적 현상학'과 더
불어 파토치카는 인간의 한계를 넘어서는 격랑의 삶에 주목하는데
이는 유럽의 운명에 대한 깊은 성찰들로 이어진다.[11] 하지만 전체주의
적 공산주의에 항거하며 「77 헌장」에 날인한 그는 반정부 인사로 분
류돼 체코슬로바키아 정권에 희생되고 만다. 당시 그는 누구보다 프
랑스 철학자들에게 지지를 받았는데 먼저 폴 리쾨르(Paul Ricœur)가 '고
발적 선언'을 한 데다 특별히 자크 데리다(Jacques Derrida)는 '책임의 계
보학'을 환기하면서[12] 그의 죽음을 애도한다. 파토치카는 파리의 바르
바라스(Renaud Barbaras)[13]와 프라하의 코하크(Erazim Kohák)가 자신들의
연구 대상으로 삼은 21세기 현재의 주요 현상학자이다.

2. 현상학의 계승

① 의외의 상속자

후설 사후의 20세기 후반, 현상학이 가장 능동적으로 발전한 곳은

---

11 Patočka(2007), *L'Europe après l'Europe* 참조.

12 Derrida(1992), *Donner la mort*. 이 저술에서 『역사철학에 대한 이단적 에세이』라는
파토치카의 입장을 옹호하면서 데리다는 서구의 기술 문명이란, 책임을 본질로 삼
는 기독교적 본성을 망각했다는 전자의 주장을 바탕으로 '책임의 계보학'을 부른다.
Patočka(1981), *Essais hérétiques sur la philosophie de l'histoire* 참고.

13 Barbaras(2007), *Le mouvement de l'existence. Etudes sur la phénoménologie de Jan Patočka*.

그가 활동한 독일이 아니라 이웃 나라인 프랑스와 바다 건너의 영어권 국가들이다. 그 이유 중 하나를 찾아보면 다음과 같다. 독일에서는 후설, 하이데거 이후 이렇다 할 대가를 출현시키지 못한 반면, 두 철학자의 사유 체계가 비슷한 시기에 유입된 프랑스에서는 그들 저술에 대한 번역과 주해의 작업에 그치지 않고 현상학의 독창적인 장르를 마련한 철학자들이 즐비하게 배출된다. 후설 현상학 그대로가 아니라 핑크와 파토치카가 융합한 후설의 선험적 관념론과 하이데거의 해석학적 존재론, 그리고 후설의 관심을 넘어 결정적 카테고리들을 열어 준 셸러 철학의 창발적 뉘앙스는 메를로퐁티로부터 미셸 앙리(Michel Henry)를 거쳐 로마노(Claude Romano)로 이어지는 라틴 현상학의 자양분이 되었다는 것이다.

② 하이퍼리얼이 된 원조 현상학자

그런데 장 보드리야르(Jean Baudrillard)가 제시한 미디어 철학의 패러다임을 현상학의 역사에 적용해 보면, 그 유입 초기에 원본처럼 여겨진 후설 및 하이데거의 작품에 주석만 다는 복제품에 불과하던 프랑스의 현상학자들은 이윽고 이 두 독일 원조들로부터 '독립하는' 시뮬라크르(simulacre)가 된다. 말하자면 '리얼 오리지널'이라고 간주된 후설과 하이데거의 독창성도 실제로는 서구 철학사와 아시아 사유가 교차된 상호텍스트의 결과이며 그래서 마침내 그것은 하이퍼리얼로 간주되면서 이제 현상학의 원조나 원본의 문제는 뒷전으로 밀려나게 된다. 이런 맥락과 더불어 20세기 전반의 철학 고전인 후설과 하이데거의 저술은 20세기 후반부터 '르네상스 프랑세즈'로 흡수되면서 여전히 인간 주체의 인식론적 이니셔티브가 견고한 독일에서보다 더 포괄적이며 적극적으로 연구되었던 것이다.

③ 현상학 이전의 현상학

그 결과, 지난 세기 후반부터 현재까지 독일과 영국에서도 프랑스식으로 '재편된 현상학'과 더불어 후설과 하이데거가 종합적으로 탐구되고 있다. 요컨대 작금의 현상학은 메를로퐁티를 필두로 하여 그 이후의 별들인 앙리 말디네(Henri Maldiney), 미셸 앙리, 에마뉘엘 레비나스(Emmanuel Levinas), 자크 데리다뿐만 아니라 마크 리쉬르(Marc Richir)와 장-뤽 마리옹(Jean-Luc Marion)이 없이는 운위될 수가 없는 형국이다. 그렇다면 현상학이 이처럼 프랑스에서 만개할 수 있었던 이유는 과연 무엇일까? 그것은 베르그송(Henri-Louis Bergson) 안에 이미 대개의 현상학적 계기가 있었다고 메를로퐁티가 술회한 바와 같이 '생기론적 경험'과 '체험적인 시간' 그리고 '지속의 형이상학'이라는 전자의 사유 고리들이 독일 현상학의 수용 이전부터 프랑스에서 '이념적 백신'의 역할을 하고 있었기 때문이다.

④ 프렌치 캠프의 현상학

이러한 연유로 말미암아, 후기의 "생활세계" 이념을 통해 자신의 학설을 보완하려 노력했음에도 불구하고 후설의 전반적인 테제인 '선험 현상학'은 의식 주체의 '지성주의적 능동성'이 여전히 강했고, 이를 현상학적 '개방'과 '구성'을 통하여 수술하는 전복적 흐름[14]들이 프랑

---

14 Thomas-Fogiel(2015), *Le lieu de l'universel. Impasses du réalisme dans la philosophie contemporaine*, p. 27 sq. et p. 127 sq 참조.

스 철학계에 차례로 정착된 것이다. 프랑스 현상학은, 자국보다는 프랑스에서 더 환영받은 하이데거를 새로운 형태의 관념론인 후설 현상학을 이해하는 프리즘으로 사용하면서 후자에 대한 근원적인 비판의 베이스캠프를 치고서 아래와 같은 그룹들을 형성했다. 다음의 분류가 이 총론에서 가장 핵심적인 지점이라 하겠다.

A 그룹

탄생 순서가 아니라 학문 사조상으로 3세대인 레비나스, 앙리로부터 촉발된 '실재론적 경향'은 리쾨르, 마리옹, 크레티앙(Jean-Louis Chrétien)에 와서 누벨 현상학(Nouvelle Phénoménologie)으로 개화하게 된다. 이들은 서로 다른 주제와 논리로 이념 체계를 구축하면서도 후설식의 선험주의에는 공히 반대하는데 한마디로 가시적, 감각적 세계로서 '주어진 바(le donné, Gegeben)'가 의식 주체를 규정한다는 '실재론적 현상학' 그룹을 이루고 있다. 이것은 신(新)실재론과는 별개로 현상학에서 대세 그룹을 형성한 경향이다.

B 그룹

선험적 관념론자로서 후설이 '의식 주체'를 일의적으로 삼았으며, A 그룹은 '주어진 바'로서의 세계에 방점을 찍었던 반면, 리쾨르, 뒤프렌(Mikel Dufrenne), 로마노 등의 후진들과 더불어 메를로퐁티가 현상학의 코어를 재건한 이들 B 그룹은 그들 각자가 후설과 하이데거를 나름대로 계승했다는 점에서 현상학의 적통을 자처하고 있으며, 더욱이 인간과 세계 사이의 콜라보(collaboration) 또는 동위협력(coordination)을 근간으로 삼는다는 점에서 '조응의 현상학'[15] 그룹으로 불릴 수가 있겠다.

C 그룹

지금껏 본 적 없는 독법으로 현상학의 형이상학성을 탈구축한 후, 후기에 이르러서는 메를로퐁티의 지각론도 비판한 ⓐ 데리다의 '해체의 현상학', 중국 사상과 정신분석학 그리고 바이체커(Viktor von Weizsäcker) 및 슈트라우스(Erwin S. Strauss)의 정신병리학과 빈스방거(Ludwig Binswanger)의 현존재 분석을 관통하여 재편된 ⓑ 말디네의 '실존 분석의 현상학', 미학, 신화, 수리 철학, 물리 철학, 정신병리학, 정치인류학을 현상학적으로 가로지른 방대한 저술로 후설 사상을 재주조한 ⓒ 리쉬르의 '개정판 현상학' 등의 '융복합형 현상학'[16] 그룹도 있다. 물론 데리다, 말디네와 리쉬르는 기본적으로 실재론적 경향의 현상학자들이다.

⑤ 수동성과 능동성 사이, 주체의 입지

파생 현상인 C 그룹을 포함한 세 분류가 현재 현상학의 큰 가지들이고 나머지는 '현상학의 현황'에서 조금 더 특징적이고 세분화된 방식으로 소개하겠다. '현상학의 계승' 부분을 마무리하기 전에 세 경향의 핵심적인 차이를 조금 부연하자면 A 그룹의 앙리와 레비나스 등

---

15 페라리스(Maurizio Ferraris)의 신실재론 논의에 언급된 '지각의 귀환'과 더불어 필자는 13-14대 현상학회 회장 이임사에서 메를로퐁티를 종래의 인식론적 실재론과는 변별적으로 누보 레알리즘(Nouveau Réalisme) 현상학자로 분류했으나 4절 현상학의 현황에서 다루어질 내용처럼 신실재론의 적용 대상이 너무 방만해 이 명칭을 철회하기로 한다. 3절 방황하는 신실재론의 2항에서 서술한 해명처럼 "조응의 현상학"이 타당하리라 본다.

16 말디네와 리쉬르는 A 그룹처럼 실재론적 현상학에 속하지만 다중 학제의 효과로 나타나기에 융복합 현상학으로 구획했다. 4절 현상학의 현황에 나오는 5항 "동질다형 현상학"과 같은 표현이다.

이 수동성을 표방하고 후설이 능동성을 피력하는 동안 B 그룹의 메를로퐁티는 주체를 완전히 포기하지 않으면서, 이 적극적인 수동성의 토대인 '육화된 의식'을 모종하기 위해 뇌 기능과 동물성 그리고 피아제(Jean Piaget)의 유아 심리를 천착하였던 것이다.

⑥ 자니코의 분류

'라베송[17] 형이상학'의 유력한 해석자이자 하이데거 존재론에 대한 비판적 주석가인 도미니크 자니코(Dominique Janicaud)의 도식을 따라 색다르게 정돈된 20세기 중후반의 프랑스 현상학은, ⓐ 사르트르(Jean-Paul Sartre)와 메를로퐁티의 무신론적 현상학, ⓑ 레비나스[유대주의]와 리쾨르[칼뱅주의]의 종교적 현상학 I, ⓒ 앙리, 마리옹, 크레티앙[가톨릭주의]의 종교적 현상학 II로 나누어지는데, 여기서 두 개의 종교적 현상학은 이제 전부 '형이상학적 현상학'으로 개칭되어야 하겠지만 리쾨르만은 개혁파 교도임에도 그 이념 구조상 메를로퐁티 그룹으로 옮겨져야 할 것으로 사료된다.

⑦ 마리옹의 여유

이러한 구획 작업으로 출간 당시부터 비판받은 자니코는 "절대적으로 비가시적인 그 무엇이 아닌 바로 이 세계의 비가시적인 것(non pas un invisible absolu mais l'invisible de ce monde)"이라는 메를로퐁티의 '내재적 초월'의 양식을 소환하면서 자기 나름의 중립성을 토대로 하여 『프

---

17 펠릭스 라베송(Félix Ravaisson)은 대학에서 가르치지는 않았지만 빅토르 쿠쟁(Victor Cousin)과 셸링의 제자요, 베르그송의 스승이었다.

랑스 현상학의 신학적 전환』[18] 속의 비판적 입장을 견지했다.[19] 자니
코를 필두로 한, 프랑스 현상학이 지닌 형이상학적 실재성에 대한 이
와 같은 비판들에도 불구하고 마리옹은 그 모든 논쟁을 '다형적 활기
(vitalité multiforme)'라고 오히려 긍정적으로 평가하면서 현상학을 여전
히 살아서 흐르고 있는 운동으로 이해하였다.

3. 방황하는 신실재론

여기서는 마리옹을 비롯한 제3세대 현상학, 분석철학을 횡단하
며 현상학을 비판한 브누아(Jocelyn Benoist), 그리고 메를로퐁티의 현상
학을 가르는 준거인 실재론적 계기를 의식해서 근자의 신실재론 논
의를 간략히 확인하면서 넘어가도록 하겠다. 프랑스 현상학은 '주어
진 바(le donné)'의 처리 문제, 곧 실재론적 테마에 대한 입장 정리를
통해 그 범주가 결정되지만 그렇다고 현재 철학적으로 뜨거운 감자
인 신실재론이라는 논쟁 안으로 마구 끌려들어 가지는 않는다고 하
겠다.

---

18 Janicaud(1991), *Le Tournant théologique de la phénoménologie française.*
19 필자는 1992년, 이 주제와 관련하여 파리 사회과학고등연구원(E.H.E.S.S.)에서 열린 콘
퍼런스에 참석했다. 아리스토텔레스 및 존재론 역사의 대가인 피에르 오방크(Pierre
Aubenque)가 사회를 본 이날, 자니코는 자신의 저술과 관련한 주제로, 펜샤르(Bruno
Pinchard)는 말브랑슈(Nicolas Malebranche)의 기회원인론으로 발제했는데, 마리옹이 펜샤
르의 신학적인 해석을 문제 삼은 반면, 오방크는 자니코식 하이데거 해석의 근거를 물
었다.

① 신실재론과 분석철학

유럽의 신실재론, 곧 '뉴리얼리즘'이라는 철학적 경향은 최근에 주요 논쟁거리가 되었는데 그 당사자들을 보면 이탈리아 철학자 페라리스[20]와 독일의 마르쿠스 가브리엘(Markus Gabriel)[21]이다. 그런데 프랑스어로 '누보 레알리즘(Nouveau Réalisme)'이라 불리는 이 철학 사조는 대체로 유럽의 현상학자들보다는 '지향성'의 이념과 더불어 오히려 몇몇 분석철학자들과 엮이게 된다. 후자는, 현상학적 전통과 분석철학 전통이란 서로 무관하며 심지어는 상호 배타적이요, 적대적이라고까지 보는 종래의 통념을 깨뜨린다. 말하자면 영국계 철학자들이 실재론적인 방법을 현상학에 적용한 것이다. 존 설(John Searle), 도널드 데이비슨(Donald Davidson), 마이클 더밋(Michael Dummett)이 바로 그들이다.

② 불투명한 경계의 신실재론

하지만 정작 후설의 선험적 관념론에 대한 근원적 비판을 목표로 실재론과 관련된 현상학을 본격적으로 재고한(이 책 52쪽) 철학자는 파리1대학의 조슬랑 브누아이다. 이처럼 유럽 철학자 및 분석철학자뿐만 아니라 파리의 복합철학자까지 거론되는 것을 보면, 신실재론자들의 학설이란 그 경계가 명확하지 않을뿐더러 사상가들의 수만큼이나 그 철학적 버전도 다르며, 때에 따라서 이들은 리오타르가 도입한 '포스트모던 사유'와 칸트적 원리에 기초한 '구성주의'에 대한 신랄한 비판까지 내포하고 있음을 알 수 있다.

---

[20] Ferraris(2014), *Manifeste du nouveau réalisme*.

[21] Gabriel(2014), *Pourquoi le monde n'existe pas*.

③ 파스칼 앙젤의 냉소

분위기가 이러한 가운데 우리는 자못 진지한 파리 사회과학고등연구원의 분석철학자 파스칼 앙젤(Pascal Engel)이 아래와 같이 냉소적으로 기술한 바를 통해 신실재론이 어쩌면 싸구려 모조품의 대명사인 '키치 철학'의 세례를 받았는지도 한번 합리적으로 의심해 보아야 할 것으로 보인다.

"우리에게는 오직 하나의 필연성만 존재하고 있는데 그것은 바로 우연성이라고 말하는 어떤 저자(페라리스), 우리에게는 세계를 제외한 모든 것이 현존하고 있다고 말하는 다른 저자(가브리엘), 여러 담론이 그 각각의 리얼리티를 가지고 있듯이 과학적 활동도 자신의 고유한 현존 양식의 리얼리티만을 목표로 한다고 말하는 또 다른 저자들(설, 더밋, 데이비슨), 참된 실재론이란 그것이 어떤 모양의 것이 되었건 그 리얼리티에 대해서는 의사를 표명할 필요가 없다고 말하는 그 외의 저자들, 과연 이들 모두는 아직도 실재론자들인가?"[22]

4. 현상학의 현황

21세기 현재의 현상학 연구는, 칸트 전통에 대한 충성도가 높아 아직도 이성 주체로서 이상적인 인간에 미련이 남은 독일보다 프랑스와 영국을 중심으로 진행되고 있다. 2절에서 후설의 선험적 관념론에

---

[22] 인용문 내의 괄호는 필자 주. https://zilsel.hypotheses.org/2103

대항하는 ⓐ 메를로퐁티와 조응의 현상학 그룹, ⓑ 제3세대의 실재론적 현상학 그룹, ⓒ 동질다형의 현상학 그룹으로 대별된 지형도를 여기서는 연대기적으로 그리고 영역별로 세분화하고자 한다. 이러한 심화 분석에도 '현상학의 계승'에 나타난 '주어진 바(le donné)'라는 테마가 기초 준거로 작동하고 있다. 아래 각 철학자의 해명에서 확인하겠지만 실재론적 경향의 현상학자 중에도 말디네와 데리다는 동질다형의 현상학자로 분류될 수 있으며, 로마노와 리쾨르는 조응의 현상학으로 수렴된다고 하겠다. 아무튼 항목별로 소개한 후, 실천과 응용의 차원에서 현상학자들의 롤모델이 될 수도 있는 첼리비다케(Sergiu Celibidache)의 '음악 현상학'을 비교적 상술하고자 한다.

① 현상학 아닌 현상학

바슐라르(Gaston Bachelard)는 푸코(Michel P. Foucault), 캉길렘(Georges Canguilhem), 알튀세르(Louis P. Althusser)의 철학적 대부로서 '인식론적 단절'의 개념이 탑재된 역사적 인식론으로 인해 주로 과학철학자로 알려져 있지만, 시학을 통해서는 독일로부터의 현상학 수입과 무관하게 '상상력의 현상학'을 구가했는데 형태적 상상력, 물질적 상상력, 역동적 상상력, 원형적 상상력으로 구분되는 별종의 현상학이 그것이다. 바슐라르를 현상학자로 보는 것은, 메를로퐁티가 현상학적 개방을 함의하는 미완성의 세계(le monde inachevé) 개념으로 말브랑슈를 원천적 현상학자로 여기고, 연속성의 철학을 구축하는 하모니(조화)와 카오스(혼돈)의 이념으로 라이프니츠(Gottfried W. Leibniz)를 범(凡)현상학자로 여긴 것과 유사한 구조라 하겠다.

② 독일 문화권 현상학

ⓐ 가다머는 101년 만에 타계한 프랑스 철학자들인 레비스트로스 (Claude Lévi-Strauss)와 말디네를 넘어 자그마치 102년을 산 하이델베르크의 철학자로서, 이해의 순환성을 '세계 내 존재'의 보편 구조로 해명하면서 하이데거를 이어받았다. 하지만, 이해의 언어적 특징을 대화 모델에서 찾으면서 '동의로서의 이해'를 매개로 한 '대화의 현상학'을 현대 철학의 대양에 진수시킨 대표적인 독일 철학자이다.[23]

ⓑ 파토치카는 후설과 같은 모라비아 출신으로서, 자연계와 인간의 실존 운동 '사이를 기술'하는 '역동적 현상학'을 개시하면서 메를로퐁티의 현상학 이념에도 근접해 있는 철학자다. 생전에 1권(Nijhoff, 1976), 사후에 1권(Kluwer, 1988) 두 대표작이 프랑스어로 번역돼 네덜란드에서 간행되면서 유럽을 강타하게 된다. 체코 프라하 카렐대학의 코하크를 통해 시카고대학에서 『선집』이 간행되었다.

③ 조응의 현상학[24]

메를로퐁티는 선험적 관념론인 후설의 현상학과 거리를 두는 동시

---

23 1992년 5월, 소르본 광장의 〈장 브렝(J. Vrin)〉이라는 철학 서점의 지하 응접실에서 필자와의 만남이 있었던 날, 리쾨르는 자신의 책을 이해하기 위해 가다머의 주저인 『진리와 방법』 프랑스어판(*Vérité et méthode*, 1976)의 일독을 권했다.

24 페라리스의 신실재론 논의에서 언급되는 움베르토 에코(Umberto Eco)가 '지각의 귀환'이라는 이념과 더불어 20세기 최고의 철학자로 여긴 메를로퐁티에게는 인간 주체 역시 세계의 협력자로서 작용하고 있는 터라 '조응의 현상학'이라 표현하는 것이 옳을 듯하다. 왜냐하면 지각의 장이란 세계-주체 사이의 동위협력으로 유지되는 상호계기적인 차원이기 때문이다.

에 실재론적 현상학과도 변별적으로, 주체와 세계 사이의 동위협력을 견지하는 '지각의 현상학'을 통해 서양 철학사에 지각 변동을 일으킨 현상학자이다. 말하자면 그는 '주어진 바(le donné)'에 외곬으로 부여된 우선권을 피하는 것으로 보아 실재론적 일탈을 하지 않은 것이라 하겠다. 물론 그가, '표상'에 비하면 확실히 실재론적이라 할 '지각'을 복권시키고는 있지만, 이 지각 자체가 워낙 세계 및 타인과의 공조를 통해 주체의 극(pôle)을 '유연하게 보존'하고 있는 터라 주체와 세계 서로가 '역동적으로 조응'하는 현상학[25]을 전개한 것으로 볼 수 있겠다. 당연히 20세기 후반의 현상학은 후설, 셸러, 하이데거, 핑크라는 자양분과 더불어 이 네 철학자를 종합적으로 소화해 새로운 이정표를 마련한 메를로퐁티의 영향을 결정적으로 받은 것이다. 게다가 리오타르, 데리다, 들뢰즈 같은 포스트모던 철학자들도 예외가 될 수 없었다는 것은 메를로퐁티의 원천적인 '현상학 해체'가 가져온 폭발력이 컸다는 것을 증명하고 있다.

④ 실재론적 현상학

ⓐ 미셸 앙리는 해군 장교인 아버지로 인해 베트남에서 태어났으나 일곱 살에 귀국하여 앙리 4세 고등학교를 졸업했다. 22세인 1944년 교수자격시험에 6등으로 합격한 그는 1963년 이폴리트(Jean Hyppolite)의 지도와 장 발(Jean Wahl), 리쾨르, 구이에(Henri Gouhier), 알키에(Ferdinand Alquié)의 심사로 국가 박사학위[26]를 취득한다. 이처럼 강력한 현상학

---

25 중국 신유학의 사유 체계에 호응하는 서구 철학으로서 이 주제에 관한 구체적인 연구는 후일을 기약해야 할 것으로 보인다.

테제로 철학사에 데뷔한 앙리는 메를로퐁티 사후인 1960년대 중반부터 레비나스와 더불어 실재론적 현상학의 대세 그룹을 형성했는데, 피히테(Johann G. Fichte)와 멘 드 비랑(Maine de Biran)[27]은 물론이며 후설 및 하이데거의 현상학을 토대로 하여 '자기 촉발로서 삶'의 현상학을 근원적으로 재구축한 것이다. 곧 살아 있는 개인의 실제적 삶이라 할 수 있는 '생동하는 주관성'은 그의 철학이 현상학적으로 드러내는 독창적 주제가 된다. 오랫동안 지속된 파리대학의 스카우트 제의를 마다한 남프랑스 몽펠리에의 철학자로서 마르크스와 마르크스주의를 구별하는 사회철학[28]의 저술도 남긴 후 2002년 타계한다.

ⓑ 마크 리쉬르는 '의미란 여전히 생성 중'이라는 슬로건으로 발생적 현상학을 철저히 심화한 벨기에 출신의 프랑스 철학자이다. 연구 활동의 초기에는 카스토리아디스(Cornelius Castoriadis), 클로드 르포르(Claude Lefort), 마르셀 고셰(Marcel Gauchet)와 같은 정치철학자 및 사회학자들과 더불어 *Textures*라는 정기간행물을 중심으로 실천 영역에서도 활동했다. 이후 심층적으로 개진된 그의 실재론적 현상학은 메를로퐁티와 파토치카의 영향으로 '언어와 세계 사이'의 새로운 원천을 시추했다는 점에서는 오히려 '제3장르의 현상학'을 개시했다고 판단된다. 21권 이상의 방대한 현상학 저술을 남긴 엄청난 능력의 현상학자

---

26 Michel Henry(1963), *L'Essence de la manifestation*, Paris: PUF, coll. "Epiméthée"은 미셸 앙리의 박사학위를 위한 주 논문이고 Michel Henry(1965), *Philosophie et Phénoménologie du corps*, Paris: PUF, coll. "Epiméthée"는 부논문이다.

27 각주 26의 부논문이 멘 드 비랑에 대한 연구이다.

28 Henry(1976), *Marx I. Une philosophie de la réalité*; *Marx II. Une philosophie de l'économie*.

로서, 후설의 텍스트에 충실하면서도 그의 사상을 넘어섰기에 혁신적인 '동질다형의 현상학자'로 평가된다. 제자인 부퍼탈대학의 알렉산더 슈넬(Alexander Schnell)을 중심으로 그에 대한 연구가 진행되고 있다.

ⓒ 장-뤽 마리옹은 줌(donation)의 현상학으로 중요한 철학적 꼭지를 차지하면서 과거의 베르그송처럼 아카데미 프랑세즈의 회원으로 있다. 학문 여정의 전반에는 형이상학의 역사 체계 내에서 데카르트의 위치를 탐색한[29] 그는 이후 후설, 하이데거, 미셸 앙리의 영향으로 현상학계의 주요 인물이 된다. 로마가톨릭 신자라는 종교적 입장 때문인지 사르트르, 메를로퐁티의 현상학 및 사회철학과는 거리를 둔 채, 레비나스의 윤리학에 기초하면서도 그것과 변별적인 '사랑의 철학'을 설계한다.[30] 곧 타자의 부름에 대한 레비나스의 관심은 윤리적 긴급성을 향한 귀를 열어 주는 반면, '주어진 바(le donné)'에 대한 마리옹의 관심은 현상이 스스로 자신을 내어줄 때 이 현상을 관조적으로 인식하는 시선을 개방해 준다. 레비나스가 맡았던 소르본대학의 형이상학 강좌를 승계했으며 리쾨르를 이어 시카고대학 신학부의 종교철학 강좌를 열었다는 것에 자부심을 가진 현존하는 철학자이다.

---

29 Jean-luc Marion(2021), *Questions cartésiennes III*, Paris: PUF까지 현재 간행되어 있다.

30 Marion(1986), *Prolégomènes à la charité*; (1977), "discours de louange", in *L'Idole et la distance*.

⑤ 동질다형 현상학[31]

ⓐ 앙리 말디네의 철학 사상은 정신분석학과 현존재 분석뿐만 아니라 미학, 언어학, 중국 사상이 유기적으로 구조화된 '실재론적 경향'의 정신병리학적 실존현상학이라고 할 수 있겠는데 시나브로 이것은 지난 세기 후반부터 유럽 전역의 정신의학과 문학비평 및 예술 철학 전반에 심층적으로 개입하고 있다. 그 자신의 복합적인 사유의 난해성과 프랑스어 텍스트라는 언어적 한계로 영미권에는 아직도 낯선 리옹의 대(大)철학자이다. 말디네는 스위스 크로이츨링겐 병원의 현상학적 정신의학자 루트비히 빈스방거 문하에서 몸소 임상을 경험했다. 시인 프란시스 퐁주(Francis Ponge)와 정신분석학자 자크 쇼트(Jacques Schotte)의 친구인 그는 가렐리(Jacques Garelli)와 리쉬르 그리고 크레티앙의 스승이기도 하다.

ⓑ 폴 리쾨르는 후설의 『이념 I』의 번역과 더불어 초기의 현상학 작품인 『의지의 철학』으로 학문 여정에 들어섰으나 구조주의, 실용주의, 분석철학을 가로지르면서 상징과 텍스트의 해석학을 극대화했다. 그 이후로 주체와 타인 그리고 세계 사이의 역동적 긴장이 유지되는 '동위협력 현상학'의 관성을 타고서 공동체주의 및 비판이론을 횡단한 그는 마침내 '실행(action)의 현상학'에 도달함으로 에드문트 후설을 창조적으로 극복하게 된다. 리쾨르의 이와 같은 '해석학적 현상

---

31 말디네(101세) 및 리쾨르(92세)는 장수하면서 수많은 영역과의 교차 연구를 하였으며, 데리다는 두 사람보다 20년 이상 적게 살았으나 믿을 수 없는 양의 저술과 학제 간의 심층적인 업적을 남겼기에 필자는 세 철학자를 통칭하여 동질다형의 현상학자로 적는다.

학'은 창시자 후설에 대한 '건설적인 이단'으로 평가되고 있다. 프랑스 니스대학의 프랑수아즈 다스투르(Françoise Dastur)와 파리개혁신학대학의 올리비에 아벨(Olivier Abel)이 그의 제자들이다.

ⓒ 자크 데리다는 통상적인 의미에서 현상학자로 볼 수는 없지만, 현상학이 없는 그의 철학을 상상할 수는 없다 하겠다. 기호에서 의미가 분비되고 의미와 함께 주체가 생성되기에 '실재론적 경향'을 띠면서도, 다중적인 학제 간 연구로 인해 '동질다형의 현상학'에 넣고자 한다. 그는 후설과 하이데거의 철학적 사유를 전대미문의 충격적인 해법으로 비판하면서 『그라마톨로지에 대해서』,[32] 『목소리와 현상』, 『글쓰기와 차이』라는 3부작을 1967년에 출간한다. 이후로도 『철학의 여백』 및 『포지시옹』까지 더해진 혁명적 저술로써 데리다는 '절대와 기원'이라는 형이상학적 아이콘을 와해시켜 버린 이른바 '해체(déconstruction)의 현상학'을 에리스의 황금사과처럼 철학계에 던져 준 것이다. 살아생전 80권이 넘는 저술을 출간한 그는 리오타르(Jean-François Lyotard)[33]와 같이 현상학을 본격적으로 횡단한 포스트모던 철

---

32 1992년의 어느 가을날, 라스파이(Boulevard Raspail)에서 열리던 사회과학고등연구원 세미나가 끝난 뒤, 필자가 해체주의 철학의 대표작을 문의했을 때 데리다는 거의 즉각적으로 『그라마톨로지에 대해서』와 『포지시옹』을 추천했었다.

33 Jean-François Lyotard(1954), *La Phénoménologie*, Paris: Presses universitaires de France는 「PUF 총서」 *Que sais-je?*의 하나이지만 단순한 입문서가 아니다. 전반부에서는 후설의 세 시기의 현상학 핵심 개념을 정리하고 헤겔과의 관계로 마무리한 후, 후반부에서는 메를로퐁티 텍스트를 통해 심리학, 사회학, 역사학을 관통케 하는 통찰력 넘치는 학술서이다. 피에르 테브나즈의 『현상학이란 무엇인가』(문학과지성사, 1982/그린비, 2011)가 철학자별 현상학 이해를 돕는다면 리오타르, 『현상학이란 무엇인가』(까치, 1988)는 주제별 접근이다. 리오타르는 미켈 뒤프렌의 지도로 다음 제목의 논문으로 국가 박사학

학자라 하겠다. 유대계 후배들인 파리10대학의 살랑스키스와 세바[34]를 통해 소개되고 있다.

⑥ 1950년대 태생 현상학자

ⓐ 크레티앙은 에콜 노르말 쉬프(Ecole Normale Supérieure)의 수석입학 및 교수자격시험에 수석합격이라는 전무후무한 기록을 세운 수재로 앙리 말디네를 만나면서 자신의 언어-현상학적 기반을 구축했으며, 말디네의 지도로 진입하게 된 하이데거의 저작을 통해 대철학자들의 학설을 제대로 읽어 내는 방법을 배우는 동시에 철학적 사유의 희랍적 원천으로도 복귀할 수 있었는데 그 결과가 '파롤(parole)의 현상학'이다. 아버지는 전투적 공산주의자요, 스페인 내전에 참여한 의사요, 강제수용소에 감금된 레지스탕스인데 그 자신은 고대 후기와 중세 초반의 고전 철학사를 담당하면서 형이상학적 열기와 더불어 '실재론적인 경향'의 현상학을 전개한 소르본대학 교수요, 로마가톨릭 신자였다는 점이 특이하면서 의아하다.

ⓑ 바르바라스는 장 발, 코제브(Alexandre Kojève), 이폴리트를 잇는 헤겔 전문가이자 오래도록 교수자격시험 총괄위원장과 프랑스철학회 회장을 지낸 베르나르 부르주아(Bernard Bourgeois)의 제자로, 메를로퐁티의 지각에서 파토치카의 운행으로 관통하면서 실존의 삶이란 단지

위를 받는다. Lyotard(1971), *Discours, Figure*.

34 Salanskis(2010), *Derrida*; Salanskis et Sebbah(2008), *Usages contemporains de la phénoménologie*; Sebbah(2018), *L'épreuve de la limite: Derrida, Henry, Levinas et la phénoménologie* 참조.

'살아 있다는 것(Leben)'과 무엇을 '겪는다는 것(Erleben)' 사이의 구별보다 더 원천적인 지평에서 이해되어야 한다고 피력하는 것으로 보아 주체-세계 사이의 조응의 현상학에 근접해 있다. 요컨대 그에게는 '자동사적 삶'이냐 '타동사적 삶'이냐 사이의 양자택일을 피하는 역동적인 '운행(mouvement)으로서 삶'의 현상학이 관건이다. 2017년 프랑스 대선에서 에콜 노르말 쉬프(파리 윌므 캠퍼스가 아닌 퐁트네-생클루 캠퍼스) 후배인 드프라즈(Natalie Depraz)와 함께 진보 정당 〈저항하는 프랑스〉의 후보 멜랑숑(Jean-Luc Mélenchon)을 지지했다.

⑦ 1960년대 태생 현상학자

ⓐ 드프라즈는 칠레의 현상학적 생명과학자인 바렐라(Francisco J. Varela)와의 학술적 교제로 불교를 접하면서, '내재적 초월'의 메를로퐁티와는 변별적으로 '심층의 자연'과 '조우된 외재성' 사이의 만남의 자리란 영적 체험(종교)에서 나온다고 보고, 철학적 합리성보다는 주의와 놀람을 주제로 한 개인적 경험으로서의 '주어진 바(le donné)'에 우선권을 둔 '실재론적 경향'의 현상학을 전개한다.[35] '후설의 선험적 상호주관성'이라는 전문 연구 분야가 자신과 유사한 자하비(Dan Zahavi)와 공동으로 *Alterity and Facticity, New Perspectives on Edmund Husserl*을 간행했다. 신경생물학 및 인지과학과의 교차로에 있는 현상학[36]을 연구하면서 '동질다형'적 경향도 넘치는 그녀는 최근, 보다 유기적인 인간 이해를 위해, 신경현상학의 보완책으로 심장현상학의 인식론적 패러

---

35 Depraz(2018), *Le sujet de la surprise. Un sujet cardial*.

36 Depraz(2014), *Attention et vigilance. A la croisée de la phénoménologie et des sciences cognitives*.

다임을 천착하며 변화를 보이고 있다.

ⓑ 로마노는 후설, 리쾨르, 하이데거, 메를로퐁티를 종합적으로 탐구하면서 마리옹 이후로 21세기 현재 세계 현상학계의 노른자위 인물이 되었다. 특별히 그는 체험과 언어 사이를 연결하는 '기술적(descriptif) 실재론'을 통해 '사건의 현상학'이라는 철학적 슬로건을 내걸고 있다. 토마-포지엘(Isabelle Thomas-Fogiel)이 실재론적 현상학 그룹에 포함시켰으나, 메를로퐁티가 애호한 윌리엄 포크너(William Faulkner) 문학의 전문가이기도 한 그를 주체의 견지라는 시각에서 들여다보면 오히려 지각의 현상학자가 말하는 '동위협력 현상학'에 더 가깝다고 사료된다. 지도교수였던 디디에 프랑크(Didier Franck)의 수상 2년 후인 2020년, 아카데미 프랑세즈가 수여하는 〈철학 그랑프리〉의 영예를 안았다.

ⓒ 베구(Bruce Bégout)는 후설의 『수동적 종합』을 번역하고, 멘 드 비랑 주해서인 『멘 드 비랑, 내적 진리』를 출간한 후, 『논리의 계보학: 후설의 선(先)술어적인 것과 범주적인 것』으로 현상학계에 데뷔했으며 '일상성(quotidienneté)의 현상학'으로 독자적인 위치를 확보한다. 베구는 최근의 걸작 『분위기 개념』[37]과 더불어 실재론적 경향의 현상학을 보여 주었다. 여기서 그는 모든 인간 경험이 형성되도록 품어 주는 보이지 않는 궁륭(dôme)으로서 '분위기(ambiance)'를 현상학적으로 드러낸다. 요컨대 베구의 생활세계 현상학은 '일상성'과 '분위기'의 해

---

[37] Bégout(2020), *Le concept d'ambiance*.

명이 되고 있다. 1967년 동갑내기 노르말 동문들, 곧 메를로퐁티 전문 연구가 뱅브네(Étienne Bimbenet) 및 하이데거의 아우라가 서린 로마노와 더불어 차세대 현상학 운동을 이끌고 있다.

⑧ 부퍼탈 현상학

베를린의 프랑스어 고교를 졸업한 알렉산더 슈넬은 파리6대학에서 토목공학사를 취득하는 동시에 드상티(Jean-Toussaint Desanti)와 리쉬르의 현상학 강의에서 운명을 바꾸는 결정적인 영향을 받는다.『후설의 시간 문제』로 다스투르(Françoise Dastur)에게 박사학위를 받은 후, 게르만-불가리안 태생으로서 독일어 텍스트를 수월하게 독파한 그는 소르본대학의 쿠르틴(Jean-François Courtine)의 지도로『피히테, 셸링, 후설, 하이데거의 선험성』이라는 교수자격 논문을 쓴다. 클라우스 헬트(Klaus Held)와 라슬로 텡겔리(László Tengelyi)의 후임으로 2016년 부퍼탈대학의 교수가 된 후『선험 현상학이란 무엇인가』[38]과『리쉬르의 현상학적 형이상학』[39]을 출간하는 한편, 〈핑크 및 피히테 센터〉를 관장하면서 사상적 지주인 〈마크 리쉬르 아카이브〉를 맡고 있다. 슈넬은, 메를로퐁티의 불투명성 제3 존재 장르에 토대한 리쉬르의 생성의 (générative) 현상학을 횡단하면서 비주관적(a-subjective) 선험 현상학을 구축했다. 그는 대부분의 저술을 프랑스어로 출간하였으나 현재는 독일을 대표하는 현상학자라 하겠다.

---

[38] Schnell(2020), *Qu'est-ce que la phénoménologie transcendantale?*.
[39] Schnell(2020), *Die phänomenologische Metaphysik Marc Richirs*.

⑨ 음악의 현상학

상당히 느린 템포의 연주를 이끄는 것으로 유명한 루마니아 출신의 지휘자 첼리비다케는 어려서부터 피아노를 연마했으며 20대 초에는 부쿠레슈티와 파리에서 수학과 철학을 공부하게 된다. 이후 베를린음악원에서 작곡과 지휘의 거장들을 사사하는 동시에, 베를린대학의 하르트만(Nicolai Hartmann)에게 미학과 철학사를, 바흐와 베토벤 전문가인 셰링(Arnold Schering)으로부터는 음악학을 배운 그는 1944년, 프랑스에서는 통과되지 못한 것으로 추정되지만, 르네상스기의 프랑스 작곡가 조스켕 데프레(Josquin des Prez)에 관한 박사학위 논문을 제출한다.[40]

바로 이 베를린 유학 시절, 또 다른 스승 마르틴 슈타인케(Martin Steinke)를 통해 선불교에 입문하면서 그의 세계관은 변하고 있었다. 말하자면 '의식이란 언제나 무언가에 대한 의식'이라는 후설의 현상학을, '의식은 항상 그 무엇의 의식인 것만은 아니다'라는 선불교적 사유로 전환하게 된 것이다. 덧붙여 그는 '장소'와 '소리'가 하나가 되는 생동적인 장면의 선험적 경험은 연주장을 통해서만 가능하다고 결론 내리는 한편, 소리와 리듬도 서로 연결돼 있으며 템포 역시 절대적이지 않은 관계로, 결국 콘서트홀의 음향에 따라 모두 달라진다고 해석한다. 그에 따르면 지휘자의 임무는, 이전에 이상화된 악보와 지금 마주한 소리를 조정하기 위해, 리허설과 콘서트 과정에서 자신이 취한 다양한 정보에 대하여 지속적으로 현상학적 환원을 집행하

---

40 Barber(2001), "Celibidache, Sergiu", in Stanley Sadie (éd.), *The New Grove Dictionary of Music and Musicians*.

는 것이다. 주어진 바(le donné)와 주체 사이의 체험을 강조하는 콜라보 (collaboration)의 지휘자이자, 연주단원-지휘자-콘서트홀 사이의 상호 신체적인 조응(intercorporeal coordination)의 현상학자인 첼리비다케는 소리가 일단 의식을 통해 환원되면서 일체성으로 지각되면 다음 인용 문의 내용처럼 '음악적 선험성'을 직접적으로 체험할 수 있다고 본다.

"무엇보다 소리는 중개적인 요소이다. 그것은 물리적 우연성 너머로 우리를 데려갈 수 있다. 모든 사람은 소리와 감정 사이의 다양한 관계를 이해하고 즐기기를 원한다. 그렇다면 소리와 인간의 관계는 언어에서 처럼 상징적인 것이 아니라 직접적이다. 소리는 인간의 감각 구조에서 특별한 위치를 차지하고 있음이다. 소리보다 선험성에 이르는 더 직접 적인 길을 나는 알지 못한다."[41]

나아가 '시작이 곧 마지막'이라는 이해 불가의 선불교 원리를 배운 첼리비다케에게 음악이란 이 원리의 구현과 다름없었으며 그래서 그 것은 단순히 '소리의 게임'에 불과한 것이 아니라 역설적으로 '전체를 아우르는 명상'이 되며 더욱이 '본원적 침묵'을 배경으로 선율의 절정 에 이르는 '관계의 그물'도 된다. 따라서 연주자는 순간순간 총체적인 '조화의 형태'와 더불어 그 '진행의 상태'도 고려해야 하는 것이다. 이 러한 현상이야말로 색즉시공, 공즉시색[42]의 변증법과 함께 진행되는

---

41 Celibidache(2008), *Über musikalische Phänomenologie*, p. 23.
42 소리와 명상 그리고 관계와 침묵은 색(body)과 공(emptiness)의 모순관계와 통하고 있 다. 소리와 관계로서 색은 몸(body)이요, 명상과 침묵으로서 공은 빔(emptiness)으로 동 양적인 변증법을 드러낸다.

연기론(緣起論)적 화성(和聲)의 연주법이 아닐 수 없다.

한편, 첼리비다케와 상반되는 연주자 모델은 '테크닉을 위한 테크닉'을 추구한 굴드(Glenn H. Gould)이다. 굴드에게 연주란 방송국이든, 야외무대든, 집 안이든 어떤 장소에서 진행되든 상관없다. 음악의 본질이 철저한 '음향의 직조'에 있다고 본 카라얀(Herbert von Karajan)의 연주 성격도, 굴드의 작업에서처럼 그 자신의 '녹음주의'에 나타나 있다. 하지만, 첼리비다케로서는 생생한 장소와의 역동적인 관계가 중요했기에 상업성 녹음주의를 거부하면서 '현장의 소리'를 단원들과 '더불어 연출'하고자 했으므로 녹음된 음반은 매우 희귀한 상황이다. 음악의 현상학은 이렇게 탄생한다.

5. 현상학의 응용:
후설의 심리학에서 쉬츠의 사회학으로

여기서는 후설 철학의 건설적 확장인 '현상학의 응용' 가능성의 한 예를 오스트리아 출신의 제자인 알프레드 쉬츠(Alfred Schütz)의 사회학을 통해 확인해 보고자 한다. 먼저 후설 철학에 잠재된 현상학적 프락시스란, 이탈리아 철학자 엔조 파치(Enzo Paci)의 노동-현상학적인 이념과 더불어 마르크스주의와의 지평융합의 가능성으로도 제시[43]될 수 있었던바, 이제 파치보다 선배인 쉬츠의 사회학을 통해 점검해 보

---

43 신인섭(2005), 「후설과 마르크스의 지평융합을 위한 파치의 노동-현상학적 조율」, 97-134쪽.

는 것도 새삼스럽지 않을 것으로 보인다. 쉬츠는 후설의 이념들을 비판적으로 변형시키면서 현상학의 사회학적 가능성을 다음처럼 논증하게 된다.

① 후설 현상학과 베버 사회학 사이의 제3의 길

에드문트 후설의 후기 사상에서 가장 중요한 주제인 '생활세계' 속에서 우리 인간들의 상황을 고려한다는 것, 다시 말해 형식적인 체계화로 환원될 수 없는 '선술어적 관계' 또는 야생적 존재인 '살(chair)의 분화로서 몸'의 차원을 생각한다는 것은 세포 조직과의 공존이라는 의미로 '더불어 삶'을 사고함이 아니다. 말하자면 그것은 체계화 및 객관적 기술(記述)에 노출된 어떤 구조가 관건이라 하겠다. 메를로퐁티는 이것을 다음처럼 표명한다.

"논리적 객관성이란 살의 상호주관성이 그 자체로 잊혔음을 조건으로 해서 이 후자로부터 유래하는 것이다. 그리고 논리적 객관성 쪽으로 나아가면서 저러한 망각을 산출한 것도 살의 상호주관성 [바로] 그 자신이다."[44]

여기서 존재의 선험적 리듬인 살은 사회과학의 객관화 요구에 토대를 제공하지만, 이 사회과학적 결과들의 중재를 통해 그 자신의 내재성 '외부'에서만 드러나고 있다. 이러한 맥락에서 현상학은 사회학을 필요로 하고 있다. 그런데 사회과학의 객관화 작업들이란, 사

---

44 Merleau-Ponty(1960), *Signes*, p. 218. 괄호는 필자 삽입.

회적 사건이나 지향적 행동과 같은 '이해의 차원'을 부인하는 인과론(causalisme)의 소관은 아닌 것으로 보인다. 이런 객관화는 오히려 생활세계에 속하며, 그 자체가 현상학적 차원을 통해 철학과 관련이 깊은 사회적 연대의 인식에 필수적인 것이 된다. 메를로퐁티는 "생활세계의 회복은 모종의 차원의 회복으로, 이 차원 속에서 과학의 객관화는 스스로 그들 존재의 이유를 보존하고 있으며 그 자신을 진실로서 이해할 준비가 되어 있다"[45]라고 쓰고 있다. 이것은 후설이 『원시 신화』[46]를 읽고 저자인 레비브륄(Lucien Lévy-Bruhl)에게 쓴 다음의 편지에 충실한 양식이라 하겠다.

"그것은 전통적이고 생동적인 사회성에 관련된 인류 속으로 우리를 던지는 위대한 과업인 데다, 인류가 사회적 삶 속에서 그리고 그런 삶에 기초하여 세계를 보유하는 한에서 이 인류를 이해하는 임무이다. 이때의 세계란 인류에게 '재현된 세계'가 아니라 '실제적인 세계'이다."[47]

여기서 사회적 연대를 이야기할 경우, 무엇보다 먼저 이 연대 속에 나타나는 것은 인간의 휴머니티이며 따라서 현상학은 사회학만이 객관화할 수 있는 형태들의 중재를 통해 그런 사실을 이해할 수 있으리라. 후설은 이 형태들을 "전통적이자 현재도 살아 있는 사회성" 또는 "사회성으로 봉인된 휴머니티"라고 부른다. 달리 말하면 '의미 체계

---

45 Merleau-Ponty(2000), *Le visible et l'invisible*, p. 236.

46 Lévy-Bruhl(1935), *La mythologie primitive*.

47 Merleau-Ponty(1960), "Manuscrit de Husserl cité", in *Signes*, p. 135.

의 잠금장치'가 되는데 이런 체계가 없이는 상호주관적 연대의 파악
이란 공론(空論)에 불과하고 그저 텅 빈 것으로 남게 된다.

이 같은 설명이 바로 후설과 베버 사이의 '제3의 길'이라는 이념이
되는데 말하자면 사회학은 마침내 '제도'와 같은 구체적인 형태에 이
르고 있으며 이 형태들의 근저에는 상호주관성이라는 보편적 사태가
흐르고 있다. 그래서 사회학자의 임무는, 자신의 목표가 다수의 지향
성에서 비롯하는 하나의 통일성을 지닌다는 것을 끊임없이 스스로에
게 상기시키는 데 있다.

"다수의 지향성이란 그 각각을 어느 한 주체에 조회하게 되는데 이 후
자에는 그것이 의미가 있음이다."[48]

이렇듯 현상학과 사회학은 그들 사이의 연속성을 함의하는 각자의
고유한 구획에 근거해서 서로에게로 접근하게 된다. 말하자면 철학
자에게는 보편적인 것에 특권이 부여된 그 이런 직접적인 통로도 없
으며, 사회학자 역시 객관적 형태들에 대한 자신의 탐색에 존재론의
가치를 부여할 수가 없는 것이다.

② 연구자의 방법론이기 전에 자연적 태도에 속하는 유형화

쉬츠의 기획은 자연발생적인 사회학의 존재를 보여 주려는 것인
데, 곧 일상적인 체험의 주관적 의미를 사람들에게 해명하기 위한 연
구자가 필요하지 않음을 논증하려는 것이다. 그들 스스로가 상호작

---

48 Tellier(2014), *Alfred Schutz et le projet d'une sociologie phénoménologique*, p. 40.

용 속에서 자신들의 사회를 구성하기 때문에 그들은 이미 자신들의 사회성에 대한 올바른 이해를 가지고 있다는 것이다. 쉬츠는 민속 방법론(ethnométhodologie)의 선구자인데 그런 이유로 그는 일상의 자연적 태도에 관한 후설의 이념들로부터 영감을 얻는다. 후설은 사람들이 자기가 처한 환경에 적응하는 자연스러운 성격에 강조점을 두었던 것이다. 말하자면 세계란 유형성(typicalité)이라는 지반에 기대어 일상에서 과학 이전의 사유를 통해 경험되고 있다. 특별한 이유나 입장도 없이 사람들은 익숙하며 검증된 전형적인 지평에서만 그렇게 적응하는 것이다. 그리고 그런 세계 속에서 서로를 알게 되는데 거기에는 산천이 둘러서 있을 뿐만 아니라 동시에 여러 상황도 발생하면서 모든 문화적 삶이 형성된다.

그 결과 나는 타자들과 더불어 직관과 지식을 나눈다는 것을 단번에 깨닫는다. 비록 내가 처음에 어떤 동물이 무슨 종인지 간파하지 못할 때조차 동물의 행동에 대하여 유형화된 모델들을 알고 있듯이, 타인의 행동에 대해서도 유형적으로 분류된 모델들을 인지하는 것이다. 사회학 연구자는 우리의 고유한 유형화의 구축으로 만들어진 막스 베버의 이념형(Type Ideal)이라는 개념을 통해 생활 현장의 '사회적 사태'에 도달한다. 그리고 연이어 그는 모종의 객관성의 형태에 이를 것이다. 후설 철학은 우리가 이 객관적 형태를 제대로 이해하도록 돕는 것이고, 이 형태를 통해 우리가 사회과학의 현상학을 구축하게 만든다. 그리고 이 현상학을 통해 사회과학이 지닌 목표의 특수성이 자연과학과 구별되면서 확정된다고 하겠다.

③ 후설의 자아론에 대한 쉬츠의 비판

그런데 쉬츠는 후설의 상호주관성에 의문을 제기하면서 사회과학으로의 접근을 쇄신하기로 마음을 먹는다. 사회과학은 당시까지 에밀 뒤르켐을 따른 수량화된 객관성에 사로잡히면서 행위자들의 주관적 체험에는 무관심한 상태였다. 쉬츠는 타인과의 관계에 대한 후설의 개념 전체를 비판하기 위해 사르트르의 의견에 대부분 동의한다. 『이념들 I』과 『데카르트적 성찰』 5장에서 말하는 선험적 차원이란 후설주의 독아론(獨我論, 유아론)의 아포리아(논리적 난점)가 된다는 것이 그것이다. 우리는 선험적 주관을 토대로 하여 타인을 구성할 수 없는데, 말하자면 자아의 고유 영역을 다시 통과하면서 의식의 순수 행위(구성)는 타자를 다른 자아(alter ego)로 해석하고 만 것이다. 타자란 선험적 자아의 사전 구성에 기초하여 형성된다는 것이 바로 후설의 자아론적 관점이 된다. 즉 무엇보다 자아의 원초 영역이 먼저 있고 그 후에 거기로부터 상호주관성이 유래하는 것이다. 타자는 '짝짓기(accouplement)' 작용을 통해 구성되는데, 결국 자아 주체와 관련하여 유비적으로 정립된다고 하겠다. 후설은 라이프니츠의 패러다임으로 '창문 없는 모나드(monad)들'을 기술하는데, 왜냐하면 타자들 역시 그들의 원초 영역을 기반으로 동일한 유비 작업을 해야 하기 때문이다.

여기서 우리는 사르트르의 개념 중에서 쉬츠가 거부하는 것이 무엇인지 관찰함으로써 쉬츠가 후설에게 빚진 바도 잘 알 수가 있다. 즉 사르트르에게 '타자'는 나와 진정으로 다르며, 따라서 결코 유비로써 파악되지 않고 오히려 나를 대상화할 뿐만 아니라 나를 그의 타자로 만드는 스캔들로 만나게 된다. 쉬츠에 따르면, 사르트르는 상호주관성의 문제를 해결하지 않는데 왜냐하면 그는 두 주체를 객관화해 버리기 때문이다. 말하자면 주체는 시선의 대상으로서만 타인에게 드러나고, 또 반대로 타자도 시선의 대상으로만 주체에게 나타나는 것이다. 쉬츠가 본 사르트르는 주체와 그의 타자 사이의 상호교환 가능성(interchangeabilité)을 공리로 내세운 것이다. 그렇게 함으로써 사르트르는 후설의 '선험적 독아론(solipsisme transcendantal)'을 그 자신의 '실천적 독아론(solipsisme pratique)'으로 대체하고 만다.

한편, 유비를 바탕으로 후설이 타자를 타아(alter ego)로 생각한 것이 타당하다 할지라도 이제 이 후설의 분석을 의식 주체 내에서 선험적이 아니라 세계 내에서 실질적인 상호주관성에 적용해야 하는 것이다. 우선, 타자가 그 모습 그대로 위치를 점하고 있는 것은 물론 자아의 영점을 참조해서다. 그럼에도 타자는 후설에 의해 그의 '지각된 신체'를 근거로 '구성되고' 마는 것이다. 자아의 영점을 통한 타자의 위치란 쉬츠로 봐서는 경험적인 것이기에 오히려 이제 '타인의 의미'를 고려해야만 하며 결국 외적이 아닌 타인의 '내적 양상'이 관건이 된다. 타아는 자아의 복제나 분신이 아니며 따라서 타자성이란 타아가 그 자신에 대해 어떤 의미를 지니는 것이다. 그런고로 막스 셸러의 새로운 이념인 '선험적 우리(Nous transcendantal)'에 비추어 볼 때, 상호주관성은 더 이상 자아-선험적으로만 모색되어서는 안 된다. 말하자면 후설이 원했던 것처럼 언제나 에고에 조회되는 자아론적 원리를 간직하되 실제 세계의 영역, 곧 일상의 생활세계로 옮겨 실행해야 할 것이리라. 요컨대 이것은 개별자들 사이의 실질적(matériel) 관계에 대한 연구가 될 것이다.

④ 쉬츠와 본원적 공동체로서 상호주관성

이렇게 하여 쉬츠는 사회과학으로의 접근 방식을 갱신하면서 후설의 토대 구축 작업까지 일신할 터이지만 이는 어디까지나 생활세계 내의 실질적이고 자연적인 태도 내에서 형성되는 주체 및 그 타자 관계 그리고 이 타자의 이해로부터 출발하게 된다. 후설은 쉬츠의 이 기획을 전적으로 찬성하면서 자신의 조교가 되어 주기를 제안하기도 했다. 쉬츠는 후설이 제시한, 자연적 태도 속의 '생동하는 주체'의 기술을 채택하면서도 사회적 현상들의 실제 '사례를 통해' 자신의 기획을 완성시키게 된다. 선험적 환원을 거부하면서 쉬츠는, 상호주관성 차원에서 근본적으로 사회적인 본질을 지닌 현상학의 목표를 생활세계 가운데서 발생하는 타자들과의 관계로 전환한 것이다. 세계를 그 객관성 속에서 구성하는 상호주관성은 최초의 본원적 공동체라 하겠다. 쉬츠는 후설의 관심을 끌고 있던 자연 및 자연과학의 문제를 내버려 두고서, 사회과학과 그 주제들 그리고 사회과학을 탐구하는 연구자에 대한 주제를 중시했다.

여기에는 막스 베버의 영향이 있는데 베버는 사회적 현상이 지닌 고유성을 강조하고 있으며, 그러한 사회적 현상을 연구하는 과학의 객관성을 확보하기 위한 특수한 조건에 역점을 두고 있다. 그런고로 쉬츠는 학문 주체들이 그들의 행위에서 기인한 '주관적인 의미'를 연구하도록 고무한 점을 베버의 공으로 돌리고 있다. 그래서 그는 감각에 주어진 외부 대상의 포착(지각)에 작동 중인 유형화(typification)만을 선호하는 후설로부터 거리를 두게 된다. 그 대신 유형화는 쉬츠로 하여금, 자연적 태도 속에서 주체에게 사회적 차원을 열어 주는 이념형(types idéaux)들을 현상학적으로 기초하게 한 것이다. 쉬츠의 이러한 작업은 사회과학 연구자에게는 본질적인 것이라 하겠으며 이는 아마도 후설도 싫어하지 않았을 '현상학적 배신'이 될 것으로 보인다.

6. 현상학의 위기: 브누아의 맥락론

마지막 주제에 이르렀다. 6절에서는 후설 철학에 잠재된 '현상학의 위기'를 파리1대학 교수인 브누아의 맥락론으로 들여다보기로 한다. 콜레주 드 프랑스와 파리 사회과학고등연구원의 철학 경향에 호응하는 브누아의 후설 현상학 비판을 살피는 것이다. 브렌타노(Franz Brentano)의 저술과 후설의 초기 현상학에 대해 언어철학적 시각으로 접근한 조슬랑 브누아는 "의식은 사태 자체로의 통로"라는 후설의 테제, 곧 지향성의 분석을 통하여 현상학에 대한 근본적 비판을 전개하고 있다. 그의 의문은, 세계가 인간의 의식과 무관하다는 우리의 자연스러운 믿음을 보류하겠다는 에포케(판단 중지)가 도대체 어떻게 해서 가능한가이다. 즉 후설은 어찌하여 존재를 현상으로 대체하고 인정해 버리는 것일까? 현상학은 모든 것을 "나타나는 바"로 규정하는 장치를 설치했는데 그것이 바로 에포케이다.

그런데 현상학이 원하는, 아무런 전제도 없는 학문의 토대인 이 근원적인 출발[49]이야말로 환영이 되고 만다. 말하자면 에포케를 통해서 어떠한 개념도 부재한 순수 직관적 소여(所與, 주어진 바)가 발생하게 되는데 이는 모든 철학의 중지 또는 연기라는 급진적인 발상이다. 물

---

[49] Husserl (trad. par Paul Ricœur) (1950), *Ideen I*, p. 18 참조.

론 후설은 이를 철저한 토대라 보고 있다. 브누아에 따르면, 철학적 오류란 바로 여기에 등장한다. 즉 현상학은 아무런 개념이나 그 어떤 언어도 없이 나타나는 모종의 '천연 소여'를 찾는다는 것이다. 도대체 왜 자신들에 걸맞을 '단어'가 결여된 '사태' 자체만을 고집하고 나서야만 하는 것일까?

사태(또는 사상)에 대한 우리의 관계 조건이나 연관 맥락은 다름 아닌 언어이다. 그런데도 "어찌해서 단어들이 사태들을 아프리오리하게(선천적으로) 지시하는 것을 불가능하게 하는가? 단어들이란 그것 때문에 만들어졌는데도 말이다."[50] 우리는 언제나 어떤 문맥과 언어 놀이 속에 있는데 이것은 '주어진 바(le donné)'를 들여다보는 근본 조건이 된다. '주어진 바'를 지시하는 데 성공하거나 실패하는 것은, 저 평범한 '주어진 바'의 내부 및 주어진 사태 관계 내에서만 가능하다. 요컨대 '주어진 바'와 언어는 불가분리적이다. 즉 어떤 '주어진 바'를 조회하는 것은, 그 성공 여부에 관계없이 언행과 담론이 규정하는 '고유한 규범'이나 '관용적 어법'에 속한다.

그런데 현상학은 사태를 기술하는 통상적인 요구 사항을 모든 맥락에서 떼어내 절대화한다. 여기서 브누아는 후설의 세계 정립처럼 우리가 한 번도 문제 삼지 않거나 의심하지 않은 것의 정립은 정립이 아니라고 본다. 그런데 현상학은 '사태 자체 속'에서 그 사태를 제대로 볼 것이며 이를 위해 담론화를 연기할 것이라 하지만 브누아에 따르면 이러한 후설의 의문이란 억지가 된다. 왜냐하면 모든 의문이라는 것도, 조건이 부여되지 않은 봄(voir)의 대상인 세계를 토대로 해서

---

50 Benoist(2017), *L'adresse du réel*, p. 193.

만 국지적으로 작동하기 때문이다.

따라서 판단 중지의 제스처는 작위적인 것으로 드러난다. 그것은 결코 정립이 될 수 없는 것을 정립으로 간주함을 전제하고 있는 것이다. 브누아는 다음처럼 의문을 제기한다. 후설의 가설이 과연 모든 이론의 불가피한 배경(arrière-plan)이 될 수 있을 것인가? 후설의 세 지략을 잠깐 살펴 분석해 보자.

지략1 『데카르트적 성찰』 31쪽의 세계 정립은 정립이 아님에도 정립으로 변형함.

지략2 이러한 정립은 모든 이론의 기능을 정지시키는 판단 중지의 목표가 되려 함.

지략3 이렇게 하는 이유는 우리가 곧바로 소여로 되돌아올 거라 말할 수 있기 위함임.

이 같은 가공의 지평을 통해 후설의 에포케는 생생하게 체험된 하나의 명증을 어떤 이론적 전제로 변형시키고 말았다. 그런데 세계란 우리가 그 현존에 대해 판단을 내릴 무언가가 결코 아닌 것이다. 세계는 그것이 존재하는 한 오히려 모든 판단의 조건이 되며, 따라서 우리는 세계가 없이는 아무것도 말할 수 없게 된다. 우리가 언술하며, 긍정하고, 부정하는 모든 것은 세계라는 이 살아 있는 맥락을 통해서이다. 그 어떤 '세계 정립'도 판단 지연이나 판단 중지일 수는 없다. 세계에 대한 우리의 본원적인 관계는 이 세계의 현존에 대해 결코 객관적인 보증이나 확신을 줄 수가 없음이다. 그 이유는 이러하다.

"세계 내에서가 아니라면 도대체 나는 어디서 이 세계에 대하여 의심을 하게 될 것인가? [⋯] 그것이 무엇이 되었든 간에 내가 [무언가를] 의심한다는 것은 세계에 의거해서다."[51]

이는 퍼스(Charles S. Peirce)와 비트겐슈타인(Ludwig Wittgenstein)의 사유 체계에서도 마찬가지가 된다. 요컨대 우리는 세계의 이 자연적인 리얼리티에 대해 더 이상 의심할 수 없게 된다.

이 부분에서 "현상학은 하나의 가공의 과학인 어떤 신화 속으로 빠져든다."[52] '지각된 것'이란 결코 그 자신으로 있지 못하고 항상 의식의 구성을 통한 현상학적 문맥 속에서만 존재하기 때문이다. 따라서 그것은 언제나 '우리'가 규준을 적용한 '그 무엇'이 되고 있는데 말하자면 우리는 '우리가 보는 것'이 무엇인지를, 어디에 있는지를, 어떻게 된 것인지를 묻는다는 것이다. '지각된 것(le perçu)', 곧 의식에 주어진 것(le donné)은 항상 이렇게 또는 저렇게 존재함으로 결코 순수하지 않아, 실재(le réel)로부터 멀어지면서 마침내 하나의 신화가 되고 만다. 이렇게 하여 파리1대학의 브누아 교수는 콜레주 드 프랑스의 철학 경향과 더불어 강력한 반현상학 그룹을 형성하면서 파리4대학의 로마노 교수와는 반대편에서 현상학을 마주하게 된다. 파리에서 가장 활성화된 현상학이 과연 브누아 진영의 공격을 막을 수 있을지 자못 궁금해진다.

51 Benoist(2017), *L'adresse du réel*, p. 203. 괄호는 필자 주.
52 Benoist(2017), *L'adresse du réel*, p. 213.

에필로그

지금까지 후설이 창시한 현상학을 새로운 방식으로 변주한 5인의 독일 현상학자들의 소개를 필두로 하여 현상학의 계승, 현상학의 현황, 현상학의 응용, 현상학의 위기에 대하여 분석적으로 해명했다. 그런데 이 책에서 거론된 후설 이후의 현상학자들은 그 누구도 후설과 무관하지 않았으나 또 아무도 후설식 정통주의에 갇히지 않았다. 어쩌면 현상학적 시니피앙(기표)들의 이 같이 살아 움직이는 부유 현상이야말로 현재까지 이어져 온 '운동으로서 현상학'의 참된 시니피에(기의)가 아닐까 사료된다. 이런 맥락에서 20세기의 독창적인 현상학자들 각각의 이념적 청사진이 유사한 목적 속에서도 제각각 고유의 패러다임으로 파노라마처럼 전개된 이번 공동 저술이 현대 철학의 기반이자 그 연구 동향의 확인으로서 독자들에게 전달되기를 바란다. 현상학회의 오래전 기획인 독일 현상학이 드디어 제막식을 올리게 되어 학회의 모든 회원 및 강호의 다양한 독자와 함께 출간의 기쁨을 나누고자 한다. 이번 작업에 헌신적으로 참여해 주신 저자 선생님들과 출판사 관계자들께 가슴 깊은 곳으로부터 감사의 말씀을 드린다.

한국현상학회 13, 14대 회장

신 인 섭

Barbaras, Renaud(2007), *Le mouvement de l'existence. Etudes sur la phénoménologie de Jan Patočka*, Chatou: transparence.

Barber, Charles(2001), "Celibidache, Sergiu", in Stanley Sadie (éd.), *The New Grove Dictionary of Music and Musicians*, Londres: Macmillan.

Benoist, Jocelyn(2017), *L'adresse du réel*, Paris: Vrin.

Bégout, Bruce(2020), *Le concept d'ambiance*, Paris: Seuil, coll. 《L'ordre philosophique》.

Bimbenet, Étienne(2011), *L'Animal que je ne suis plus*, Paris: Gallimard, coll. 《Folio Essais inédit》.

_____(2017), *Le Complexe des trois singes. Essai sur l'animalité humaine*, Paris: Le Seuil, coll. 《L'Ordre philosophique》.

Caillois, Roger(1958), *Les jeux et les hommes*, Paris: Gallimard.

Celibidache, Sergiu(2008), Über musikalische Phänomenologie, Augsburg: Wissner-Verlag, p. 23.

Célis, Raphaël (1978), "La mondanité du jeu et de l'image selon Eugen Fink", in *Revue Philosophique de Louvain*, Quartrième série, tome 76, no. 29.

Depraz, Natalie(2014), *Attention et vigilance. A la croisée de la phénoménologie et des sciences cognitives*, Paris: PUF, Epiméthée.

_____(2018), *Le sujet de la surprise. Un sujet cardial*, Bucarest: Zeta Books (dépôt Vrin).

Derrida, Jacques(1992), *Donner la mort*, Paris: Galilée.

Dupuy, Maurice(1959), *La Philosophie de Max Scheler. Son évolution et son unité* (Tome premier: La Critique de l'homme moderne. Tome second: De l'Ethique à la dernière philosophie), Paris: PUF.

Ferraris, Maurizio(2014), *Manifeste du nouveau réalisme*, Paris: Hermann.

Fink, Eugen(1957), *Oase des Glücks. Gedanken zu einer Ontologie des Spiels*, Freiburg/ München: K. Alber Verlag.

_____(1960), *Spiel als Weltsymbol*, Stuttgart: W. Kohlhammer Verlag.

Frings, Manfred S.(2003), *Lifetime: Max Scheler's Philosophy of Time* (Phaenomenologica Book 169), New York: Springer.

Gabriel, Markus(2014), *Pourquoi le monde n'existe pas*, Paris: JC Lattès.

Henry, Michel(1976), *Marx I. Une philosophie de la réalité*, Paris: Gallimard (réédition collection "Tel", 1991).

_____(1976), *Marx II. Une philosophie de l'économie*, Paris: Gallimard (réédition collection "Tel", 1991).

Husserl, Edmund(trad. par Paul Ricœur)(1950), *Ideen I*, Paris: Gallimard.

Janicaud, Dominique(1991), *Le Tournant théologique de la phénoménologie française*, Combas: Éditions de l'Éclat.

Lévy-Bruhl, Lucien(1935), *La mythologie primitive*, Paris: Félix Alcan.

Lyotard, Jean-François(1971), *Discours, Figure*, Paris: Klincksieck.

Marion, Jean-luc(1977), "discours de louange", in *L'Idole et la distance*, Cinq études, Paris: Grasset.

_____(1986), *Prolégomènes à la charité*, Paris: Éditions de la Différence.

Merleau-Ponty, Maurice(1960), *Signes*, Paris: Gallimard.

_____(2000), *Le visible et l'invisible*, Paris: Gallimard.

Patočka, Jan(1976), *Le Monde naturel comme problème philosophique*, trad. fr. J. Daněk et H. Declève, La Haye, Martinus Nijhoff, coll. "Phaenomenologica" 68 (Přirozený svět jako filosofický problém, 1936)

_____(1981), *Essais hérétiques sur la philosophie de l'histoire*, traduit par Erika Abrams, Lagrasse: Verdier.

_____(2007), *L'Europe après l'Europe*, édité par Erika Abrams, traduit par Erika

Abrams et Marc Crépon de Launay, Lagrasse: Verdier.

_____(2016), *Le Monde naturel comme problème philosophique*, Nouvelle Traduction par Erika Abrams, Paris: Vrin.

Ranly, Ernest W.(1966), *Scheler's Phenomenology of Community*, The Hague: Martinus Nijhoff.

Salanskis, Jean-Michel & François-David Sebbah(2008), *Usages contemporains de la phénoménologie*, Paris: Sens & Tonka.

Salanskis, Jean-Michel(2010), *Derrida*, Paris: Les Belles Lettres.

Scheler, Max(1926), *Die Wissensformen und die Gesellschaft*, Leipzig: Der Neue Geist Verlag.

Schnell, Alexander(2020), *Die phänomenologische Metaphysik Marc Richirs*, Frankfurt am Main: Klostermann.

_____(2020), *Qu'est-ce que la phénoménologie transcendantale?*, coll. 《Krisis》, Grenoble: J. Millon.

Sebbah, François-David(2018), *L'épreuve de la limite: Derrida, Henry, Levinas et la phénoménologie*, Paris: PUF.

Tellier, Frédéric(2014), *Alfred Schutz et le projet d'une sociologie phénoménologique*, Paris: PUF.

Thomas-Fogiel, Isabelle(2015), *Le lieu de l'universel. Impasses du réalisme dans la philosophie contemporaine*, Paris: Seuil.

셸러, 막스(2011), 『지식의 형태와 사회』 I/II, 정영도·이을상 역, 한길사.

신인섭(2005), 「후설과 마르크스의 지평융합을 위한 파치의 노동-현상학적 조율」, 『철학』 82.

1부

두 원천의 현상학자

1장

후설 초기:

엄밀한 학문이라는 이념의 현상학

박승억

숙명여자대학교 기초교양학부

후설은 한편으로는
심리학의 중요성을 인정하면서도
동시에 '심리학주의'라는 입장에 대해서는
더없이 날카로운 비판을 가했는데,
그 사잇길이 바로
현상학적 연구였다.

1. 후설, 현상학적 연구의 도정에 들어서다

현대 유럽 철학의 지형도를 바꾼 인물인 에드문트 후설(Edmund Husserl)은 옛 오스트리아 제국의 영토였던, 지금은 체코의 땅인 프로스니츠(프로스테요프)에서 태어났다. 어린 시절을 고향 땅에서 보낸 뒤 빈에서 교육받고, 독일의 라이프치히대학에서 수학과 물리학, 철학 등을 공부하였다. 당시 라이프치히대학에는 현대 심리학에 지대한 영향을 준 실험심리학의 아버지 빌헬름 분트(Wilhelm Wundt)가 있었다. 후설은 그의 강의를 듣고 많은 영감을 받았다고 한다. 후설이 나중에 '심리학주의'와 대결할 운명이었다는 점에 비추어 보면 그 만남은 우연이 아니었을지 모른다.

1878년 라이프치히대학을 떠나 베를린대학으로 옮겨 간 후설은 당대 최고의 수학자였던 크로네커(Leopold Kronecker)와 바이어슈트라스(Karl Weierstrass) 아래서 수학 연구를 이어 간다. 철학적 성향에도 불구하고 그가 수학을 선택한 것은 아마도 당시의 지적 풍토와 무관하지 않았을 것이다. 19세기에 수학과 자연과학은 말 그대로 전도가 유망한 전공들이었기 때문이다. 그 후 다시 빈대학으로 옮겨 간 후설은 바이어슈트라스의 제자였던 쾨니히스베르거(Leo Königsberger)의 지도 아래 1882년 『변수 계산 이론에 관한 연구』로 박사학위를 취득한다. 그러나 빈대학에서의 생활은 그에게 조금 다른 의미에서 중요한 터닝 포인트였다. 거기서 바로 프란츠 브렌타노(Franz Brentano)를 만났기 때문이다.

브렌타노는 20세기 현상학 운동의 뿌리라고도 할 수 있는 인물이었다. 그는 중세 스콜라 철학에서 중요하게 여겨졌던 지향성(Intentionalität) 개념에 새로운 활력을 불어넣음으로써 심리학 연구에 있어 중요한 전기를 마련한 인물이었다. 브렌타노는 당대 독일 철학계에 영향력을 행사하는 많은 인물을 배출하기도 했는데, 마이농(Alexius Meinong), 슈툼프(Carl Stumpf), 트바르도브스키(Kazimierz Twardowski) 등이 브렌타노의 영향을 받았고, 정신분석학의 개척자인 프로이트(Sigmund Freud) 역시 브렌타노의 학생 중 한 명이었다. 브렌타노의 강의에서 강한 영향을 받은 후설은 1886년 할레로 옮겨 가 브렌타노의 제자였던 슈툼프에게로 간다. 그리고 이듬해인 1887년 『수 개념에 관하여(*Über den Begriff der Zahl*)』[1]라는 교수자격 논문을 완성한다. 이 연구는 우리가 수 개념을 어떻게 형성하는지를 심리학적 관점에서 추적한 것이었다.

당시 수학은 새로운 발상과 발견으로 혁명적인 발전을 거듭했지만 정작 그런 발전을 지탱해 줄 개념적 토대는 불안정한 상태였다. 이와 관련한 연구에서 독일은 세계에서 가장 앞선 나라였다. 특히 칸토어(Georg Cantor)가 집합론에 대한 다수의 연구 결과를 발표한 이래 모든 수학적 명제가 수론(數論)으로 환원되어 고찰될 수 있을 것이라는 믿음이 팽배해 있었다. 그런 지적 상황에서 후설은 수 개념이 어떻게 형성되는지를 해명하고자 하는 야심 찬 계획을 갖고 있던 셈이다. 그 결과로 1891년 후설은 『산술의 철학(*Philosophie der Arithmetik*)』을 펴낸다. 이후 10여 년의 연구 기간 동안 후설은 수학의 기초를 마련하기 위한

---

1 후설의 교수자격 논문과 『산술의 철학』은 『후설 전집(*Husserliana*)』 12권에 실려 있다. Husserl(1970), *Philosophie der Arithmetik*, Husserliana Bd. XII(1890-1901).

지난한 모색을 해 나간다. 그러나 그 과정에서 연구의 기조가 변하기 시작했다. 『산술의 철학』에서 기획했던 작업은 중단되었고, 후설의 문제의식도 변화해 갔다. 수학적 문제의식으로부터 출발했지만, 그 답을 찾는 과정에서 철학적 문제의식으로 확장해 나갈 수밖에 없었기 때문이다.

이 시기, 말하자면 20세기를 목전에 둔 19세기의 마지막 10년은 후설 개인의 학문 여정에 가장 결정적인 시기이자 후설 이후에 전개될 현상학 운동에서도 중요한 시기가 된다. 이 시기에 후설이 자신의 연구에 있어 일종의 전회를 시도하기 때문이다. 특히 1900년에 출간된 『논리 연구(Logische Untersuchungen)』 1권은 당대 독일 지식인들의 비상한 관심을 끌었다. 당시 독일 지성계를 지배하고 있던 '심리학주의'를 후설이 정면으로 비판했기 때문이었다. 비록 반(反)심리학주의자들이 이미 진영을 갖추고 있었지만, 후설의 비판은 그들보다 훨씬 더 철저했으며, 그런 점에서 당시 철학의 가능성에 대해 이런저런 회의를 품고 있던 젊고 혈기 넘치는 철학자들의 마음에 희망의 불씨를 지폈다. 이후 하이데거(Martin Heidegger)가 젊은 시절 자신의 책상 위에 놓인 『논리 연구』의 붉은색 표지만 보아도 가슴이 뛰었다고 회고한 적이 있을 정도였다.

말년의 회고에서 후설은 『논리 연구』[2]를 가리켜 자신의 현상학적 연구에 있어 최초의 돌파구였다고 회상한다. 이는 이중적인 의미를 가진다. 우선 『산술의 철학』을 포함한 이전 연구에서 후설은 수학과

---

2 Husserl(1984), *Logische Untersuchungen*, Husserliana Bd. XVIII(1975). 한글 번역판은 『논리 연구』, 이종훈 역, 민음사, 2018 참조.

논리학의 명제들에 대한 심리학적 해명을 시도했었다. 그에 반해 『논리 연구』는 이전의 심리학적 연구 방식으로부터 벗어나기 시작한 것이었다. 그러나 그렇다고 해서 후설이 심리학적 논의 자체와 완전히 결별한 것은 아니었다. 오히려 이후 연구에서 후설은 심리학적 탐구의 중요성을 강조하곤 한다. 문제는 심리학적 문제를 다루는 방식의 차이였던 것이다. 결국 후설은 한편으로는 심리학의 중요성을 인정하면서도 동시에 '심리학주의'라는 입장에 대해서는 더없이 날카로운 비판을 가했는데, 그 사잇길이 바로 현상학적 연구였다.

2. 철학의 위기와 심리학주의

20세기 전반부 유럽 철학에서 가장 주목할 만한 사건 중 하나였던 심리학주의와 후설의 대결은 당시 지성계의 상황을 이해할 때 비로소 그 윤곽이 드러난다. 당시의 젊은 철학도들이 『논리 연구』에 열광하고 후설과 함께 현상학적 운동을 전개해 나간 이유는 역설적이게도 철학이 그만큼 위기에 처해 있었기 때문이었다. 수학은 물론 자연과학의 눈부신 발전, 그리고 자연과학의 방법론을 차용한 새로운 사회과학들의 등장은 그때까지 만학의 여왕이라고 불렸던 철학의 역할과 위상을 위축시켰다. 오늘날 우리 사회에 회자되고 있는 인문학의 위기는 사실 이 시기로부터 유래했다고 해도 무방하다.

이러한 상황에서 심리학주의의 등장은 매우 파격적이면서도 신선한 자극이었다. 특히 실험심리학의 발전은 그동안 철학의 전유물로 간주되었던 인간 정신의 수수께끼를 과학적 방법을 사용하여 해명할 수 있으리라는 기대를 불러일으켰다. 심리학주의의 기본적인 입장은 모든 인식 현상이 심리적 활동이므로 심리학이야말로 인간의 지적 활동을 해명하는 가장 기초적인 학문이라는 것이다. 학문적 활동이 인간 정신의 지적 작업인 한, 인간의 마음을 탐구하는 심리학이 매우 기초적일 것이라고 생각하는 것은 한편으로 자연스럽다. 몇몇 심리학주의자들은 거기서 한발 더 나아간다. 그들은 아예 전통적으로 철학이 떠맡았던 역할, 즉 모든 학문을 정초하는 토대 학문의 역할을 심리학이 할 수 있다고 주장하는 데까지 나아간다. 그래서 심리학주의는 '강한' 심리학주의와 '약한' 심리학주의로 나뉜다. 강한 심리학주의는 말 그대로 모든 개별 학문의 기초가 심리학이라고 주장하는 반면, 약한 심리학주의는 인간의 모든 지적 활동이 심리학과 무관할 수 없다는 입장이다. 오늘날 우리가 '심리학주의'라고 부르는 입장, 그리고 후설이 『논리 연구』에서 대결한 입장은 물론 '강한' 심리학주의였다.

사실 후설은 약한 의미의 심리학주의자라고도 부를 수 있을 정도로 심리학을 중요한 학문으로 생각하였다. 예컨대 『논리 연구』 1권 출간 뒤 이듬해에 나온 2권의 내용 중 특히 의미론적 탐구에 관한 부분은 심리학적 접근 방식을 연상시킨다. 그 바람에 『논리 연구』 1권에서 심리학주의를 비판하는 것에 열광했던 많은 사람이 후설이 다시 심리학주의로 되돌아가 버렸다는 평을 내리기도 했다. 하지만 후설의 입장은 일관적이었다. 학문적 활동을 포함하는 인간의 지적 활동이 심리학과 무관할 수는 없다. 후기의 연구에서 후설은 심리학이 선험(transzendental, 초월론적)[3] 철학으로 이르는 현상학적 탐구에서 중요한 경로를 제공한다고 말하기도 한다. 그러나 심리학이 이렇게 중요한 학문이라고 해서, 심리학주의자들이 주장하듯 심리학이 모든 학문의 토대 학문이 될 수는 없다.

문제는 이러한 문제의식을 가진 심리학의 탐구 방법이었다. 당대 심리학주의가 주장한 심리학은 자연과학적 방법을 차용한 경험적, 실험적 학문이었다. 이로써 심리학주의자들은 심리학을 과학으로 자리매김시키고자 했다. 후설이 보기에 이러한 전략은 위에 있어야 할 것을 아래로 옮겨 학문 체계 전체의 올바른 위상을 뒤죽박죽으로 만들어 놓는 잘못된 선택이었다. 후설은 이를 '메타바시스(metabasis)의 오류'라고 불렀다.[4] '메타바시스'라는 말 그대로의 의미는 토대(Basis)를 잘못 옮겼다는 뜻이다. 말하자면 유와 종의 분류를 제대로 하지 못해 토대가 되는 것과 그 토대에 의지해야 할 것을 잘못 파악했다는 것이다. 학문의 전 체계를 지탱하는 기저에는 모든 학문적 지식들이 안전하게 의지할 수 있는 엄밀하고 타당한 지식들이 자리 잡고 있어야 한다. 그러나 후설이 보기에 '심리학주의자'들이 선택한 경험과학적 방법은 그 자체로 엄밀하지도 않고, 또 타당성을 보장하기도 어려운 가설적 지식들이었다.

심리학주의자들의 말처럼 심리학이, 그것도 경험과학적 심리학이 모든 학문의 기초라면, 결국 논리적 지식이나 수학적 지식과 같은 보편타당한 지식의 기초가 늘 개연적인 타당성만을 갖는 경험과학적 지식들이 된다. 그것은 불확실하고 가설적인 지식으로 보편타당한 지식을 정초하는 셈이 된다. 후설의 신념은 분명했다. 만약 어떤 학문이

---

3 '선험'과 '초월론적'이라는 표현은 모두 독일어 'transzendental'를 우리나라 학계의 연구자에 따라 다르게 번역하는 용어이다. 'transzendental'을 초월론적이라고 번역하는 연구자는 '선험'이라는 말을 'a priori'라는 표현의 번역어로 사용한다.

4 이에 대해서는 『논리 연구』 1권(Husserliana Bd. XVIII) p. 45 참조.

모든 개별 과학을 이론적으로 정초할 수 있다면, 그 학문은 자신의 타당성을 어떤 다른 학문에 의지해서도 안 되고, 아울러 가장 객관적이고 확실한 출발점을 갖고 있어야만 했다. 후설이 『논리 연구』를 작업하는 기간에 구상하게 된 현상학적 기획의 의미가 바로 그것이었다. 모든 이론적 지식을 정초할 수 있는 가장 분명한 토대를 확보하는 일, 분과 학문 중에 그런 일을 할 수 있는 학문이 있을까? 이 근본적인 인식론의 문제를 해결할 수 있는 유일한 후보는 철학뿐이었다. 현상학적 방법론의 모토인 '사태 자체로(Zu den Sachen Selbst)'나 '엄밀한 학(學)으로서의 철학'은 어떤 종류의 가설로부터 출발하지 않고, 명증하고 확실한 것으로부터 새롭게 출발하고자 하는 신념의 표현이었다.

3. 철학의 역할과 보편학의 이념

1929년 후설은 파리에서 "선험적 현상학 입문"이라는 제목으로 강연을 한다. 이 강연은 1931년 『데카르트적 성찰』이라는 제목으로 파리에서 출간된다. 후설은 이 강연을 확장하여 선험적 현상학의 면모를 온전하게 드러낼 독일어판을 계획하였으나 생전에 그 꿈을 이루지는 못했다[『후설 전집』의 1권인 『데카르트적 성찰(Cartesianische Meditationen)』은 후설이 세상을 떠나고 12년 후인 1950년에 출간된다]. 파리 강연의 내용은 후설이 생각했던 현상학적 기획의 기본 모델을 데카르트(René Descartes)의 꿈, 즉 철학이 모든 개별 학문의 이론적 토대의 구실을 할 수 있게 정비하는 것이었다. 여기에 심리학주의와 후설의 문제의식이 교차하는 대목이 있다.

"철학의 역할은 과연 무엇인가?"

역사적으로 오랫동안 철학은 모든 개별 학문의 기초가 되는 학문의 역할을 자임해 왔다. 데카르트가 자신의 작품『성찰』에서 목표로 했던 '제1철학(Erste Philosophie)'은 그런 문제의식을 대변한다. 하지만 근대가 진행되고 과학이 발전하면서 사정이 달라지기 시작한다. 경험적이고 실질적인 과학적 지식이 성장하면서 추상적이고 관념적인 철학적 지식과 철학적 탐구 방법 자체에 대한 비판적 반성이 시작된 것이다.

칸트(Immanuel Kant)의 이성 비판은 철학과 여타 경험과학의 위상을 둘러싼 논쟁에서 일종의 변곡점이었다. 칸트가『순수이성비판』을 통해 제안한 것은 경험적 방법을 통해 이 세계를 탐구하는 것은 경험과학의 일이며, 철학은 그런 경험과학적 지식을 포함한 모든 지식의 가능성 자체를 탐구한다는 역할 정리였다. 얼핏 칸트의 이런 정리는 철학이 모든 개별 과학의 기초를 탐구하는 중요한 일을 맡는 것처럼 보이게 한다. 하지만 다른 한편으로 그것은 이 세계에 대한 직접적인 탐구에 관해서는 경험과학에 자리를 내주어야 한다는 것을 뜻하기도 했다. 논란은 종결되기보다는 오히려 증폭되었다. 개별적인 경험적 지식보다 논리적으로 앞선다는 의미에서 이른바 '선험 철학(Transzendentale Philosophie)'이 철학의 정체성을 규정함으로써 철학의 위치가 배후(meta)의 학문이 되었지만, 이 배후의 의미가 무엇인지가 선명하지 않았기 때문이다. 그리고 지식의 가능성을 탐구하는 일의 의미 역시 여전히 모호했다.

만약 칸트가 설정한 구획 기준을 모든 사람이 받아들였다면 개별 경험과학은 배후에 있는 철학에 이러저러한 경험적 탐구가 학문적 지식의 기준을 만족시키는지 자문을 구해야 옳다. 그렇게 모든 학적 지식은 철학적 반성과 비준을 얻어야 했다. 하지만 현실은 그렇지 않았다. 물리학과 화학, 그리고 생물학 등에서 새롭게 쏟아져 나오는 경험적 지식들은 철학에 자문을 구하기보다는 가설적(이론적) 추측과 경험적 입증이라는 새로운 방법을 통해 독자적인 지식체계를 구축해 나갔다. 결국 시간이 흐르면서 철학의 역할은 점점 더 모호해졌고, 무엇을 탐구하는 학문인지도 불분명해졌다. 말 그대로 철학의 '정체성 위기'였다.

사실 철학의 할 일이 무엇인가라는 질문은 개별 분과 학문이 독립해 가면서 자연스럽게 제기될 수밖에 없는 물음이었다. '거의 모든 것'에 대한 탐구였던 철학에서 자연에 관한 탐구들이 자연과학으로 독립하고, 사회적인 것에 대한 탐구들은 사회과학으로 독립해 나갔다. 그리고 심리학도 그런 독립의 대열에 합류했다. 자연스럽게 철학이 전문적으로 탐구하는 영역은 무엇인가라는 물음이 제기된다.

20세기가 시작할 무렵 오스트리아의 빈에 모인 일군의 학자들, 예를 들면 한스 한(Hans Hahn)이나 오토 노이라트(Otto Neurath) 그리고 모리츠 슐리크(Moritz Schlick) 같은 인물들은 철학의 역할이 기껏해야 과학적 지식을 정교화하거나 낡은 철학의 오래된 헛소리들(전통 형이상학)을 치유하는 데 있을 뿐이라고 말한다. 초기 비트겐슈타인(Ludwig Wittgenstein)의 철학에 영향을 받은 그들은 엄격한 실증주의의 원리 아래서 경험적으로 입증 불가능한 형이상학적 주장들을 무의미하다고 보았으며, 심지어 철학적 질병이라고까지 조롱하기도 했다. 20세기 전반부를 지배했던 이러한 지적 상황은 19세기 후반에 터져 나온, 전통 철학의 의미와 역할에 대한 근본적인 회의의 결과였다. 후설의 삶은 그런 시대적 분위기를 관통하고 있었다. 철학에 혁신이 필요한 것은 분명했다.

앞서 이야기한 것처럼 심리학주의는 이러한 시대적 분위기에서 새로운 철학의 가능성을 보여 주는 것처럼 보였다. 인간의 마음과 정신을 '객관적으로' 해명할 수 있으리라는 희망을 보여 주었기 때문이다. 특히나 19세기 후반 이후 신경생리학의 발전으로 인간 정신과 뇌 사이의 관계에 대한 논의들이 발전하기 시작했고, 생물학의 발전은 인간 정신을 더 이상 창조주의 선물이 아닌 진화의 과정에서 나온 산물로 보는 시선들도 늘어났다. 간단히 말해 인간 정신도 '경험적'이고 '과학적'으로 탐구될 수 있는 대상이라는 것이다. 이렇게 새로이 일신하는 과학적 심리학은 더 이상 지적 생산성이 없어 보이는 낡은 전통 철학을 대체할 유력한 후보처럼 보였다. 인간의 경험이 다양한 외적 자극들과 어떤 관계에 있는지, 그리고 그런 경험들을 통해 어떤 경험들을 갖게 되는지 등을 그저 어떤 철학자의 반성적 성찰에 의해서가 아니라 다양한 실험을 통해 객관적으로 파악할 수 있으리라는 희망이 생긴 것이다.

그러나 후설은 심리학주의의 이러한 접근이 사실상 보편타당한 지식을 탐구하려는 모든 학문의 기반을 허무는 일이라고 생각한다. 이는 그가 지식 체계 혹은 학문 체계를 데카르트적 모델에 따라 이해하고 있었기 때문이다. 데카르트적인 지식 체계 모델은 기하학적이다. 기하학적 지식의 위계적 특성은 공리연역 체계에서 잘 드러난다. 우리가 아는 기하학적 정리들은 몇몇 자명한 공리(증명이 필요 없을 정도로 바른 명제)들로부터 순수하게 연역되어 나온 것이다. 따라서 기하학적 정리의 확실성과 타당성은 결코 공리의 확실성과 타당성을 넘어설 수 없다. 비유적으로 말하자면 건축물의 토대가 되는 기저 부분은 그 위에 세워진 어떤 구조물보다 안전하고 견고해야 하는 것이다. 대표적인 논리적 원리인 모순율의 타당성에 대해 심리학주의자는 서로 상반된 감정이 동시에 일어날 수는 없기 때문에 가능하다고 설명한다. 후설에 따르면 이러한 심리학주의자의 설명은 완전히 잘못된 것이다. 왜냐하면 인간의 감정에 관한 심리학적 판단은 결코 모순율과 같은 논리학의 원리처럼 자명하지 않기 때문이다. 후설에 따르면 심리학주의는 결국 그들의 본래 의도와 다르게 인식에 대한 회의주의로 귀결된다.

후설이 『논리 연구』에서 심리학주의에 대해 날카롭게 비판한 것은 일정 부분 자기비판을 포함한 것이었다. 왜냐하면 후설은 그의 이전 작업, 즉 수학 일반의 기초를 다루려고 했던 『산술의 철학』을 심리학적 관점에서 접근했기 때문이다. 물론 수 개념이 어떻게 생겨나는지를 묻는 문제의식은 불가피하게 심리학적 문제로부터 벗어날 수 없다. 하지만 후설은 그와 같은 방식만으로는 수학적 명제들의 보편적 타당성을 정초할 수 없다는 것을 알았다. 이로 인해 그의 문제의식은 수학의 기초 문제에서 논리학, 나아가 인식론 전체로 확장된다.

4. 수학, 논리학 그리고 학문 이론

후설의 문제의식이 확장되고 깊어진 것이 그저 후설 개인의 학문적 취향 탓만은 아니다. 당시 수학은 커다란 발전과 동시에 커다란 위기에 처해 있었다. 수학, 특히 기하학은 오랜 세월 학문 체계의 이론적 전형으로 여겨져 왔었다. 자명한 공리로부터 엄격한 연역에 따라 정리를 이끌어 내는 기하학적 체계의 우아함은 모든 지식 체계의 형식적 모범이었다. 특히 근대의 과학 혁명이 세계를 수학적으로 기술하는 방법을 발견해 낸 이래 모든 자연과학은 수학에 의지해 발전할 수 있었다. 따라서 수학은 모든 이론과학의 기저에 놓인 토대 학문의 역할을 일정 부분 수행하고 있었던 셈이다. 그런데 만약 수학의 이론적 기초가 불안하다면 어떻게 될까?

다시 말해 수학이 엄밀한 의미에서 '이성적'인 학문이라고 말하기 어렵다면 어떻게 될까? 당시는 그런 질문을 진지하게 생각해 봐야만 하는 상황이었다. 어쨌든 수학이 위기에 처하면, 마치 도미노가 쓰러지듯이 수학에 의지해서 법칙을 정립했던 모든 자연과학 역시 위기에 처하게 된다. 그런 점에서 후설이 수 개념을 정초하고자 했던 것은 가장 이성적이라고 여겨지던 학문을 위기로부터 구해 내고자 했던 야심 찬 시도였다. 나중에 후설이 현상학적 기획을 통해 철학을 엄밀한 학으로 혁신하려고 계획했던 것 역시 후설의 문제의식이 일관된 것임을 보여 준다. 다시 말해 후설의 작업은 인류의 지적 자산인 학문의 체계를 엄격한 이성적 토대 위에 세우려는 꿈의 일관된 전진이었던 것이다.

흔히 수학의 토대 위기라고 불렸고, 모리스 클라인(Morris Kline)의 표현을 따르자면 인간 이성에 있어 재앙의 시대라고 불렸던 당시의 상황은 역설적이게도 수학의 급격한 발전이 초래한 것이었다.[5] 수학

5   모리스 클라인(2007), 『수학의 확실성』, 9장 참조.

이 자명한 진리의 체계임을 의심하게 만든 사건은 비(非)유클리드 기하학의 발전으로부터 시작되었다. 아주 오랜 세월 동안 유클리드 기하학의 체계는 연역적 이론 체계의 전형으로 간주되었고, 자연스럽게 그것은 공간에 대한 유일한 진리로 여겨져 왔다. 그러나 비유클리드 기하학의 발전은 유클리드 기하학이 공간에 대한 그저 '하나'의 해석에 불과하다는 것을 보여 주었다. 유클리드 기하학은 지난 2,000년 동안 누려 왔던 독점적인 지위를 내놓아야 했다. 그것은 동시에 우리가 알고 있는 기하학적 지식이 논리적으로 아무런 문제가 없는 것인지를 진지하게 되묻게 만들었다.

수학이 과연 건전한 이성적 기초 위에 서 있는지를 두고 불안해하던 상황은 칸토어가 자신의 집합론에 무한의 개념을 끌어들이면서 결정적인 충격을 받게 된다. 우선 칸토어는 수의 문제를 집합의 문제로 바꾸어 생각할 수 있음을 보여 주었다. 수 1은 집합 {1/1, 2/2, 3/3 …}의 이름이라고 생각하면 된다. 수를 집합으로 간주할 수 있다면, 수가 무한하므로 무한 집합의 문제가 다루어지게 된다. 결국 칸토어는 집합론을 연구하면서 실무한을 도입해 버린다. 실무한은 임의의 시작이 있어서 한쪽 방향으로만 무한한 경우(가무한)와 달리, 시작도 없고 끝도 없는 무한이다. 그 결과 같은 무한이지만 더 큰 무한이 있고(예를 들면 실수의 무한은 정수의 무한보다 크다), 무한끼리 연산을 할 수 있다는 칸토어의 발견은 사람들이 오랫동안 실무한을 기피하게 만든 경계심, 유한한 인간 이성이 무한의 문제를 다루다 보면 분명 어디선가 사달이 난다는 걱정을 마침내 현실이 되게 만들고 만다. 집합론에서 받아들인 명제들 사이에 모순이 드러나기 시작한 것이다.

'세상에서 가장 큰 전체집합'을 생각해 보자. 개념적으로는 별문제

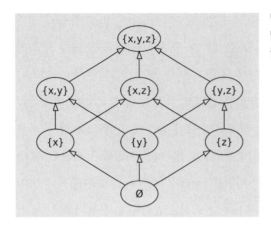

멱집합이라는 개념을 허용하면 '가장 큰 전체집합'이란 성립할 수 없게 된다

가 없어 보이는 이 집합은 과연 세상에서 가장 큰 전체집합일까? 만약 우리가 어떤 전체집합은 부분집합들로 이루어질 수 있다는 생각을 받아들이기만 한다면 '그' 가장 큰 전체집합은 결코 '가장 큰 전체집합'이 될 수 없다. 언제나 부분집합들로 이루어진 멱집합(주어진 집합의 모든 부분집합의 집합)이 원래의 집합보다 크기 때문이다. 우리가 멱집합이라는 개념을 허용하기만 하면 곧바로 '전체집합'이라는 개념이 흔들려 버린다. 그러면 멱집합이라는 개념을 포기해야 할까? 흔히 집합론의 역리(paradox)라고 불리는 모순들이 집합론의 이론 체계 내에 웅크리고 있었던 것이다.[6] 수학의 심층부에 이렇게 모순이 웅크리고

---

6 나중에 영국의 철학자 러셀(Bertrand Russell)은 칸토어의 집합론에서 역리를 찾아내고, 수학의 기초를 튼튼히 하기 위해서는 논리학에 의존해야 한다는 입장을 취하게 된다. 역리를 어떻게 해결할 것인가의 문제는 20세기 초반 수학 기초론의 가장 중요한 과제였다. 러셀의 논리주의, 칸토어의 실무한을 거부하고 배중률(한 명제와 그 부정 명제 둘 중의 하나는 반드시 참이라는 원리)마저도 거부했던 브로우베르(Luitzen Brouwer)의 직관주의, 그리고 실무한의 넓은 대륙을 결코 포기하지 않으려 했던 힐베르트(David Hilbert)의 형식주의 등은 당시 수학이 처한 위기를 돌파하기 위한 시도들이었다. 특히 괴팅겐대

1부 두 원천의 현상학자

있다는 사실은 수학을 가장 안전한 이성적 이론 체계라고 믿어 왔던 사람들에게는 당연히 충격이었다. 후설의 『산술의 철학』은 이러한 시대적 상황에서 기획된 작업이었다.

결과적으로 후설은 수학의 가장 기초적인 문제인 수와 집합의 문제로부터 출발해 논리학의 문제로 이행해 간다. 후설 스스로도 1890년대 자신이 수학의 이론적 기초를 문제시하면서 자연스럽게 논리학의 문제로 넘어가게 되었다고 회고한다. 후설이 『논리 연구』 1권의 말미에 언급한 순수 다양체론(reine Mannigfaltigkeitslehre)은 형식 체계의 증명 이론이다. 그것은 힐베르트의 공리연역 체계 이론과 유사하게 어떤 연역적 이론 체계의 무모순성과 완전성에 관한 연구였다. 흔히 초수학(meta-mathematics)이라고 불리는 이런 연구로 후설이 의도했던 것은 모든 개별 학문의 이론 일반에 관한 논리적인 연구였다. 비록 후설이 이후 현상학적 논의에 천착함으로써 그에 관한 논의를 발전시킬 수 없었지만, 그의 후기 작품인 『형식 논리와 선험 논리(Formale Logik und Transzendentale Logik)』에서도 그 주제가 여전히 반복되는 점에 비추어 보면 후설은 그 문제를 포기하지 않았던 셈이다. 후설 철학 전체의 주제와 연관하면 이는 당연한 것인지도 모른다. 학문사적 관점에서 수학과 논리학의 문제는 모든 개별 과학의 이론 형식과 형식적 방법론 일반의 문제와 관련이 있기 때문이다. 철학, 혹은 현상학의 근본적인 과제 중 하나가 개별 과학을 정초하는 문제였으므로 후설이 그 문제의식을 포기하지 않았으리라는 것은 어렵지 않게 짐작할 수 있다. 후설은 이러한 문제의식과 과제를 '학문 이론(Wissenschaftstheorie)'의 과제

학의 힐베르트는 후설과도 깊은 친분을 유지하였다.

라고 규정한다. 후설의 초기 현상학은 모든 개별 분과 학문들의 이론적 정초를 목표로 하는 학문 이론의 성격을 갖고 있으며, 현상학적 방법론들은 바로 그 과제들을 해결하기 위한 수단이기도 했다.

다양체론(Mannigfaltigkeitslehre)

다양체는 수학자 리만(Bernhard Riemann)이 비유클리드 기하학적 공간을 가리키기 위한 개념으로도 사용하고, 칸토어가 집합을 가리키기 위한 개념으로도 사용한 용어였다. 따라서 다양체는 수학적으로 추상화된 공간, 특히 그것이 공리연역 체계를 통해 구성되는 추상적 공간의 개념으로 이해할 수 있다. 그러나 후설은 이 다양체 개념을 다소 느슨하게 사용한다. 예컨대 후설은 다양체론을 『논리 연구』 1권에서 형식적 학문 이론으로서 논리학의 최고 과제로 설명한다. 그리고 힐베르트의 공리연역 체계 개념을 자신의 다양체 개념에 비교하기도 한다. 그러나 다른 한편으로는 의식에 대해서도 다양체 개념을 사용한다. '의식 다양체'와 같은 개념은 위상적 관계를 가진 의식 작용의 집합으로 이해할 수 있다.

5. 기술심리학과 지향성

앞서 말했듯이 『산술의 철학』에서 후설이 해명하고자 했던 중요한 문제는 수 개념, 특히 집합적 의미의 '다수' 개념이 우리에게 어떻게 생겨나는지였다. 수론을 집합론으로 환원하여 설명하려던 당시의 논의 맥락을 생각하면, 후설이 자신의 연구를 통해 수학 전체를 지탱하는 가장 기초적인 개념을 해명하려고 시도했음을 알 수 있다. 그런데 어떤 개념의 기원을 해명하는 문제는 기본적으로 인식심리학적 문제이다. 후설이 자신의 문제를 이러한 방향으로 설정하게 된 것은 브렌타노의 영향이었다. 브렌타노는 심리학을 새로운 관점에서 정초하고자 했다. 그는 우선 대상을 범주적으로 구분한다. 인식 주관, 혹은 우리 의식 너머에 있는 바깥의 대상과 그런 대상과 관련된 의식 내부의 대상이 그것이다.

무더운 여름날 저녁, 바람에 흔들리는 나무를 보고 있다고 생각해보자. 우리가 보고 있는 나무는 저 바깥에 있는 바로 '그' 나무인가? 아니면 우리의 감각기관을 통해 들어온 감각 정보를 재구성해서 보고 있는 나무인가? 내가 지각하고 있는 나무가 바깥의 '그' 나무와 동일하다고 말할 수 있을까? 심지어 어두운 저녁 무렵이라 나무의 본래 색깔과 내가 현재 지각하고 있는 색깔은 완전히 다를지도 모른다. 그럼에도 나는 바깥의 '그' 나무를 온전히 지각하고 있다고 믿는다. 이번에는 눈을 감고 방금 전에 본 나무를 다시 떠올려 보자. 이 기억 속의 나무는 바깥에 있는 '그' 나무인가, 아니면 조금 전에 눈을 떴을 때 본 나무인가? 이처럼 우리가 경험을 통해 대상을 인식한다는 것은 대단히 복잡한 현상이다.

브렌타노의 목표는 심리학을 정초하는 것이었으므로 문제는 물리적 대상이 아니라 심리적 현상으로서의 대상이었다.[7] 사실 우리는 '대상'이라는 개념을 매우 부주의하게 사용한다. 심리적 현상으로서의 대상을 보면서 우리 바깥의 대상에 관해 말하기 때문이다. 브렌타노

---

7   브렌타노의 문제의식에 대해서는 Brentano(2013), *Psychologie vom empirischen Standpunkt: Erster Band* 참조.

는 그 두 종류의 대상을 구분함으로써 우리 의식이 대상과 관계하는 방식에 주목하게 된다. '지향성', 즉 '그 무엇'에로 향해 있음'이 바로 그것이다. 지향성은 어떤 것이 우리에게 대상으로 주어질 수 있게 하는 조건이다. 이제 의식과 대상 사이의 지향적 관계를 해명하는 일이 새로운 과제로 주어진다.

브렌타노는 심리학을 경험심리학과 기술심리학으로 나눈다. 경험심리학은 우리의 경험과 의식 체험의 인과적 원인을 추적함으로써 우리의 경험과 의식 현상을 해명하고자 한다. 이를 위해 가설적 추정과 실험적 확증이라는 방법론을 사용한다. 가설을 세우고 실험을 통해 그 가설을 확증하는 방법은 경험과학 일반의 방법론이다. 분트가 심리학을 실험실로 끌고 들어가며 심리학을 경험과학이라고 선언한 것도 그 때문이다. 그러나 브렌타노가 보기에 경험심리학은 결코 필연적인 인식에 도달할 수 없다. 가설과 실험적 확증은 언제나 '그럴듯해 보이는 개연성'만을 주장할 수 있을 뿐이다. 반면 우리의 의식 현상 자체에 대한 내적 인식은 자명하고 필연적일 수 있다. 예를 들어 우리가 어떤 색깔을 떠올릴 때는 반드시 공간(면)을 필요로 한다. 그 반대도 마찬가지다. 따라서 색깔과 연장(延長)은 '반드시(필연적으로)' 서로 동반하는 현상이다. 브렌타노는 이러한 탐구를 기술심리학이라고 불렀다. 기술심리학의 방법은 우리 의식 현상들의 내적 상관관계를 어떤 가설도 없이 '있는 그대로' 기술함으로써 그 상관관계를 확정하는 것이다. 후설은 현상학적 탐구의 선구자였던 브렌타노를 통해 일종의 전환점을 맞이하게 된다. 비록 나중에 그가 의식 현상에 대한 브렌타노의 분석이 정교하지 못했음을 비판하기는 하지만 그가 브렌타노의 후계자라는 사실은 부정할 수 없다.

초기의 수학적 문제의식과 관련해서 후설이 주목했던 것은 감각적 지각 작용 자체를 대상으로 하는 '더 높은 층의 작용'이었다. 가장 원초적인 수로서 개수를 세는 작용을 생각해 보자. 눈앞에 있는 사과를 하나, 둘, 셋 세어 나간다. 그다음에는 이렇게 대상과 직접 만나는 작용(사과를 세는 행위) 자체를 대상으로 하는 더 높은 수준의 추상 작용이 가능하다. 가령 그런 작용을 지속적으로 반복해 나간다고 생각해 보자. 그런 과정을 통해 실제로는 하나둘씩 개수를 세는 작용으로는 결코 도달할 수 없는 커다란 수를 구성하게 되는 것이다. 현상학적 표현으로 바꾸어 말하자면 직관적으로 대상이 충족되는 기초적인 작용들 자체를 다시 대상으로 삼는 더 높은 층의 작용들이 수를 구성하는 작용을 가능하게 하는 것이다. 이와 같은 분석은 의식 작용들의 인과관계를 분석하는 경험심리학적 방식이 아니라 의식 작용 간의 상관관계를 '있는 그대로' 드러내는 기술심리학적 방식을 통해 가능하다.

그런데 수학의 근본 문제에 대한 기술심리학적 작업 과정에서 후설은 일종의 딜레마에 빠진다. 그것은 수학을 비롯해 논리학의 명제들이 갖고 있는 필연적이고 보편타당한 성격을 어떻게 해명하느냐였다. 비록 브렌타노는 기술심리학이 다루는 의식의 상관관계에 대해서는 (경험적 인과관계를 분석하는 것과 달리) 어떤 가설도 설정하지 않으므로 필연성을 확보할 수 있으리라 보았지만, 수학과 논리학 명제들의 타당성은 여전히 우리 의식 작용에 의지해 있는 셈이 된다. 후설은 이 문제를 완전히 해결하지는 못한다. 그리고 이 모호한 상태가 『논리 연구』 1권과 2권에서 나타난 논리학과 심리학 사이의 모호한 긴장관계를 노출시켰고, 결과적으로 『논리 연구』 2권이 출간되었을 때, 『논리 연구』 1권에서 심리학주의와 싸웠던 투사로서의 후설을

기억하는 사람들로부터 다시 심리학주의로 돌아가고 말았다는 평가를 받게 만든다.[8]

기초 지음(Fundierung)

『논리 연구』에서 후설은 기초 지음에 중요한 의미를 부여한다. 기초 지음의 관계는 한 대상이 존재하거나 우리의 체험에 주어지기 위한 논리적 조건을 의미한다. 예를 들어 생명은 물리적인 신체 없이는 존재할 수 없다. 이 경우 생명은 신체에 기초 지어져 있다고 할 수 있다. 이러한 관계는 체험 간에도 마찬가지다. 기억은 지각에 기초 지어져 있다. 일반화해서 모든 추상적인 대상들은 그 뿌리가 되는 구체적인 대상들에 기초 지어져 있다고 말할 수 있다. 후설이 후기에 생활세계가 학문 세계의 토대라는 점을 강조한 것은 이 기초 지음의 논리적 관계에 따른 분석으로 볼 수 있다.

『논리 연구』 1권을 통해 후설은 당대 사람들에게 철저한 '반심리학주의자'로 인식되었다. 그가 논리학 명제들의 타당성은 결코 우리의 의식 작용에 의존하는 것이 아니라고 주장했기 때문이다. 그러나 『논리 연구』 2권에서는 수학적 대상들과 논리의 기초적인 명제들을 포

---

8 사실 후설이 『논리 연구』 2권에서 작업했던 내용 중에는 추상적 개념 간의 논리적 관계를 엄밀하게 분석하는 논의들이 있다. '기초 지음'의 관계나 '전체와 부분 사이의 관계' 등이 그렇다(III 연구와 IV 연구 참조). 이러한 논의는 부분전체론(mereology)라고 불리기도 하는데 이는 나중에 시스템 이론이나 복잡계 이론 등에서 중요한 역할을 하기도 한다. 하지만 당시에 그런 문제를 주목했던 연구자들은 많지 않았다. 오직 폴란드의 논리학자들만이 예외였다. 후설의 이 연구가 오늘날 인공지능이나 데이터 과학에서도 중요한 역할을 하고 있다는 사실은 현상학 연구자들도 주목해야 할 일이다.

함하는 추상적인 대상들이 어떻게 우리의 의식 작용들로부터 연원하는지를 분석하는 것처럼 보였다. 이러한 비판은 사실 후설 스스로가 자초한 것이기도 했다. 그러나 후설이 『논리 연구』 1권과 2권 사이에서 입장을 바꾼 것은 아니다. 후설은 그저 두 마리의 토끼를 함께 잡으려고 했던 것이다. 어떤 종류의 인식이든, 인식은 인식 주관의 작용을 빼놓고는 설명될 수 없다. 그러나 그렇다고 해서 모든 인식의 타당성이 주관의 심리적 작용에 의지해 있는 것은 아니다. 이 두 가지 사실을 후설은 하나의 이론 안에서 설명하고자 했다. 『논리 연구』 2권에 등장하는 연구들의 핵심적인 아이디어는 이미 1894년에 작성한 「기초 논리학에 대한 심리학적 연구」에 등장한다. 다시 말해 후설은 『논리 연구』 2권에서 기존의 태도를 바꾼 것이 아니라 애초에 그가 갖고 있었던 문제의식을 일관되게 추구해 온 것뿐이었다. 다만 인식론 전체를 관통하고 있는 오래된 수수께끼 자체를 통째로 해결하려는 커다란 기획이었기 때문에 단박에 모든 사람을 이해시킬 수는 없었던 것이다.

후설이 해결하고자 했던 인식론의 오래된 수수께끼는 주관과 대상의 이분법 문제였다. 데카르트의 유산이기도 한 주-객 이분법의 문제는 근대 철학 전체가 대결했던, 그러나 결코 만족스럽게 해결하지 못한 문제였다. 객관주의와 주관주의의 대립은 근대 내내 소모적인 논쟁을 반복했으며, 결국 철학의 위기를 초래한 주범이라고도 할 수 있다. 후설은 '지향성' 개념에 대한 올바른 이해만이 철학적 논의를 오랫동안 공전시킨 이 소모적인 논쟁을 종식시킬 수 있다고 믿었다.

6. 엄밀한 학으로서의 철학을 향한 현상학적 혁신

의식의 지향성은 우리의 의식이 어떻게 존재하는지를 보여 준다. 의식은 항상 '무엇에 대한 의식'으로만 존재한다. 달리 말해 의식과 대상은 언제나 연결되어 있다. 강조되어야 할 것은 연결의 방식이다. 의식과 대상은 서로 독립적인 영역을 유지하고 있다가 우연히 연결되는 방식이 아니라 아예 분리될 수 없게 연결되어 있다. 의식 없이는 대상도 없고, 대상 없이는 의식도 없다. 마치 색깔과 면의 관계처럼 의식과 대상은 서로 뗄 수 없는 관계라는 것이다. 의식의 이러한 존재 방식은 대상과 주관을 서로 독립된 영역으로 보는 객관주의나 대상을 주관의 영역으로 함몰시키는 소박한 주관주의와는 다르다. 후설은 객관주의와 주관주의 모두가 우리의 의식 현상의 본질을 이해하지 못한 관점이며, 그 탓에 철학이 오랜 시간 발목을 잡혀 제자리걸음을 하고 있었다고 진단한다.

1900년과 1901년에 걸쳐 『논리 연구』 1권과 2권을 출간하면서 후설의 문제의식은 수학과 논리학에서 철학적 문제의식으로 완전히 전환한다. 특히 2권의 「제6연구」는 1913년에 개정판으로 나올 때 별도의 책으로 분권되면서까지 많은 수정을 거쳤다. 후설의 문제의식이 확장된 것은 사실 이미 예견된 수순이기도 했다. 기술심리학적 기반으로부터 출발한 후설의 탐구는 그 문제의식 자체가 인식론의 주제였기 때문이다. 수 개념이 어떻게 가능한지, 또 논리적 명제의 타당성은 어떻게 설명할 수 있는지 등의 문제는 수학과 논리학의 탐구 범위를 넘어서는 철학적 문제의식이었다. 「제6연구」를 (그나마도 여전히 불완전하게) 완성하는 데 필요했던 시간의 간극은 후설이 이 철학적 문제를 풀기 위해 얼마나 고심했는지를 잘 보여 준다.

자신이 부딪힌 문제를 해결하기 위해 후설은 수학과 논리학의 명제들이 그렇듯이 객관적이고 보편타당한 지식의 가능성을 설명해야 했고, 동시에 그런 지식이 인식론적으로 어떻게 가능한지를 밝혀내야 했다. 이 두 마리 토끼의 실마리가 지향성에 있었다. 지향성은 대상 인식 일반의 원리적인 부분을 설명한다. 대상은 결코 인식 주관으로부터 분리될 수 없다. 그렇다면 수학적 대상들이나 논리적 명제들의 객관성은 어떻게 설명될 수 있는가? 그것들은 외부 세계에 존재하는 경험적 사물들처럼 인식 주관에 초월해 있는 것들인가? 만약 그렇다면 경험적 인식의 근본적인 불완전성, 다시 말해 필연적 인식은 불가능할 것이다. 후설은 『논리 연구』에서 그런 대상들을 '새로운 종류'의 대상으로 봐야 한다고 제안한다. 외부 세계에 존재하는 사물도 아니고, 인식 주관이 날조해 내는 상상의 관념도 아닌, 그래서 주관과 유리되어 있지 않으면서도 객관적이고 필연적인 인식을 가능하게 하는 새로운 대상이라는 것이다.[9]

후설 현상학을 특징짓는 개념 중 하나인 본질 직관(Wesensanschauung)은 바로 그런 대상들을 보는 우리의 의식 작용을 말한다. 전통적으로 '본질'은 경험적 대상들의 '우연성'에 대립하는 개념들이다. 후설이 새로운 종류의 대상이라고 말하면서 '본질'이라는 이름을 붙인 것은 그 대상들에 대한 인식이 필연적 성격을 가질 수 있기 때문이었다. 우리가 본질을 '볼(직관할)' 수 있다고 말하는 후설의 생각에는 그가 브렌타노로부터 물려받은 유산의 흔적이 남아 있다. 브렌타노가 경험심리

---

9 『논리 연구』 2/1(Husserliana Bd. XIX/1), II 연구 p. 2 참조.

학에 대립되는 개념으로 기술심리학을 말한 것은 외적 대상에 대한 감각적 지각과 달리 우리의 내적 지각은 그 자체로 자명하게 인식될 수 있다고 보았기 때문이다.

바깥의 나무를 지각하는 것과 나무를 보고 있는 나를 지각하는 것은 성격이 다르다. 바깥의 나무를 지각할 때 나에게 주어지는 것은 나무 그 자체가 아니라 나무에 대한 감각적 경험들뿐이다. 다시 말해 '진짜' 나무가 의식에 들어오는 것이 아니다. 반면 그렇게 나무를 경험하는 나를 다시 지각하는 것은, 그 지각의 대상이 내 의식 자체이므로 진짜 대상이 주어지는 것이며, 직관적으로 자명하다. 브렌타노가 처음에는 기술심리학을 발생심리학(혹은 경험심리학)을 위한 토대 작업으로 생각하다가 후기에 와서 기술심리학 자체에 독특한 위상을 부여한 것은 바로 이 내적 직관의 자명성 때문이었다.

기술심리학의 특징은 의식 현상을 있는 그대로 기술하는 것이다.

본질 직관(Wesensanschauung)

『논리 연구』에서 후설은 수학적 대상과 같이 고도로 추상적인 대상들을 새로운 종류의 대상들로 보아야 한다고 말한다. 이는 수학적 대상이 그저 감각적 대상들을 추상화해서 만들어진 대상이 아니라 이념화의 작용을 통해 구성된 대상이기 때문이다. 이러한 새로운 종류의 대상들은 우리의 직관적 체험에 주어지는데(예를 들어, 불완전하게 그린 삼각형을 보더라도 우리는 수학적 의미의 삼각형을 본다), 이때 그런 추상적인 대상들을 볼 수 있는 우리의 지적 능력을 후설은 본질 직관이라는 개념으로 표현하였다. 그 방법은 주어진 어떤 사례에 대해 자유 변경(freie Variation)을 적용함으로써 대상의 우연적인 요소들을 제거하고 필연적이고 본질적인 특성만 남기는 것이다.

그래서 인과적 원인을 탐구하는 경험심리학의 사전 작업으로 생각할 수도 있다. 그것은 마치 지질학적 탐구가 먼저 지층을 면밀히(기술적으로) 탐구하고 나서 이런 지층이 형성된 원인을 추정하는 작업이 이루어지는 것과 같다. 이런 의미에서 기술심리학은 경험심리학의 사전 작업일 수 있다. 그러나 경험과학에서 기술하는 방법과 달리 의식 내적 현상들에 대한 기술 방법은 그 자체로 자명하다는 인식론적 특성을 갖는다. 바꿔 말하면 외적 지각을 통해 이루어지는 기술(지질학의 경우)과 달리 어떤 현상을 직관적으로 자명한 상태에서 기술할 수 있으며, 그런 탓에 기술심리학은 그 어떤 가설도 필요 없는 (현상학적 표현을 빌리면) 명증한 현상을 확보할 수 있다. 간단히 말해 브렌

기술하는 방법

사태를 있는 그대로 드러내는 것은 후설의 현상학적 방법에서 중요한 의미를 갖는다. 그러나 기술(Deskription, Beschreibung)이 현상학만의 방법은 아니었다. 19세기 당시 '정확하고 객관적인' 기술은 과학적 탐구에서 중요한 방법론으로 간주되었다. 그래서 물리학과 같은 학문에서도 '기술물리학(beschreibende Physik)'이라는 표현을 발견할 수 있다. 그 의미는 말 그대로 문제가 되는 현상을 정확히 기술한다는 뜻이다. 기술심리학의 경우에도 마찬가지다. 후설의 현상학에서도 체험을 비롯해 분석 대상이 되는 사태를 정확하게 기술하는 것은 무엇보다 중요하다. 이때 주목해야 하는 것은 기술적 방법이 갖고 있는 토대적 의미이다. 현상학적 탐구는 체험과 사태를 '있는 그대로' 기술하고 그것으로부터 출발해야 한다. 이 경우, '기술된 사태'는 출발점만이 아니라 (현상학적) 분석의 결과이기도 하다. 있는 그대로 기술하기 위해서는 우리의 체험을 순수하게 만드는 과정이 필요하기 때문이다.

타노에 따르면 기술심리학을 통해 우리는 증명이 필요 없는 인식에 도달할 수 있다. 브렌타노가 기술심리학이 규범적 역할을 할 수 있다고 믿은 것은 이 때문이다.

후설은 이러한 브렌타노의 유산으로부터 한발 더 나아가 우리 의식 작용의 '산물'로서 우리에게 주어진 새로운 대상, 즉 수학과 논리학의 명제들이 갖는 타당성의 기원을 해명할 수 있다고 믿었다. 수학적 대상이나 논리적 명제들은 우리가 '본질'이라는 이름으로 부르는 대상들의 범례일 뿐이다. 그런 대상들에 대한 인식은 경험적 대상들에 대한 인식과 달리 필연적이다. 더욱이 그런 대상들은 우리가 '직관'(마치 브렌타노의 내적 지각처럼)함으로 그 어떤 또 다른 설명을 필요로 하지 않는 대상들이다. 따라서 본질 직관은 필연적 지식을 목표로 하는 모든 이론적 탐구의 중요한 토대를 해명하는 작업이다. 다시 심리학주의로 돌아간 것은 아닌가 하는 세간의 비판에도 불구하고 후설이 그의 후기까지 심리학적 연구의 중요성을 포기하지 않았던 것은 이런 저간의 사정 때문이다.

외부 세계의 대상들을 경험하는 의식 작용과 그런 의식 작용들 자체를 다시 대상으로 하는 추상적 작용 사이의 관계에 대한 초기 탐구에서 후설은 '수(數)'와 같은 추상적 대상들에 대한 인식이 어떻게 가능한지를 보았다. 그리고 대상과 의식 사이의 보편적 상관관계인 지향성에 대한 통찰은 후설을 인식론 전체에 대한 문제의식으로 이끈다. 후설은 이 새로운 작업들에서 당대 철학이 처한 위기 상황을 타개할 돌파구를 발견한다.

1911년 『로고』지에 발표한 『엄밀한 학으로서의 철학』에서 후설은 다른 자연과학이 엄밀성을 향한 도정에서 발전하고 있는 데 반해 철학은 전혀 그렇지 못하고 있다고 진단한다. 철학의 진정한 의미를 생각하면 이는 역전된 문제 상황이다. 왜냐하면 진정한 철학은 모든 개별 과학의 이론적 토대가 되어야 하기 때문이다. 후설은 전승되어 온 철학의 이념을 본래 의미대로 복원하기 위해서는 철저한 혁신이 필요하며, 따라서 새로운 도전이 요구된다고 천명한다. 이 새로운 도전에 대해 후설은 '현상학'이라는 이름을 붙인다. 브렌타노가 사용했던 표현에 새로운 활기를 불어넣은 것이다.

현상학적 기획의 목표는 철학의 본래 의미를 부활시키는 것, 모든 개별 과학을 이론적으로 정초하는 것이다. 이렇게 가장 기저에 놓인 학문은 다른 어떤 것에 의지하지 않고 스스로가 출발점이 되어야 한다. 따라서 현상학은 어떤 가정도 필요 없이 우리 의식에 그 자체로 '직접 주어진 가장 분명한 사실'로부터 출발해야 한다는 요구를 상징하는 이름이 된다(나중에 현상학의 모토가 된 '사태 자체로!'는 현상학적 기획의 목표가 본래 무엇이었는지를 끊임없이 환기시킨다). 하지만 이러한 기획은 단박에 성취될 수 있는 간단한 과제가 아니다. 의식과 대상이 지향적 상관관계를 갖고 있다는 통찰은 시작을 알리는 총성일 뿐이었다. 지각, 상상, 기억 등 우리의 의식은 대단히 복잡한 층위를 갖고 있으며, 따라서 그에 상응하는 지향적 대상들의 특성 또한 복잡하다. 그 모든 작용과 대상이 지향적 상관관계를 갖고 있다는 보편적 사실만으로는 아직 아무것도 해명되지 못했다. 『엄밀한 학으로서의 철학』에서 후설이 내놓은 제안은, 그러므로 그 어려운 작업을 이제 시작해 보자는 도전을 선언한 것뿐이었다.

현상학적 기획의 출발을 선언한 후설은 거대한 문 앞에 서게 된다. 그 문은 의식 작용(noesis, 노에시스)과 의식 내용(noema, 노에마) 일반의 보편적 관계에 대한 해명으로부터 시작해서 의식 체험을 구성하는 다양한 작용 형식에 대한 형태론적 분석, 그리고 각 작용 간의 관계에 대한 해명, 더 나아가 특정 개별 과학이 다루는 대상의 부류와 그런 대상들에 대응하는 작용들에 대한 분석을 토대로 개별 과학 사이의 상관관계를 해명하는 일에 이르기까지 해결해야 할 과제들이 산적해 있는 거대한 연구 영토로 안내하는 문이었다. 1913년에 출간된『이념들』은 이런 기획의 최초 얼개가 무엇이었는지를 확인시켜 준다. 그러나 본래 시리즈로 계획된 책의 1권만이 출간되고 나머지가 생전에 출간되지 못했던 것은, 말 그대로 시작하는 사람들의 앞에 놓인 과제가 얼마나 많았는지를 단적으로 보여 준다. 당장 우리가 본질을 직접 볼 수 있다고 해서 그에 대한 인식이 엄밀한 의미에서 필연적이라고 말할 수 있는지부터 문제다. 현상학적 인식이 정말로 토대가 될 만한 인식에 도달하려면 더 순수해져야 할, 혹은 더 높은 수준의 엄밀성에 이르게 할 수단들이 필요했다. 현상학적 환원은 바로 그런 모색의 결과였다.

현상학적 작업의 시작을 선언하고 새로운 연구 영토의 문을 연 사람으로서 후설은 일종의 길을 안내하는 사람이었다. 그러나 그 길은 이미 가 보았던 길이 아니라 처음 가 보는 길이었고, 따라서 끊임없이 새로이 등장하는 갈림길 앞에서 고뇌해야 하는 처지였다. 이후 후설의 현상학은 그런 끊임없는 모색의 과정을 보여 준다. 인식 일반의 가능성을 해명하기 위해 칸트가 걸었던 길을 참조하기도 하고, 모든 개별 과학을 정초하는 제1철학의 체계를 위해 데카르트가 걸었던 길을 참조하기도 한다. 이런 모색의 과정은 아마도 처음 길을 개척하는 자라면 피할 수 없는 운명이었을 것이다.

1. 에드문트 후설의 저서

Husserl, Edmund(1970), *Philosophie der Arithmetik*, Husserliana Bd. XII(1890-1901), Den Haag: M. Nijhoff.

_____(1984), *Logische Untersuchungen*, Husserliana Bd. XVIII(1975), Bd. XIX/1, Bd. XIX/2, Den Haag: M. Nijhoff.

후설, 에드문트(2014), 『엄밀한 학문으로서의 철학』, 이종훈 역, 지식을만드는지식.

_____(2018), 『논리 연구』, 이종훈 역, 민음사.

_____(2020), 『현상학의 이념』, 박지영 역, 필로소픽.

2. 관련 참고문헌

Brentano, Franz(2013), *Psychologie vom empirischen Standpunkt: Erster Band*, Hamburg: F. Meiner.

드 보에르, 테오드르(1986), 『후설 사상의 발달』, 최경호 역, 경문사.

클라인, 모리스(2007), 『수학의 확실성』, 심재관 역, 사이언스북스.

에드문트 후설(1859-1938)

현대 철학의 주요 흐름 중 하나인 현상학을 이론적으로 체계화하고 이른바 '현상학 운동'의 기폭제 역할을 한 인물이다. 본래 수학 연구로 시작했으나 프란츠 브렌타노에게서 심리학을 사사하며 철학으로 연구 영역을 확장해 나갔다. 1887년 「수 개념에 관하여」라는 논문으로 교수자격을 취득한 뒤, 할레대학과 괴팅겐대학을 거쳐 프라이부르크대학에서 현상학을 연구하며 여러 연구자들을 길러냈다. 1901년 『논리 연구』 출간과 함께 독일 철학계의 주목을 받으며 현상학 운동의 돌파구를 마련한다. 후설은 인간 의식에 대한 탐구로서 현상학이야말로 전통 철학이 빠진 곤경을 해결하는 혁신 운동이라고 여겼다. 1938년 프라이부르크에서 사망할 때까지 일관된 문제의식과 엄밀한 자기비판 의식을 가지고 끊임없이 연구를 수행한다. 그의 현상학은 하이데거, 메를로퐁티, 사르트르 등 현대 철학자들뿐만 아니라 사회학, 질적 연구 등 여러 영역의 연구자들에게 많은 영감을 주고 다양한 현상학적 탐구를 촉발하는 계기가 되었다.

2장

후설 중기:

선험적 관념론으로서 현상학

김희봉

KC대학교 교양교육원

66

세계의 실재성에 관한 즉각적인 믿음인 일반 정립에서
오히려 후설은 실재적인 현실 자체가
'의식된 것'에 불과하다는 점에 주목하게 된다.
후설은 일반 정립이 일종의 태도의 결과로서
근원적 의식 활동에 달렸다는 것을 밝히려 한 것이다.
동시에 세계의 실재성에 대해서
자연적 태도와 다르게 취할 수 있는 태도 결정이
가능하다는 점이 중요한 문제로 부상한다.
자연적인 삶으로부터 현상학적 반성으로
전환하는 태도 변경의 문제가 바로 그것이다.
이러한 방법론적 실행을
후설은 에포케(판단 중지) 또는 환원이라고 부른다.

99

1. 문제로서의 지향성

후설의 사상적 중간기에는 현상학의 중요한 주제들이 다뤄졌다. 이 시기는 대략 1913년의 『이념들』에서부터 1929년의 『데카르트적 성찰』에 이르는 저술 기간에 해당한다. 이 중간기를 관통하는 후설의 근본 주제는 진리성과 명증성을 본래적으로 근거 지우는 의식의 지향성이 틀림없다. 『이념들』에서 현상학의 핵심 주제로 언급되면서, '가장 자명하면서도 가장 이해되지 않는' 지향성 개념은 후설의 평생 과제가 된다. 이러한 점은 『위기』에서 잘 확인된다.

> "경험 대상과 소여 방식(Gegebenheitsweise) 간의 보편적인 상관성 아프리오리(a priori)가 처음으로 제시되었을 때, [⋯] 이것이 나를 매우 감동시켰기 때문에 그 이후 내 생애의 작업 전체는 이러한 상관성 아프리오리의 체계적인 완성이라는 과제에 전적으로 지배되었다."
>
> — 『후설 전집』 5권, 169쪽, 각주 1

이런 관점에서 볼 때, 중기 사상의 형성과 전개에 기여한 태도나 환원의 도입은 지향성 개념을 깊이 해명하려는 방법론적 시도의 일환인 것이다. 중기 사상은 철저한 현상학적 의미의 지향성 개념 해명에 집중되어 있다. 따라서 우리는 지향성 개념을 인식 비판적 핵심 주제로 부각하게 된 사상적 배경, 지향성의 본격적 해명에 요구된 방법론적 시도들 그리고 지향성의 본질적 구성 계기로서 순수 의식, 선험적 자아 그리고 상호주관성 등을 살핌으로써 후설의 중기 사상을 파악할 수 있다.

『논리 연구』에서 현상학의 근본 용어로 후설은 '지향성'을 언급한다. 브렌타노(Franz Brentano)에게서 빌려왔지만, 후설에 의해 새롭게 부각된 개념이다. 이 핵심 개념은 어떻게 객관적 대상들이 그 자체로 인식될 수 있는가라는 인식 비판적 반성과 관련된다. "대상이 '자체적으로' 존재하면서 인식에 '주어져' 있다는 것이 도대체 어떻게 이해될 수 있는지?"(『후설 전집』 19/1권, 8쪽)라는 후설의 고유한 물음도 함께 한다. 이러한 질문에 '의식은 항상 어떤 것에 대한 의식'이라는 지향성 개념이 답으로 충분해 보이지 않는다. 지향성을 풀이하자면, 지각에서는 어떤 것이 지각되고, 상상에서는 어떤 것이 그려지고, 발언에서는 어떤 것이 말해지고, 사랑에서는 무엇인가 사랑하게 되고, 욕구에서는 무엇인가 의욕하게 됨을 뜻한다. 이 단순한 경험의 근본 사태 안에서 '인식론적으로 근본적인 물음'의 해답을 찾았다는 후설의 주

지향성

의식을 독자적으로 존재하는 것이 아니라 '무엇에 관한 의식'이라고 정의하며, 의식과 대상의 상관성을 규정하는 현상학의 핵심 용어다.

선험적 자아

『이념들』에서 부각된 핵심 개념 중 하나로, 후설 철학을 선험적 관념론으로 평가받게 한 개념이자 모든 인식의 최종적인 근거로 여겨지는 개념이다.

장이 우리를 오히려 당황하게 한다.

철학의 궁극적 인식 대상은 보편적이고 절대적인 진리이다. 동일률이나 중력 법칙의 이성적 진리는 누가 생각하는가와 전적으로 무관하다. 이런 관점에서 대상과 작용의 관계인 의식의 지향성을 통해 인식의 확실성이 확보된다는 주장은 정말로 맞는지 의심이 든다. 여기서 후설이 언급한 의식의 지향성은 심리적으로 해석되어서는 안 된다. 후설도 동일률의 논리적 법칙이 심리적 과정에 관한 진술에 불과하다고 여기는 심리학주의를 배격하기 때문이다. 또한 후설은 객관주의도 경계하는데, 진리 자체는 진리를 느끼는 심리 작용의 내용이 아니라서, 인식 활동 여부는 중요치 않다는 입장도 단호히 비판하기 때문이다. 이러한 입론들을 재반박하는 가운데서 후설이 지향성의 본질을 어떻게 규명했는지 밝히는 것이 중요하다. 우선 『논리 연구』의 입장에서 『이념들』의 입장으로의 전환이 어째서 지향성의 연구에서 불가피했는지를 살펴보고자 한다.

2. 현상학의 이념과 방법에 대한 재고찰

체험에서의 작용과 대상 간의 지향성은 인식의 절대적 원천이 된다는 후설의 입장은 확고하다. 상상이나 기억도 마찬가지나, 지각에는 지각 대상만이 나타나고 지각은 지각 대상을 본다는 점에서 작용과 대상의 상관성은 너무나 자명하기 때문이다. 이러한 근본 사태의 자명성에서 후설은 대상의 객관성을 주관적으로 확정할 수 있는가 하는 '원리적 의혹(prinzipieller Zweifel)'을 해소할 만한 결정적 통찰들을 보게 된다. 의식 작용이 관련 대상에 갖게 되는 지향적 성격이 독특하다는 사실을 알게 된 후설은 지향적 체험 내용의 구체적인 특성들이 어떠한지를 제시한다.

첫째로 후설은 지향성을 결정적으로 밝혀 주는 명증성(Evidenz)을 일종의 확실성의 감정으로 여기지 않고, 대상과의 체험적 관련성 자체로 파악하려 한다. 그래서 의식 작용 속에서 지향된 대상이 그 자체로 주어지는가 여부와 관련해 명증성이 주목된 것이다. 즉 후설에게서 명증성 개념은 의식된 것과 주어진 것의 완전한 일치, 전문적으로 표현하면 지향(Intention)과 충족(Erfüllung)의 일치로 정의된다.

> "충족 작용은 단순한 지향에는 결여된 어떤 우월성을 제공한다. 즉 그것은 단순한 지향에 '자체'의 충실을 베풀어 주어서, 적어도 지향을 직접 사태 자체로 이끌어 준다."
>
> — 『후설 전집』 19/2권, 65쪽

의식 작용의 대상적 지향은 의식 안에 자체적으로 또는 생생하게

명증성(Evidenz)

이 개념은 현상학적으로 규정하자면, 지향된 것이 의식 속에 있는 그대로 남김없이 주어질 때를 의미한다. "명증성은 사념 작용과 이 작용이 사념하는 것이 '그 자체'로 현존하는 것, 즉 진술의 현실적 의미와 그 자체로 주어진 사태 사이의 일치의 체험이며, 이 일치의 이념이 진리이다"(『후설 전집』 19/1권, 194쪽).

주어지는 대상의 드러남(현상), 즉 소여 방식과 상응한다는 것이다.

두 번째로 후설은 대상의 수동적 수용도, 의식의 적극적 정립도 아니라는 의미로 쓰인 구성(Konstitution) 개념에서 지향적 의식의 명증성이 적합하게 파악된다고 본다. 대개 후설의 지향성을 생각하면, 표상적 실재론과 대응론에서처럼 마치 추후적인 관계를 맺는 두 항, 의식과 대상을 먼저 떠올린다. 그러나 후설은 의식 너머 실재적 대상을 정립하는 것도, 또한 대상을 의식의 실질적 구성 계기로 환원하는 것도 거부함으로써 지향성을 파악하는 것이다. 그래서 지각된 사물이 '의식에 주어진다'든지 아니면 의식 작용이 대상과 어떻게든 '관계를 맺는다'라는 후설의 언급은 이해하기 쉽지 않지만 실제적으로 둘로 분리될 수 없는 하나의 현상임을 가리킨다.

세 번째로 이러한 곤란을 피하려고 후설은 지향적 체험을 더 자세히 분석한다. 체험 작용은 우선 내실적 체험과 지향적 체험으로 구분된다. 후자는 다시 작용의 지향적 대상(Objekt), 지향적 성질(Qualität)과 재료(Materie) 그리고 지향적 본질(intentionales Wesen)로 구성된다. 이런 특성들이 객관화 작용(Objektivierender Akt)에서 잘 드러난다. 우선 작용의 성질은 체험의 개별적 특성들, 즉 표상, 지각, 기억 등의 다양한 주관적인 관련 방식을 뜻한다. 작용의 재료는 의식 작용들에 특정하게 관련된 대상적 특징, 즉 관계와 범주적 형식을 확정해 준다. 재료의 사례로 제시한 등각삼각형과 등변삼각형은 등각 또는 등변 중 어디에 치중하느냐에 따라 달라지는 대상과 관련된 특정한 의미이다. 재료로 인해 동일 대상에 관한 '대상적 파악 의미(Auffassungssinn)'가 달라지는 것은 당연하다. 결국 성질과 재료가 결합해 통일체를 이루는 지향적 본질에 의해서 하나의 지향적 체험은 결정된다. 지향적 본질 덕분에 지향적 체험이 대상에 대한 동일한 인식에 도달한다. 그러나 지향적 체험의 내용들로도 절대적 인식의 근거를 밝히기에 충분치 않아서 더욱 작용 성질과 재료에 따른 변양(모양이 바뀜) 문제, 그리고 명증성과 관련한 감성적 직관과 범주적 직관의 구분 문제가 탐구된다.

지향적 체험의 전형인 '표상(Vorstellung)'은 성질과 재료의 변양에 관련된 두 가지 특성을 갖는다. 첫째로 모든 체험은 단순한 표상으로 변양할 수 있다. 이 단순 표상은 다른 작용 성질들과 다르며 구별된다. 그것은 다양한 체험의 성질들이 정립하든, 의욕하든, 또는 원망하든 그 어떤 존재에게로 지향하는 반면에, 단순 표상은 지향한 사태의 존재 여부가 결정되지 않았기 때문이다. 따라서 변양된 '표상'에서는 존재의 방식에 대한 정립은 일어나지 않는다. 둘째로 성질과 달리 재료에서의 표상 변양은 '눈앞에 세움(Vorstellig-machen)'의 의미로 여겨진다. 이 경우의 표상은 순수 재료인 '단순 표상(bloßes Vorstellen)'이 되고 오히려 다른 체험들을 근거 짓는 작용으로서 기능한다. 후설은 단순 표상과 같은 역할을 바로 단선적이고 명사적인(nominal) 작용에서 보았고, 이를 모든 종합적이고 복합적인 작용들의 기초로 삼는다.

위 분석은 확실성을 담보하는 지향성의 충족 문제에 직면하게 만든다. 여기서 명증성을 지닌 두 종류의 직관, 즉 감성적 직관(지각)과 범주적 직관이 구분된다. 감성적 직관은 일단은 무형적·소재적(stoffliches)인 것을 포함하지만, 대개 이러한 것들이 어떤 형식을 띤 채로 주어지는 지향적 체험을 말한다. 그래서 감성적 소재와 관련한 충실은 그 자체로 주어지더라도, 소재에 부여된 객관적·범주적 형식들이 어떻게 충족될지는 문제로 남는다. 형식의 충족과 관련해 단적 지각으로 세워지는 범주적 직관들은 새로운 대상성이 나타나는 복합적 작용이라는 의미에서 새로운 성격의 충족을 필요로 한다. 이처럼 감성적 직관으로 소급되는 그런 본질적 정초 관계(Fundierungsverhältnis)를 맺고 있는 범주적 직관은 종합화 작용과 이념화 작용(본질 직관)으로 더 세분화된다. 그래서 특히 범주적 직관의 일종인 본질 직관은 개체 직관의 충실에 의거하지만 결국에는 새로운 종류의 대상성이 그 자체로 주어지는 충족성을 얻게 되는 것이다.

완전히 충족되는 이러한 직관 또는 지각은 대상들이 자체적으로 소여(Selbstgebung)하는 일체의 의식 방식을 가리킨다. 이처럼 직관적 지향은 엄밀한 의미에서 대상을 눈앞에 세움으로써 대상 그 자체의 충실에 어느 정도 기여하는 것이다. 그렇다면 대상적 충실을 부여하는 작용의 계기는 지향적 내용들 안에 분명히 내재한다. 그러나 충실이 의식의 어떤 계기로 인해 가능한지를 밝히는 것은 쉽지 않다. 후설은 충실의 계기가 성질이나 재료 안에 전혀 포함되지 않는다는 점을 인정한다. 후설은 의식 작용의 충실이 '증시하는 내용이나 직관적으로 재현하는 내용들'이라는 작용의 계기와 더불어 소여(Gegebensein)된다고 언급한다. 충실은 의식에 다 소진되지 않는 방식으로 있는 대상 존재의 소여성과 직결되기 때문이다. 그래서 후설은 모든 형식의 의식 작용 속에서 다 포착할 수 없는 실재성의 한계에 직면하게 된다. 이처럼 지향적 대상의 존재 방식에 전제된 실재성의 자연스러운 '믿음'에서 인식의 명증성의 문제가 급진적으로 제기된다. 작용의 지향성과 소여 존재와의 근본 관계가 더 철저히 반성될 수밖에 없게 된다. 그렇지만 지향적 체험의 내용들에 관한 제시와 해명에도 불구하고 다 해소되지 않은 더 근원적 사태로 후설을 이끈 것은 아이러니다. 인식의 진리성을 명증성에서 파악하려는 후설의 시도가 직면하게 된 문제 상황인 것이다.

이러한 반성은 후설이 철학의 이념으로서 현상학을 정립하면서 받아들였던 무(無)전제성의 원리를 소환한다. 엄밀한 학(學)으로서 현상학은 스스로 드러낸 궁극적 명증을 기초로 하여 참으로 자율적으로 스스로를 형성하여 절대적으로 책임을 지는 철학이고자 하는 원칙에 충실하려 한다. 이런 관점에서 후설은 인식의 명증성을 가리는 '모든 편견에서 해방되어 의식에 직접 주어지는 근원적 사태 자체로' 다가서는 방법을 모색한다.

3. 자연적 태도의 판단 중지와 환원된 순수 의식

『논리 연구』에서 『이념들』로 이어진 지향성 분석은 선험적·현상학적으로 심화된다. 이제 세계 속에 놓인 물리적·심리적·정신적 대상들이 아니라, 존재자 전체의 기원과 인식이 다뤄진다. 후설의 작업은 새롭게 부각된 두 개의 개념을 통해 구체화된다. 하나는 태도 개념이고, 다른 하나는 판단 중지를 포함한 환원 개념인데, 『이념들』에서 더 급진적 의미를 띠고 현상학을 확립하는 데 쓰이게 된다.

환원

모든 인식의 원천으로 소급해 가기 위해 세계로부터 순수 의식의 자아로 태도를 전환하는 방법론적 전환의 성격을 띤다.

후설은 현상학적 의미에서 태도를 조작적 개념으로 사용한다. 주제들을 다루는 방식으로만 자연적 태도와 선험적 태도, 그 밖에도 자연주의적 태도, 인격주의적 태도 등이 언급된 것이다. 그런데 태도 개념을 주제적으로 파악하려면 우회로가 필요하다. 『논리 연구』의 지향적 분석은 개별 의식의 차원이고, 그 상관자들도 물질적이거나 관념적인 어떤 대상성인 것이다. 개별적 차원의 체험으로의 이러한 국한은 후설이 체험들과 자아의 관련성을 배제한 의식 개념을 사용한 것과 무관치 않다. 후설은 『논리 연구』에서 모든 의식의 중심인 순수 자아를 설정하지 않고, 자아와의 관계에서 반드시 의식 작용을 정의해야 한다고 보지 않는다. 오히려 자아란 단지 '다양한 체험들 자체의 결합체 이외의 다른 것'이 아닌 것이다. 이로 인해 자아와의 관계가 '지향적 체험의 본질 계기에 속하는 것'이 아니라는 점이 확인된다. 그래서 체험의 통일적 원리인 자아 개념에 대한 거부로 인해 후설은 상관적으로 경험적 대상들의 통일적 토대로서 세계를 간과한다. 그러나 태도 개념 속에서 지향성의 근원에 놓인 자아와 세계의 관계를 새롭게 주목하게 된 후설은 지향성을 더 급진적으로 탐구할 필요를 깨닫게 된다.

태도 문제와 관련한 이러한 근본적 탐구에서 후설은 판단 중지나 환원에 방법론적 절차를 도입한다. 그리고 그 방법론적 전환의 필요나 이유는 일종의 태도에 의해 정립된 세계의 특성에 대한 후설의 통찰을 통해서 비로소 밝혀진다. 세계란 우선 다른 개별 대상들과 구별되지만, 이것들과 별도로 존재하지 않는다는 점에서 서로 분리될 수 없다. 세계는 단지 사물들의 집합이 아니라 그런 다양한 존재자들이 관련돼 놓인 토대이거나 포괄적인 지평이라는 점에서 집합 이상인 것이다. 이러한 존재 방식으로 인해 세계는 다양한 지향적 체험을 충족하는 원천으로서 기능한다. 특정 작용의 어떤 정립이나 믿음에 지향된 대상의 존재 방식이 상응하듯이, 그렇게 세계를 정립하는 태도에 상응하는 것이 세계의 실재성이고 진리의 원천이 되기 때문이다. 이처럼 태도는 자아와 세계와의 지향적 근본 관계로 규정할 수 있는 것이다.

그런데 문제는 후설이 보기에 경험적 자아의 태도가 오히려 지향된 세계의 실재성으로 인해 자체적으로 관련성을 은폐하는 역설을 자초한다는 데 있다. 이것이 자연적 태도의 근본 모습이다. 자연적 태도에서 지향된 세계를 실제로 자명하게 여기는 한, 그 속에 작동하는 자아는 개별 대상들에 몰입해 사는 하나의 경험적 자아로서 세계와의 관련성을 놓치기 때문이다. 이에 반해, 판단 중지는 자아의식과 무관하게 세계가 존재한다는 점을 무효화하여 그 실재성에 상응하는 태도의 관련성을 드러내는 방법론적 행위이다. 이러한 방법론적 전환에 의거해 지향성의 근원적 충족의 문제, 즉 명증성의 문제가 제대로 다뤄질 수 있게 된다.

① 자연적 태도와 판단 중지

『이념들』의 「현상학적 근본 고찰」(27-30쪽)에서 후설은 세계를 고찰하면서 세계의 주요 계기인 자연적 삶을 일상적으로 서술하게 된다. 자연적 삶이란 실재하는 세계 속에서 자연적으로 나타난 바를 그대로 수용하는 방식이다. 후설은 자연적 삶을 근거 짓는 세계의 실재성을 '자연적 태도의 일반 정립'이라고 말한다. 그 '전제'에 대한 의문 없이 학문적 활동을 포함한 모든 삶이 이 자연적 세계 속에서 생성되기 때문이다.

이처럼 자연적 태도의 일반 정립에서 세계의 존재 방식이 당연히 결정되었다는 것은 세계에 대해 '생각하는' 방식이 세계의 존재 자체와 결코 분리될 수가 없고 의존해 있음을 뜻한다. 그것은 자연적 일반 정립 속에서 세계에 대한 관념이 아니라, 세계 자체에 직접 관계한다고 확신되기 때문이다. 그러나 세계의 실재성에 관한 즉각적인 믿음인 일반 정립에서 오히려 후설은 실재적인 현실 자체가 '의식된 것'에 불과하다는 점에 주목하게 된다. 이처럼 현상학적 근본 고찰에서 후설은 일반 정립이 일종의 태도의 결과로서 근원적 의식 활동에 달렸다는 것을 밝히려 한 것이다. 동시에 세계의 실재성에 대해서 자연적 태도와 다르게 취할 수 있는 태도 결정이 가능하다는 점이 중요한 문제로 부상한다. 자연적인 삶으로부터 현상학적 반성으로 전환하는 태도 변경의 문제가 바로 그것이다. 이러한 방법론적 실행을 후설은 환원 또는 에포케(판단 중지)라고 부른다.

부언하면 판단 중지란 잠재적으로 작용하는 일반 정립을 의도적으로 탈은폐시켜 그 현실적 지배력을 '무력하게 만들고(ausser Aktion setzen)' 그 속에 포함된 주장, 확신의 힘을 배제하고(ausschalten), 그 정립, 확신을 '괄호 친다(einklammern)'는 것을 의미한다. 판단 중지에서는 그 신념 작용에 더 이상 가담하지 않으면서 세계의 존재성에 대한 어떤 정립도 유보하게 된다. 이로써 '변용된' 자연적 태도의 성격에 관해 후설은 다음과 같이 서술한다.

첫 번째, 통찰은 자연적 태도에서 세계가 단적으로 있다는 사실을 드러내 준다.

두 번째, 세계의 존재 자체는 그렇게 믿게 되는 의식 방식에 의거하는 것으로 자명하게 여겨진다.

끝으로 자연적 태도인 직접적 믿음의 실행에서는 세계만이 부각되지만, 판단 중지를 통해서는, 정립하는 의식 방식들과 그것들을 통해 정립된 존재 대상들의 관련성이 출현한다.

따라서 현상학적 근본 고찰에서, 후설은 세계의 실재성이란 의식에 관련해 드러나는 존재의 특정한 양태라는 사실에 따라 세계 존재 파악과 관련해 의식과 대상 간의 지향성이 근원적으로 자리한다는 점을 밝혔다. 그래서 체험과 그것의 체험된 대상적 상관자의 영역으로서 규정되고, 환원된 의미에서 가장 넓은 순수 의식의 영역이 현상학적 탐구 주제로 등장하게 된다.

괄호 치다

잠재적을 작용하는 일반 정립, 자연적 태도를 괄호 안에 넣어 멈추도록 함으로써 판단을 보류하는 것을 의미한다. 곧 판단 중지이다.

② 순수 의식의 노에마와 노에시스 구조

후설에게서 판단 중지는 동시에 태도 변경을 함의한 환원을 수반한다. 그것은 세계에 대한 판단 중지가 원리적으로 자아의 순수 의식으로의 환원하는 것을 함의하며, 순수 의식에 대한 통찰은 판단 중지의 방법을 통해서 가능하기 때문이다. 그런데 대상의 본질과 범주들로부터 대상이 지향된 의식 방식들과 그것이 자명하게 소여되는 체험 토대, 즉 순수 의식에 급진적으로 되물어 가려는 시도라는 점에서 환원은 선험적 성격을 띤다. 모든 인식 형성에 있어서 최후의 원천으로 되물어 가려는 동기가 자리 잡고 있기 때문이다.

이 순수 의식은 물론 판단 중지를 통해서 현상학적 잔여로 남겨졌지만, 절대 인식의 원천인 것은 그 존재 방식으로 비롯된 것이다. 현상학적 의미의 존재 방식이란 결국 소여성에 의해 확연히 규정되어 구별된다. 사물 세계의 존재(Sein)는 지각됨에도 불구하고 내재적으로도 또는 단번에도 주어지지 않고 언제나 음영(Abschattung)적으로 매개된다. 이런 불완전한 소여 방식으로 인한 사물 존재는 소여의 방식만으로 다 해소되지 않는다. 오히려 사물 존재의 실재성은 그 자체적으로 존재하는 것으로 추론될 수 있다. 이에 반해 체험과 같은 의식 영역의 소여는 그 존재함에 대해 의심할 여지가 없다. 체험의 소여 방식이 잘 확인되는 경우는 반성 행위에서이다. 이처럼 사물에 있어서 소여와 존재의 합치가 원리적으로 불가하고 체험의 경우에는 그 합치가 가능하다. 이러한 소여의 차이로 인해 명증성에서 보면 순수의식이 우선성을 갖는 것은 당연시된다. 이 점은 순수 의식의 내재성은 원리적으로 어떠한 사물의 '실재'가 필요가 없는 절대적인 존재라는 후설의 언급에서 확인된다.

그러나 후설은 소여 방식에 관한 일면적 통찰에 만족하지 못한다. 선험적 현상학에서 이런 통찰을 넘어 세계 존재에 대한 다른 정립이 고찰된다. 그러한 태도 정립은 다음과 같은 특징으로 정리된다.

"다른 한편 초월적 '존재'의 세계는 전적으로 의식에, 그리고 더욱이 논리적으로 고안되지 않는 현실적인 의식에 의존하고 있다."

— 『후설 전집』 3권, 104쪽

현실적인 의식과 무관한 세계는 없다. 그런 까닭에 원리적으로 체험할 수 없는 것이 존재한다거나 그것을 그 자체로 인식하려는 것은 후설이 볼 때 확실히 무의미하다. 비록 관념론의 혐의를 받게 되더라도, 체험적으로 소여된 것에 대해서만 존재한다고 주장하는 것이 설득력을 갖는다. 따라서 이처럼 새롭게 정립하는 태도에서는 일견 '독립적으로' 보이는 사물 세계도 순수 의식 밖에 있을 수 없다. 세계와 의식 각각의 상이한 존재 방식은 더 포괄적인 '존재' 개념에 의해 포섭된다. 결국 후설은 존재하는 것으로서 나타나는 모든 것은 자체의 존재 의미(Seinssinn)와 존재 타당(Seinsgeltung)을 지향적 의식 체험으로부터 부여받게 된다는 점에 대해 선험적·현상학적 통찰을 하게 된다.

이러한 통찰에 의거해 순수 의식의 단위들로서 체험들이 주제로 다뤄진다. 『이념들』에서의 순수 의식의 지향적 구조는 『논리 연구』의 내용과 틀에서 크게 벗어나지 않는다. 내실적·지향적 내용의 구조는 『이념들』의 노에시스(의식 작용)-노에마(의식 내용) 구조에 반영된다. 작용인 노에시스는 대상인 노에마를 지향한다는 사실 외에 추가적인 구별들이 집중적으로 다뤄진다.

이러한 지향성과 관련하여 노에시스의 다수성과 노에마의 단일성의 관계가 부각된다. 일(一)과 다(多)의 관계성은 서로 상응해야 한다는 지향성의 원칙으로 인해 혼란이 야기될 수 있다. 혼란을 피하려면, 노에시스에 대응하는 노에마도 여러 층위로 구성되어 있음을 인정해야 하며, 노에마 개념의 분화가 불가피해진다. 대상과의 관련을 본질적으로 포함하는 노에마 또는 노에마적 의미는 총체적 성격에서 다시 내용과 대상으로 구분된다. 일단 내용은 노에마가 그것을 매개로 해서 여러 속성의 담지자로서의 대상에 관계되도록 한다. 이 내용은 대상 자체가 아니라, 대상을 '그것의 규정성의 양태에 있어서(Wie seiner Bestimmtheiten)' 확정하는 것이다. 그러나 여전히 노에마의 대상 그 자체를 어떻게 보다 정확히 규정하는가는 문제로 남는다. 후설에 따르면, 노에마에서의 대상 그 자체는 규정된 양태대로의 '대상'과 구별되지만 이것들을 다 담고 있는 '담지자' 또는 '결합점'이다. 그렇다고 이 담지자가 현실적으로 존재하는 단적인 대상은 아니다. 이 노에마의 대상 자체는 진술 가능한 규정들을 위한 토대(Substrat)로서 머물기 때문에, '모든 술어로부터 추상된 순수 X(미지수)'로 규정된다. 물론 이러한 특성들로 노에마가 다 밝혀진 것은 아니다. 결국 노에마는 구성 계기인 내용과 대상 이외에, 충실 여부로 드러난 존재 성격을 다 포함해야만 완전한 노에마가 된다. 내용과 대상으로 규정된 노에마는 여전히 공허한 형식이기에 반드시 충실화가 필요하기 때문이다. 여기서 인식적으로 중요한 명증성의 충실 개념이 다시 주목된다.

지향성의 원리에 따라 노에마의 존재(Sein) 성격은 노에시스의 신념(Glaube) 성격과 당연히 관련된다. 『이념들』에서 다시금 주목된 이러한 신념 성격에 따라, 체험들은 작용적으로 존재 정립적(Seinsetzend)이거나 주제적(thetisch)이게 되는 의식 행위로 드러난다. 대상들이 그의 존재 양식에서 특정하게 나타나도록 하는 신념 성격은 노에마의 존재 성격에 상응하면서 노에시스 쪽에 귀속되어 있다. 이처럼 후설은 순수 의식의 영역에 있어서 존재 신념은 명증성의 해명에 매우 중대한 의미를 지녔음을 파악하고 사물 지각에 기본적으로 나타나는 무(無)변양의 신념인 확신이 신념의 원형임을 밝히게 된다. 확신에는 노에마쪽에서 실제로 존재함이라는 존재 성격이 대응한다. 이것은 달리 가능한 모든 유형의 존재 정립이 소급되는 실재성의 근원 의미인 것이다. 이 근원적 존재 의미는 의식 안의 '근원 믿음(Urglauben)', 또는 '원신념(Urdoxa)'에서 나타나며 달리 출현할 수 있어 변환 내지 변양된 존재 의미들에 대한 표준이 된다. 이러한 관점에서 어떤 방식으로든 존재하는 것은 노에마적 구성물로서 규정되며, 노에시스적 의식 성취로부터 부여된 존재 의미와 타당성을 지닌 존재자로서 파악된다. 그럼에도 존재 충실이라는 명증성과 관련한 문제가 남는데, 실제적으로 또는 참으로 존재한다는 근원적 존재 의미라는 현실성(Wirklichkeit)은 가령 생각될 수 있는 대상 전체에서 일정 대상 유형에 제약된 존재 성격이면서, 결국에는 진위의 한계 결정에 의해서 규명되기 때문이다. 이러한 규명을 '이성의 판결'로 부르면서, 존재 충실의 문제를 해명하려는 후설의 시도는 여전히 선험적 의식과의 연관 속에서 현실성의 존재 성격을 규명해야 한다는 원칙을 따른다. 의식을 초월해서 현실성의 존재 방식을 해명하고자 했던 전통적 인식론의 시도가 현상학에서 철저히 배격되는 이유가 된다.

후설은 '어떤 대상이 실제로 존재한다'는 현실성의 충족 상태가 추측, 환상, 예측과 같은 불확실한 의식에서는 원리적으로 가능하지 않으며, 확실한 의식의 종합 활동을 통해 성취될 수 있다고 한다. 그런데 일상에서는 확실한 의식의 종합에 해당하는 경우들이 있지만, 확실한 의식의 종합 활동인 지각도 착각으로 빠지기도 한다. 따라서 모든 인식에 있어서 대상들의 현실 존재에 대한 확실성을 확보하는 것이 핵심 문제로 다뤄진다. 원리적으로 보자면 우리의 경험과 판단이 진리성을 담지하려면, 그러한 의식 행위가 의미적으로 충족되어야 한다는 뜻이다. 따라서 인식 비판의 원리이자 순수 의식의 본질인 '이성(Vernunft)'은 모든 의식에 있어서 노에시스와 노에마 간의 충족 문제의 해결을 목표로 삼는다. 이것은 『이념들』에서 후설이 이 이성의 문제를 최종적으로 다루게 된 이유가 되기도 한다. 이처럼 이성적 진리 추구의 실현 가능성을 궁극적으로 탐구하는 것이 자신의 과제라 생각하여 후설은 이성의 현상학에서 핵심 부분인 명증성과 씨름하게 된 것이다.

후설에 따르면, 광의적으로 사고와 사고된 것의 자체적 소여(Selbstgebung) 간의 통일성에 있어서 비로소 명증성이 드러난다. 그것은 통일 또는 충족으로서의 명증성이 초월적 존재 때문이 아니라 존재의 자체적으로 주어짐으로 경험되는 대상과 관련되기 때문이다.

> "모든 명증성은 의심을 배제한 그런 존재에 관한 완전한 확실성에서 '그 자체'의 양식에서의 존재자 또는 존재적 양상에 대해서 이뤄진 자체 파악(Selbsterfassung)인 것이다."
>
> — 『후설 전집』 1권, 56쪽

이처럼 존재자를 본래적으로 구성하는(konstituieren) 작용이 일어나는 근원적 체험은 명증적인 것이다. 그래서 후설은 존재의 자체적으로 주어짐이 충족되지 않는 의식들에 비해 탁월한 의식의 근원 현상을 명증성으로 정의하며, 원본적으로 주는 직관(originär gebende Anschauung)을 대표로 삼는다. 이 직관이 진리와 현실성을 추구하는 모든 이성적 물음에 답하는 기준이 된다. 『이념들』에서 후설이 원본적으로(originär) 부여하는 직관이 인식의 권리 원천이며 원본적으로 제시되는 모든 것이 주어져 있는 바로서 받아들여져야 한다고 강력히 주장한 이유이기도 하다.

4. 선험적(초월론적) 환원과 순수 자아

　판단 중지를 통해 세계의 폐기가 아니라 세계조차 주어진, 절대적 존재 현상 전체가 남게 된다. 이 존재는 일상적인 초월자 전체를 지향적 상관자로서 자기 속에 구성하여 간직하는 존재로 『이념들』에서 부각된 순수 의식인 것이다. 이 순수 의식은 ego(자아)-cogito(의식 작용)-cogitatum(의식 내용)의 도식으로 구조화된 존재 현상 전체를 포괄한다. 여기에는 의식 작용으로부터 부여된 존재 의미의 세계도 주어져 있다. 이러한 세계의 해명은 앞서 봤듯이, 단지 cogitatum, 더 정확히 표현해 노에마 개념의 분석들로 세분화해 간접적으로 탐구되었다. 그렇다면 자연적 태도에 있어서 이 세계의 상관자인 자아는 어째서 순수 의식의 해명에서 충분히 다뤄지지 않았는지 살필 필요가 있다.

　『이념들』에서 순수 자아는 간단히 언급될 뿐이다. 세계와 경험적 자아가 배제된 이후, "현상학적 잔여로 순수 자아가 있다면, 그와 더불어 내재성 안에 초월성, 하나의 고유한 ―구성되지 않은― 초월성이 드러난다"(『후설 전집』 3권, 110쪽). 여기서 순수 자아에 두 가지 사실이 주목되는데, 하나는 세계, 경험적 자아, 신과 같은 초월성을 가졌음에도 환원에 의해 배제될 수 없다는 점이고, 다른 하나는 초월적인 존재이면서 동시에 구성된 존재도 아니라는 점이다. 그러나 이해하기 쉽지 않은 순수 자아의 고유한 특성으로 인해 후설은 『이념들』에서 추가적 해명을 유보한 듯싶다.

우선 순수 자아가 환원되지 않는 것은 모든 체험 행위를 스스로 실행하는 주체인 '체험하는 자아'의 성격과 관련된다. 데카르트의 방법적 회의에서 의심 행위 자체가 부정될 수 없듯이, 후설의 환원 행위에서 순수 자아가 스스로 면제되는 것은 불가피하다. 환원에서 남겨진 최초의 것으로서 순수 자아는 선험적으로 순화된 모든 체험의 본질 특성과의 관계에서 첫 번째 위치를 차지한다. 또한 자신의 체험들과 실제적인 연루에도 불구하고, 순수 자아는 자신을 지향적 대상으로 여길 수 없다는 것이다. 왜냐하면 순수 자아를 본래적으로 규정짓는 '관계 방식들' 또는 '태도 방식들'의 특징을 제외시키면, 자아는 본질적 요소들을 결여하며 단지 순수한 극점이 되기 때문이다.

그러나 자아는 일견 공허한 형식이더라도 결코 아무것도 아닌 것은 아니다. 이 자아는 순수 의식에 내재적으로 속한 내용이라기보다는 오히려 '초월성'을 가지면서도 결코 '구성되지 않는' 난해한 존재 방식을 갖는다. 이러한 '내재성 안의 초월성'은 비현상학적 의미의 초월성과 다르며 그렇다고 무의미한 것은 아니다. 아마도 이러한 자아 인식은 선험적 관념론을 주장하는 후설에게서 더 물러날 수 없는 한계 개념인 것이다. 순수 자아의 고유한 초월성은 순수 의식의 해명이 더 이상 주관적 관념론으로 전락하지 않도록 막는 본질적 사태인 것이다.

또한 정태적 분석의 『이념들』에서 별도로 다룰 수 없는 것은 체험 흐름의 종합 연관이면서 모든 체험 의식의 통일성으로서의 자아의 본질과도 무관치 않다. 그래서 '구성되지 않는' 순수 자아는 관계 방식의 특성으로 인해 이미 관련된 체험 흐름과 분리된 채로 해명될 수 없고, 순수 의식에 국한될 경우, 그것으로는 스스로 구성하는 자아의 특성을 충분히 드러낼 수 없어진다. 오히려 후설은 이미 선험적으로 "절대적인 것"인 순수 자아가 "참으로 절대적인 것은 아니라"(『후설 전집』 3권, 163쪽)는 사실과, 최종적으로 참으로 절대적인 것인 시간 의식을 통해서 스스로 구성하는 존재에 대해 새롭게 해명할 필요를 알았던 것이다.

그래서 순수 의식과 구별되는 독특한 특성을 가진 순수 자아인 만큼, 이에 적합한 독자적인 해명이 시도된다. 특히 대상의 진리성을 위한 토대인 '세계 존재의 충실' 문제에 다가가면서, 이미 명증하게 성취된 지향성의 노에시스와 노에마의 관계에 대한 정태적인 분석으로는 문제를 해결할 수 없다는 것을 알게 된 후설은, 세계 존재를 위해 체험 흐름 전체에 관련되는 구성의 선험적 성취력이 어떻게 작용하는지를 설명할 필요를 깨닫고, 전체적 흐름 속에서 종합적으로 통합하는 역량의 근원적 부분에 대한 탐구에 맞닥뜨리게 된다. 이로 인해 '존재 일반의 근원 범주 내지 근원 영역'으로서 선험적 성격의 순수 자아를 직시하게 되며, 후설은 이에 다가갈 방법으로 현상학적·선험적 환원을 취하게 된다. 대상과의 관련성을 제약하는 판단 중지와 달리, 선험적 환원은 자아 자체와 자신의 주관 활동을 주제로서 부상시키기 때문이다.

이런 관점에서 현상학적 환원은 자연적 태도에서 선험적 태도로 바꾸는 태도 전환이며, 환원된 의식 속에서 그러한 대상적 상관성을 스스로 드러낸다는 점에서 반성인 것이다. 더욱이 이러한 상관성 자체에서 이뤄지는 자아의 자기 구성에 관련해 후설은 이를 선험적이라고 정의한다. 선험적(초월론적) 환원은 자아가 선험적인 경험을 통해서 무한히 체계적으로 자신을 확증할 수 있다는 역량으로 시선을 돌리는 방법이다.

현상학에서 환원의 주체로서 재등장한 자아 개념은, 『성찰』에서는 환원의 결과로서 설명된다.

"만일 내가 이러한 삶 전체 너머에 거처하고 그래서 그냥 그대로 세계를 존재하는 것으로 취급하는 존재신념의 수행을 일체 그만둔다면 — 내가 나의 시선을 오로지 세계의 의식으로서의 이 삶 자체에만 향한다면, 그때 나는 자신을 나의 사고작용의 순수한 흐름과 결부된 순수 자아로서 획득한다."

— 『후설 전집』 1권, 8쪽

확실한 인식의 토대로서의 자아가 성립 가능한 것은 그 고유한 특성 때문이라고 본다. 앞서 밝혔듯이, 구성되지 않는다는 자아의 성격이 자아가 스스로를 구성한다는 사실에 함축되어 있다.

"자아의 자기-자체에-대해-있음은 세계적인 대상성, 즉 소위 초월적인 것의 모든 구성에 대한 토대라 하는 지속적인 자기 구성 안의 존재이다."

— 『후설 전집』 1권, 25쪽

이러한 대자성(對自性)으로 인해 선험적 자아는 현재적으로 경험된 것을 넘어 그것들보다 '더 많은 것을 생각(Mehrmeinung)'하는 '자기 초월적 사념 작용(Über-sich-hinaus-Meinen)'을 가능케 한다. 자기 초월성의 원리로 인해 자아는 체험의 흐름을 통일적으로 근거 지우는 그런 선험적 특성을 발휘하게 되는 것이다.

이런 관점에서 후설은 『성찰』에서 [사유 대상-사유-자아]의 연관 속의 자아 측면을 상세히 설명한다. 우선 이 선험적 자아는 이 세계 안에 타자 없는 독아론적 자아로서 드러난다. 그렇지만 자아극(極)에 대한 이러한 분리적 접근에서도 자아는 자신의 지향적 삶의 유동성 안에서, 그리고 자신에 대해 자체적으로 존재하는 대상들을 구성하는 구체적인 삶을 지닌다는 사실이 부정되지 않는다. 그래서 극점으로서의 자아는 고립되지 않고 공허한 동일성을 넘어서 구성하는 대상적 의식으로부터 세세한 특징들의 규정성을 얻게 된다. 그리고 자아는 체험 활동의 습관적으로 이어지는 과정으로 인해 개체화되고 최종적으로 어떤 인격적 특성을 획득하게 된다.

이처럼 자아는 이러한 습성을 통해 구성된 대상들의 존재나 양태를 믿고 확정해 가면서, 확실한 방식으로 도래하는 경험을 예상할 수 있게 된다. 대상과의 지속적인 관련을 통해서 자아에 미리 확정되는 광범위한 지평 덕분에 미래 예측이 가능한 것이다. 라이프니츠(Gottfried Leibniz)에 의거해 후설은 현실적이며 잠재적인 의식 생활을 포함하는 자아를 모나드(Monad)로 명명한다. 그것은 이 용어가, 의식 생활과 세계가 자아의 관점에서 총괄적으로 통일됨을 지칭하기 때문이다. 따라서 지향적 의식 생활의 전체란 결국에 자아의 특성을 정립하려는 데에 기여하고 있다고 볼 수 있다. 다양한 체험 흐름을 통해서 어떤 자체성(Selbigkeit)을 정립하는 의식이 바로 고유한 존재인 자아로 나타나는 것이다. 자아에 관한 철학적 해명은 이 지점에서 시작된다. 이런 전제하에서 자아의 현상학적 해명은 모든 구성적 문제를 포괄하는 보편적 의미의 자아론을 염두에 두는 것이며, 자아의 본질과 관련하여 지향적 의식 활동의 근본적 특징이 가장 잘 제시될 수 있는 탐구라 볼 수 있다.

이런 맥락에서 선험적 의미의 순수 자아에 관련해 다음과 같이 정리할 수 있다. 순수 자아는, 통일성으로서 파악하고 동일한 것으로서 확인하는 의식의 근본 활동이다. 이러한 자아의식은 두드러지게 그런 개별적 대상들과 관계할 뿐만 아니라, 더욱이 모든 대상의 전체적 연관성이 확고한 형식의 세계 통일성으로서 성립하도록 작용한다. 이러한 근원적 활동을 통해 비로소 다양하면서도 규칙화된 모든 사유 작용의 협업 속에서, 존재 의미와 존재 타당을 얻게 되는 보편적 사유 대상으로서 '세계'가 나타난다. 결국에는 대상적인 유형의 통일성에 대한 최종적 관련점은 자체적인 통일성 안에서의 자아라고 할 수 있다. 이처럼 모든 대상적 통일성의 근거를 소급해야 물을 수 있는 최종 심급이기 때문에 순수 자아에 관한 통찰과 분석에 의해 후설은 절대적 인식의 근거, 즉 명증성의 특징을 해명하려 한 것이다.

그런데 이 해명 과정에서 후설은 순수 자아가 순수 의식과 다른 유형의 명증성을 가진 것으로 파악하게 된다. 앞서 언급했듯이, 명증성은 광의적으로 볼 때, "존재자와 존재 양태에 관한 경험이며, 존재 그 자체를 정신적으로 파악함"(『후설 전집』 1권, 56쪽)인 것이다. 그래서 명증성에서 완전성의 이념은 지향과 충족의 완전한 일치에 이르는 충전적 명증성의 이념(Idee der adäquaten Evidenz)이 된다. 이 외에도 후설은 비(非)충전적 명증성에 있어서 높은 위엄을 지닌 다른 유형의 완전성으로, 필증성(Apodiktität)을 언급한다. 순수 의식의 파악은 내적 직관에서처럼 충전적 명증성을 확보하는 반면에, 순수 자아의 통찰에서는 그렇지 않기 때문에 이런 구분이 가능해진 것이다. 그래서 순수 의식을 원리적으로 실행하는 자아가 그 본질상 충전적일 수 없지만 자신의 존재를 부정할 수 없다는 점에서 필증적이게 된다. 필증성은 자체적인 부정을 원리적으로 사유할 수 없는 '탁월한 고유성'을 갖는 명증성인 것이다. 이런 성격의 자아는 경험에 있어서의 모든 특별한 소여성을 관통하는 보편적 자기 경험의 구조를 필연적으로 확증한다. 그럼에도 자아의 자기 경험 과정에서는 모든 사념에 대해 필증성을 유효하게 적용할 수 있는지 여전히 의문이 생긴다.

그래서 후설은 모든 새로움이 보편적으로 수동적이게 생성되도록 하는 시간의 지속적 형식에 따라 자아의 자기 경험 구조에 대해서는 발생적 현상학의 접근 방식을 취할 수밖에 없게 된다. 자기 의식에 대한 이러한 접근은 완결적으로 구성된 대상 의식을 다루는 정태적 현상학과 구별된다. 이로 인해 후설은 자아의 심층 분석에서 직면한 근원적 주제들, 즉 시간 의식, 신체, 타자, 상호주관성, 수동적 종합 그리고 생활세계 등에까지 필증적 확실성을 확대할 수 있을지 논구하게 된다.

5. 독아론 극복과 상호주관성의 문제

세계와 관련한 자아의 자기 경험에 대한 해명이 '독아론(Solipsismus,

유아론)'이라고 의심받은 후설은 선험적 독아론이라는 비난을 극복하고자 한다. 그는 상호주관성의 구성을 자아의 특별한 문제로 설정하며, 더 고차원적인 구성 이론으로 변형시켜 독아론의 문제를 돌파하고자 한다. 그러나 상호주관성의 구성 조건인 '타자의 경험에 따라 초래된 어려움', 즉 현상학의 방법론적 구조에 의해 초래된 난관을 피할 수 없게 된다.

모든 존재자는 내 의식으로부터 독립적이거나 내 의식에 대해 절대적 영향력을 행사하지 않는 의미 구성물에 불과하다는 것이 현상학적 근본 판단이다. 그런데 다른 자아들이 세계 내의 대상으로 나타나는 한, 계속해서 부각되는 타자의 문제로 인해 곤란해진 것이다. 대상적 존재에 불과한 타인도 주체로서 선험적 주관이어야 하고, 이런 의미에서 타인 스스로가 세계를 대상적 의미의 통일성으로 구성한다면 어떻게 될까 하는 의문이 생긴다. 그래서 만약에 현상학적 구성 절차를 타자에 적용한다면, 결국 주관으로서의 타인의 존재가 부정될 것이며, 동시에 타인을 스스로 주어지는 바대로 경험하지 않으면서 단지 대상적인 존재로만 왜곡할 수 있다. 따라서 이러한 왜곡은 결국에 대상들이 경험에 주어지는 대로의 자체적인 소여성에 이른다는 현상학적 요구와 모순된다. '내가 내 절대적 자아로부터 다른 자아에 어떻게 이를 수 있는가' 하는 물음은 현상학적으로 다루기 곤란한 상황을 만든다. 어쨌든 후설은 해결의 실마리를 "어떤 경우든 내 속에서, 즉 선험적으로 환원된 나의 의식 삶의 테두리 속에서 타자들을 포함하고 있는 세계"라는 내 "선험적 사실"(『후설 전집』 1권, 123쪽)에서 마련한다. 이를 토대로 타자 자체가 아니라, 타자의 '나에 대해 있음'의 의미와 성격을 해명하는 데서 후설은 상호주관성 이론을 펼친다.

이론의 첫 단계로 후설은 타인의 객관성 해명에서, 역설적이지만 내 자아의 고유한 경험 영역으로 추가적 환원을 시도한다. '독특한 종류의 판단 중지'인 이 원초적(primordinal) 환원은 타인의 주관성에 관련된 지향성의 모든 구성적 작업 수행을 도외시하는 작용인 것이다. 이로 인해 여기에 내 고유하고 구체적인 존재가 남는데, 기저층으로서의 내 '고유한 본성(eigenheitliche Natur)'인 것이다. 내 고유한 영역의 세부적 계기로 유일한 물체인 몸, 심리적·지향적으로 구성하는 영혼, 몸과 영혼의 결합인 인격적 자아가 주어진다. 자아는 몸을 통해 외부 세계에 작용하고, 자신의 고유한 방식으로 삶을 통일적으로 구성한다는 자명한 사실에는 역설이 자리하고 있다.

거기에서 우선적으로 제기된 근본 문제란 경험적 자아와 선험적 자아의 동일성인 역설로, 다음의 질문과 같다. 순수하게 고유한 영역으로 환원된 세계 현상 속의 인간-자아(Menschen-Ich)인 나와 선험적 자아인 나는 어떤 관계에 있는가? 후설은 선험적 자아의 '세계화하는 자기 통각'이란 답으로 해결을 모색한다. 이러한 통각을 통해 선험적 자아는 하나의 인간적·인격적 자아로 구성되기 때문이다. 따라서 선험적 자아의 모든 고유성은 그 통각 작용을 통해 내 고유한 영혼 안으로 들어온다. 그 결과로 '선험적으로 2차적인 것'인 인간 자아는, 선험적 자아와 마찬가지로, 획득한 고유성의 총체적 경험 범위(Erfahrungsfeld) 안에서 구분되는 자기(고유) 영역(Sphäre seiner Eigenheit)과 낯섦의 영역(Sphäre des Fremden)을 포함하게 된다. 이처럼 선험적 자아의 세계화하는 자기 통각 덕분에 세계 경험의 첫 번째 층(jene ersten Schicht)인 내 고유 영역에는 내 자아 체험뿐만 아니라, 타아에 관한 모든 의식이나 현상 방식들이 공속하게 된다는 것이다.

이런 관점에서 모든 구성된 대상이 포함되는 고유한 영역을 지닌 자아를, 후설은 '나의 모나드', 완전한 구체성 안에 있는 '내 자아'로 규정한다. 그렇지만 자아가 자신의 고유한 존재를 완전히 초월하도록 하는, 그런 타인의 지향성을 새롭게 형성한다는 점을 이해하는 일은 여전히 어려움으로 남는다. 원초적 초월성을 토대로, 더 높은 단계의 초월성인 객관성은 어떻게 구성되는가 하는 문제가 관련됐기 때문이다. 그럼에도 후설은 이 객관성의 부분에 대해 '내 고유 본질'에 속하지는 않지만, '내 본질' 속에서만 그 의미와 확증을 획득한다는 사실에 우선 만족하고자 한다.

두 번째 단계는 타인(der Andere)의 구성이다. 타인 구성의 첫걸음은 아직 인간의 의미를 획득하지 못한 타자 경험의 분석으로 복잡하게 전개된다. 원본적인(original) 경험의 경우에, 타자는 그 자체로 생생하게 현존함을 고지하면서도, 그 몸성(Leibfähigkeit)은 여전히 타인 자체, 그의 체험 등으로 주어지지 않음을 지시한다. 이처럼 자신에게로 환원되지 않는 타인 지향성의 어떤 간접성이 원초적 세계의 기저층 안에 제시되어 있다. 따라서 타인의 자체적으로 있음(Selbst-da)이 아니라 함께 있음(Mit-da)이 드러나는 일종의 공현전(公現前, Appräsentation)이 여기서 주목될 수밖에 없다. 현전(Präsentation)에 의해 충족적으로 확증될 가능성을 선천적으로 배제하지만, 타인의 원초적 영역으로 이끌어 가는 공현전은 중요하다.

그렇다면 내 근원적 영역에서 이런 타인의 초월성이 어떻게 구성되는가? 후설은 환원된 원초적 세계에 대해 이뤄진 우리의 고유한 지각에서 그 가능성을 찾는다. 자기 신체(Körper)를 몸(Leib)으로 구성한 지각 속에서, 우선 원초적 세계의 한 물체가 타인의 몸으로 파악되려면, 내 몸으로부터의 통각적 이행(apperzeptive Übertragung)이 실행되어야 한다. 이러한 이행에서는 본래적인 지각의 확증이 배제되어 있지만, 두 신체 사이의 유사성에 의거한 이 유비적인 파악(analogierende Auffassung)의 가능성이 기초적으로 제공된다. 후설은 이 통각을 유비 추리도, 사유 작용도 아니지만, 언제나 유사한 대상이 최초로 구성되는 근원 정립(Urstiftung)에 지향적으로 소급하는 활동으로 규정한다. 그래서 근원 정립(Urstiftung)에서 원본적인 것과 관련된 타인 구성은, 자아와 타아가 항상 주어지는 근원적 짝짓기(Paarung)에 의해 가능하다. 이 짝짓기는 후설에 의하면 집단, 다수성의 형태로 이어져 나타나는 선험적 영역의 보편적 현상인 것이다. 이 짝짓기는 동일화(Identifikation)의 수동적 종합과 대비해서 연상(Assoziation)으로 규정되는 수동적 종합의 근본 형식이다.

연상

수동적 구성 작용에서 핵심적 역할을 담당한다. 직관적으로 주어진 두 가지 자료를 일치시켜 수동적으로 유사적 통일을 이루는, 즉 짝을 구성하는 작용을 뜻한다.

이처럼 인격적 타자인 타인의 구성에서 연상 작용은 중요한 의미를 갖는다. 후설이 볼 때, 이러한 연상은 몸과 관련된 타인의 자료들이 내 자료와 연상적으로 짝을 이뤄 타인에 대한 중첩된 통일성과 다양성을 드러내기 때문이다. 그래서 중첩된 체계에 의한 타인의 구성은 그의 체계 전체를 함께 일깨우는 유비적 현상에 적합해지도록 성취된다. 이런 방식으로 짝을 이루는 연상이 가능하기에, 타자의 몸은 마치 내가 거기에 있었던 양상에 공존하는 타아를 경험하도록 허용한다. 따라서 내 원초적 자아의 간접적으로 제시되는 통각에서 타아를 구성한다는 사실은 나와 남의 공존이 허용됨을 뜻한다. 이런 방식의 타인 구성은 단계적으로 명백한 신체적 접촉, 높은 단계의 심리적 교류(감정 이입), 그리고 영혼의 삶에 이르기까지 심화, 확대될 수 있는 것이다.

세 번째 단계로 공동체의 구성이다. 앞서 우리는 자아의 고유 영역의 확보, 타아의 구성 그리고 그 구성에서 짝짓기의 연상에 의해 자아와 타아가 공속됨을 살펴봤다. 이제 공존을 토대로 삼고 있는 모나드들의 공동체는 어떻게 구성되는지가 설명되어야 한다. 후설은 상호주관적 공동체의 기초를 이루는 것이 자연의 공통성(Gemeinsamkeit der Natur)이라 여긴다. 그래서 최초 형식의 공동체 구성에 관련해 후설은 다음과 같이 묻는다.

> "내 원초적 영역 속에서 '거기'의 양태로, 타인의 원초적 영역 속에서 '여기'의 양태로 나타나는 그런 신체에 대해 동일하다고 언급하는 것이 어떻게 가능한가?"
>
> ― 『후설 전집』 1권, 150쪽

우선 동일화의 수수께끼는 두 원본적 영역의 실질적 구별이 전제됨으로써 비로소 생겨난 것에 불과하다. 그래서 구별된 두 영역은 '객관적 자연 안에서의 동일한 대상의 상이한 현출 방식은 아닌가' 하는 질문으로 이 동일화 문제를 다룰 수 없다고 본다. 오히려 직접 제시(Präsentation)와 간접 제시(Appräsentation)의 필연적 통일성을 통해서 산출된 자연 자체의 동일성이 내 원초적 영역과 타인의 원초적 영역에 대해서 이미 주어져 있다고 후설은 생각한다. 부연하면 객관적 자연은 추후에 생기는 것이 아니라, 이미 한편으로는 나의 원초적 영역 내에서 타인의 신체를 현전적으로 구성하는 기저층에서, 다른 한편으로는 이 층과 종합적 일치를 이루면서 타아의 몸을 공현전적으로 구성하는 두 번째 층에서 동시에 동일한 것으로 구성된다는 것이다.

이런 기초적인 자연 공동체의 구성 위에서 후설은 더 상위의 상호 모나드론적 공동체의 구성을 검토한다. 여기서 중요한 사실은 높은 단계의 공동체는 이미 구성된 동일한 공간 속에 공존하는 개별 모나드들의 성격 위에 원리적으로 정립한다는 것이다. 그러나 우선 내 원초적 영역에서 구성되었음에도 자아와 타아 간의 '내실적' 분리는 불가피하다. 그것은 후에 객관적 신체의 공간성에서 나타나는 '실재적' 분리에 상응하기 때문에 더욱 중요하다. 분리가 허용되지 않는다면, 각각의 모나드가 내실적·절대적으로 폐쇄된 통일체라는(라이프니츠의 모나드론) 의미에서 결국 공동체적 결합이 불가능하게 되어, 내 원초적 영역 속 타자의 비실재적인 지향적 구성이 꿈이나 상상에서와 같은 비실재적인 것에 불과해지기 때문이다. 따라서 공동체화는 나, 즉 나에 대해 원초적인 모나드와, 내 속에 타자로서, 그래서 그 자체로 존재하지만, 내게 공현전적으로 입증될 수 있는 모나드들 사이에서 상호주관적으로 이뤄진다. 이런 관점에서 상호주관성이란 '타인'의 변양을 통해 구성된 모든 모나드 속에 놓인 동일한 공동체로서, 즉 일치 가능성의 토대로서 기능하는 공동체성으로 볼 수 있다.

그럼에도 자연 토대 위에 구축된 상호주관성이 원리적으로 구체적 세계들, 즉 동물성, 사회성, 문화성의 다양한 세계적 존재 층위들에도 확대될 수 있지만, 자아, 타아 그리고 상호주관으로 나아가는 현상학적 구성에서는 여전히 현전적 충족이 불가능한 공현전적 구성을 인정할 수밖에 없는 것이다. 타아는 자기 구성의 존재 방식에 따라, 구성 활동의 원점인 나의 원초적 영역에서 필증적으로 구성되지 않는 '초월적 존재성'인 것이다. 그런데 후설은 선험적 자아의 원초적 영역에 의한 상호주관성의 구성에 있어서 불가피한 계기, 즉 타아의 새로운 존재 방식을 앞서 살핀 현전과 공현전의 통일성으로 구성된다고 주장함으로써, 그 전제적 성격을 은폐시켰다고 볼 수 있다. 지향성의 충족을 필증성 위에 정립하려는 후설 현상학이 드러낸 한계와 같은 것이며, 이후 그 심층적이고 근원적인 영역, 수동적 종합, 내적 시간 의식 그리고 생활세계 개념 등에 대한 현상학적 탐구가 필증성의 진리 이념을 충분히 유지하지 못한 것은 명백하다.

6. 선험적(초월론적) 관념론으로서의 현상학

후설 현상학은 특히 중기라는 사상적 과정과 관련해, 인식 행위의 본질을 인식 비판적 태도에서 규명하려는 철학이라 규정할 수 있다. 현상학에서 제기된 근본적인 물음, 즉 후설은 '객관적 대상들이 어떻게 주관적으로 인식될 수 있는가'라는 인식 비판적 문제와 철저히 씨름한 것이다. '의식은 무엇을 향한 것'이라는 지향성 개념은 이러한 인식의 근거를 해명하는 과정에서 핵심 원리로 주목되었다. 처음부

후설 생가, 프로스테요프(© TxllxT TxllxT)

터 너무나 자명해 보였던 지향성 개념은 인식의 내용과 구조를 밝히는 역할을 담당했지만, 후설은 지향적 체험을 연구하면서 지향성이 매우 이해하기 어려운 개념으로 바뀌었다는 사실을 알게 되었다. 체험의 지향성으로는 대상의 '실재성'을 인식하는 문제에서 원리적으로 좌초될 수밖에 없었기 때문이다. 그래서 '지향과 충족에서의 충실'의 문제로 연구 주제를 바꾼 후설은 인식의 문제에 급진적으로 접근하는 방법을 모색하게 된 것이다. 그것이 바로 세계의 실재성이라는 자연적 태도의 일반적 정립을 무효화시키는 고유한 방법론적 시도로서 감행하게 된 환원이다. 이를 통해 세계는 더 이상 무관하지 않고, 언제나 의식과 상관적 대상이 된다는 점에서 세계의 의미와 타당 존재로 변양되어야 함을 주장하게 된다. 더불어 세계도 스스로 구성하는 체험 흐름의 통일점인 선험적 자아에게로 소급돼, 그 존재 의미와 타당성을 부여받는다는 점을 제시하게 된다.

이러한 관점에서 후설 현상학은 무엇보다도 선험적 현상학으로 정의된 것이다. 선험적 현상학에서 이제 세계는 선험적으로 체험하는 주관성과 관련해서만 체험되고 의식되는 세계로서 주제화된다. 이처럼 세계를 의미의 통일체로 구성하는 선험적 자아의 역량과 특성을 해명함으로써 인식의 근거가 마련된다는 측면에서 현상학은 이제 선험적 관념론으로 명명되었다. 인식의 근거를 인식 주관으로 소급해 묻는다는 점에서 관념론과 유사하지만, 후설은 외적 대상을 주관의 심리적 현상으로 환원하는 것은 결코 아니라고 주장한다. 오히려 그는 의식과 세계의 지향성이 의식 안에서의 세계의 자기 소여성으로 번역돼 이해되어야 한다고 강변한다. 현상학에서 인식의 문제는 대상의 소여성과의 관련 없이는 설명될 수 없기 때문이다. 이것이 후설이 항상 지향성 개념과 동시에 거론했던 명증성 개념이라 할 수 있다. 따라서 인식의 근거가 주관으로 소급되어야 하지만, 동시에 그곳에서 주관의 지향은 항상 충족됨으로써 그 진리성을 확증한다. 그런 점에서 대상의 존재 방식이 동시에 충족적으로 주어져야 한다는 것이다. 이런 관점에서 후설은 순수 의식과 선험적 자아에 대한 현상학적 분석을 선험적 관념론으로 규정하며, 자신의 중기 사상을 구축해 나갔다고 볼 수 있다.

Husserl, Edmund(1950), *Cartesianische Meditationen und Pariser Vorträge*, Husserliana Bd.

   I, Den Haag: Martinus Nijhof, hrsg. von B. Strasser. (『후설 전집』 1권 『성찰』).

_____(1950), *Ideen zu einer reinen Phänomenologie und phänomenologischen*

   Philosophie. Erstes Buch: Allegmeine Einführung in die reine Phänomenologie, Husserliana

   Bd. III, Den Haag: Martinus Nijhofhrsg. von W. Biemel, Neu hrsg. von K. Schuhmann

   in 2 Teile. (『후설 전집』 3권 『이념들』).

_____(1954), *Die Krisis der europäischen Wissenschaften und die transzendentale*

   Phänomenologie. Eine Einleitung in die phänomenologische Philosophie, Husserliana Bd.

   VI, Den Haag: Martinus Nijhofhrsg. von W. Biemel. (『후설 전집』 6권 『위기』).

_____(1984), *Logische Untersuchungen. Zweiter Band: Untersuchung zur*

   Phänomenologie und Theorie der Erkenntnis, Erster Teil, Husserliana Bd. XIX/1, Den

   Haag: Martinus Nijhofhrsg. von U. Panzer. (『후설 전집』 19/1권 『논리 연구』)

_____(1984) *dito. Zweiter Band. Zweiter Teil*, Husserliana Bd. XIX/2, Den

   Haag: Martinus Nijhof, hrsg. von U. Panzer. (『후설 전집』 19/2권 『논리 연구』).

3장

후설 후기:
발생의 바다를 항해하는 초월론적 현상학

김태희

건국대학교 모빌리티인문학연구원

후설은 과학적 세계의 관점,

특히 세계를 수학적 이념의 집합으로 환원하는

이념화가 생활세계에

이른바 "이념의 외피"를 덮어씌웠으며,

모든 것을 양화하고 계측하는 과학적 세계의 방법론이

생활세계에 '유입'되어 생활세계를 지배하고 있고,

이것이야말로 위기의 근본적 원인이라고 진단한다.

후설의 전 생애에 걸친 현상학 연구를 이른바 전기, 중기, 후기로 구분하는 문제는 그 타당성 여부부터 구체적 시기 구분에 이르기까지 늘 논쟁의 여지가 있다. 다만 후설의 후기 연구를 발생적 현상학 (genetische Phänomenologie)을 중심으로 고찰하는 여기서는 이 시기를 편의상 『(순수 현상학과 현상학적 철학을 위한)이념들 I』(1913) 출간 이후인 1910년대 중후반부터 후설이 타계한 1938년까지로 규정하고자 한다. 이후 서술하겠지만, 이 시기의 연구들에서는 발생적 현상학의 이념과 방법론, 그리고 구체적인 문제 영역들이 차츰 선명하게 드러나기 때문이다. 이 시기는 후설이 프라이부르크대학 교수로 재직하던 시기(1916-1928)를 고려하여 흔히 '프라이부르크 시대'라고 부르기도 한다.

이 시기에 출간한 주요 저작은 『형식논리학과 초월론적 논리학』(1928), 『데카르트적 성찰』(1931), 『유럽 학문의 위기와 초월론적 현상학』(1936), 『경험과 판단』(1939, 사후 출간) 등이 있다. 그러나 후설은 이 외에도 총 4만 5천여 장에 달하는 연구 원고 및 강의 원고 등을 속기로 작성하였다. 이 방대한 유고는 출간 저서를 풍부하게 보완할 뿐 아니라 때로는 출간 저서와 다소 다른 사상의 결을 보여 주기도 하여 현재 이에 대한 연구가 매우 활발하다.

이 유고들은 특히 후설의 후기 연구를 해석하는 데 있어 귀중한 자료가 된다. 후설은 후기에 초·중기 연구를 더욱 발전시키는 한편, 초·중기 연구에서 맹아를 보이던 다양한 통찰을 깊고 넓게 전개했다. 이는 무엇보다도 발생적 현상학을 중심으로 이루어지는데, 후설 연구자들은 발생적 현상학이 대체로 1917년경부터 1921년 사이에 방법론적 자의식을 갖추고 명료하게 형성되기 시작한다고 해석한다.[1] 따라서 이 글에서는 후기 연구의 독자성에 초점을 맞춰, 발생적 현상학에서 특히 중요한 주제인 시간, 수동성, 신체, 상호주관성, 생활세계를 서술할 것이다.

1. 발생적 현상학

가장 넓은 의미에서의 경험에 대한 철학적 탐구는 경험과학적 탐구와는 달리, "경험이 대체 어떻게 가능한가(Bedingungen der Möglichkeit, 가능성의 조건들)"를 묻는다. 후설의 초월론적 현상학(transzendental Phäno-menologie, 선험적 현상학)의 대답은 "세계가 의식이 지향하는 대상으로 주어진다는 것(Intentionalität, 세계를 향한 의식의 지향성)", 혹은 "초월론적 의식에 의해 세계가 드러난다는 것(Konstitution, 초월론적 의식의 세계 구성)"이다. 여기에서 칸트의 비판철학 전통에서 길어 온 '초월론적'이라는 표현은 우선적으로는 경험에 앞선다는, 즉 선험적(a priori, 아프리오리)이라는 뜻이지만 이보다 한결 중요하게는 경험을 가능하게 한다는 뜻이다. 나아가 후설 현상학에서는 본질적으로 스스로를 '초월(transzendieren)'하는 의식이 이러한 의식을 초월하여 있는, 즉 초재하

---

[1] 다음을 참조하라. Bernet(2002), "Die neue Phänomenologie des Zeitbewußtseins in Husserls Bernauer Manuskripten", in *Die erscheinende Welt: Festschrift für Klaus Held*, pp. 539-555.

는(transzendent) 대상을 의미하고 지시하는 역능을 지닌다는 데 주목한다. 현상학적 분석에 따르면, '경험을 가능하게 하는 선험적 조건'은 다름 아닌 의식의 초월하는 역능에 있기 때문이다.

역능(Vermöglichkeit)

능력(Vermögen)과 가능성(Möglichkeit)을 합성한 후설의 신조이다.

그런데 경험의 가능 조건과 본질에 대한 초월론적 연구가 철두철미하게 이루어질 경우, 경험의 가장 근원적 차원은 무엇인가라는 물음으로 나아간다. 초월론적 현상학은 이처럼 경험을 가능하게 하는 '원천'에 대한 물음을 두 가지 견지에서 제기함에 따라, 정적 현상학(statische Phänomenologie)과 발생적 현상학으로 드러난다. 정적 현상학은 지향성을 정적인 현상으로 고찰한다.[2] 의식과 대상의 지향적 관계는 다양한데, 이들은 모두 어떤 시간적 발생을 거쳐 현 상태에 이른 것이므로 나름의 역사성을 지닌다. 예를 들어, 영유아는 발달 과정을 거쳐야 비로소 대상의 3차원 공간성, 대상의 지속성 등에 대한 지향적 의식을 갖춘다. 그러나 정적 현상학은 지향성의 '구조'에 초점을 맞추기 위해 이러한 시간적 '발생' 혹은 역사성을 '방법론적으로' 도외시하고 사상(捨象, abstrahieren)한다. 이 말은 의식(Noesis, 노에시스)과 대

---

2   정적 현상학과 발생적 현상학에 대해서는 다음을 참조. 이남인(2013), 『현상학과 해석학』. 특히 제IV장, 2. 초월론적 현상학의 두 얼굴: 정적 현상학과 발생적 현상학.

상(Noema, 노에마)의 지향적 상관관계를 시간적 발생이 이미 완료된 현상으로 간주한다는 것이다. 이처럼 발생의 관점을 방법론적으로 배제하는 덕분에, 정적 현상학은 다양한 유형의 지향성의 본질 및 이들 간의 연관을 한층 선명하게 드러낼 수 있다. 이때 정적 현상학에서 초점을 두는 지향성 간의 연관은 특히 타당성(Geltung) 간의 연관이다. 여러 유형의 지향성은 명증(Evidenz), 즉 증거 능력에 있어 서로 다르다. 예컨대 지각 등의 현전적(Gegenwärtigung) 직관이 증여하는 현재의 대상은, 회상 등의 재현적(Vergegenwärtigung) 직관이 증여하는 과거의 대상보다 원칙적으로 명증하며, 나아가 이러한 지각 및 회상과 같은 무매개적(unmittelbar) 직관이 증여하는 대상은 기호 의식이라는 매개적(mittelbar) 재현(기호를 매개로 하는 재현)이 증여하는 대상보다 명증하다. 이때 타당성의 견지에서는 지각이 회상을 정초하고, 나아가 직관이 기호 의식을 정초한다고 할 수 있다. 따라서 덜 명증한 현상에서 출발하여 더 명증한 현상으로 파고들어 가면서 이러한 지향성들이 타당성의 견지에서 서로 정초하는 연관을 밝히려는 정적 현상학은 지식과 학문을 보다 명증한 토대 위에 세우려는 목표를 지닌다.

사상(捨象, abstrahieren)하다

방법론적 관점에서 abstrahieren은 (긍정적 관점에서) 여러 사물이나 개념에서 공통되는 특성을 "추출"하여 파악함(抽象, 추상)이고, (부정적 관점에서) 이러한 공통되는 특성을 제외한 나머지 특성들을 "버리고" "도외시함"(捨象, 사상)을 뜻한다. 여기에서는 연구 대상에 초점을 맞추기 위해 연구 대상 외의 것들을 일단 고려하지 않겠다는 방법론적 조치를 뜻한다.

이에 비해 발생적 현상학은 정적 현상학에서 일단 방법론적으로 사상한 시간적 발생의 구조를 다시 끌어들인다. 후설의 현상학에서 발생(Genesis)이란 어떤 지향성이 그보다 시간적으로 선행하는 지향성의 동기 부여라는 일종의 법칙성에 따라 생성, 변화, 소멸함을 뜻한다. 따라서 발생적 현상학은 어떤 유형의 지향성으로부터, 그보다 선행하며 그것의 발생 기초인 다른 유형의 지향성으로 돌이켜 묻는 (Rückfrage, 환문) 방법을 사용한다. 이를 통해 발생적 현상학은 지향성의 연관을 발생의 관점에서 다루며, 달리 말해 지향성의 역사를 다룬다. 발생적 현상학에서도 지향성의 유형을 구분하지만, 정적 현상학에서처럼 타당성의 견지에서 토대를 주고받는 관계에 따라 구분하는 것이 아니라, 발생의 견지에서 토대를 주고받는 관계에 따라 구분한다. 따라서 발생적 현상학에서는 발생의 견지에서 낮은 층위와 높은 층위를 확인하고, 전자가 후자의 발생적 정초임을 밝힌다. 따라서 발생적 현상학은 각 층위에서의 다양한 지향성 유형들의 발생적 연관을 드러낼 뿐 아니라, 낮은 층위에 기초하여 높은 층위의 지향성이 생

발생(Genesis)

'어떤 대상과 의미를 지닌 의식 체험이 일종의 법칙에 의거하여 생성(또는 변화, 소멸)함'을 뜻하며, 자아가 참여하는 능동적 발생과 불참하는 수동적 발생을 포괄한다. 정적 현상학이 의식 체험 간의 타당성 정초 관계를 다루기 위해 발생 차원을 방법론적으로 사상하는 데 반해, 발생적 현상학은 다양한 층위의 의식 체험 간의 발생적 정초 관계를 다룸으로써 정적 현상학을 보충하고 초월론적 현상학을 궁극적으로 완성한다.

겨나는 발생적 이행을 드러내는 것이다.

여기에서 결정적인 것은, 다양한 지향성으로 이루어진 체계의 발생은 곧 지향성의 담지자인 초월론적 자아(주체)의 발생을 뜻한다는 것이다. 따라서 발생적 현상학은 (발달)심리학이나 (진화)생물학 등의 경험적 학문에서 연구하는 개체 발생 및 계통 발생을 철학적 맥락에서 성찰하고 재구성할 수 있는 이론적 잠재성을 지닌다. 후설은 이처럼 다양한 지향성의 발생이 주체에 반영되는 법칙을 표현하기 위하여 습관성(Habitualität)이라는 개념을 활용한다.[3] 이는 한 번 생겨난 지향성이 시간의 흐름에 밀려 그대로 사라지는 것이 아니라, 주체에 의해 과거의 것으로 보유된다는 것이다. 달리 말해 처음 생겨난, 즉 맨 처음 근원 설립(Urstiftung) 된 지향성이 시간 자체를 구성하는 주체의 원초적 역능에 힘입어 주체에 침전(Sedimentierung)된 채 지향성을 각인한다는 것이다.

요컨대, 발생적 현상학은 지향성을 시간적 맥락에서 고찰한다. 이는 지향성이 시간 속에서 일어난다는, 즉 시간적 형식을 지닌 사건이라는 기초적인 의미일 뿐 아니라, 이러한 각 유형의 지향성 자체가 각각 고유한 역사를 지닌다는 의미이기도 하다. 그러므로 발생적 현상학에서는 높은 층위의 지향성과 낮은 층위의 지향성이 시간적으로 분리된다. 높은 층위의 지향성과 낮은 층위의 지향성은 각각 자신에게 고유한 시간 형식 안에서 전개된다. 그러므로 발생적 현상학의 과제는 각 층위의 지향성의 발생을 상호연관하에서 해명할 뿐 아니라, 낮은 층위에서 높은 층위로의 발생적 이행을 해명하는 것이다. 여기

---

3 습관성에 대해서는 다음을 참조. 김기복(2010), 「후설에서의 습관성 개념」, 27-55쪽.

1부 두 원천의 현상학자

에서 유념할 점은 이러한 발생적 이행이 초월론적 자아에 반영되고 침전된다는 사실이다. 그리하여 초월론적인 발생적 현상학의 주요 과제는 지향성들이 형성되고 작동하는 발생적 과정을 해명하는 것을 넘어서, 초월론적 자아 자체가 형성되고 작동하는 발생적 과정을 해명하는 것이 된다. 따라서 역사성을 사상(abstrahieren)한 정적 현상학의 연구는 주체의 지향성 체계에 대한 추상적(abstrakt)이고 부분적인 분석일 뿐이며, 발생적 현상학에 의해 비로소 주체의 지향성 체계에 대한 구체적이고 전체적인 분석이 이루어진다. 이 체계가 거쳐 온 발생의 '이전 단계'는 사라지는 것이 아니라 이 구조의 '낮은 층위'로서 보존되어 있기 때문에, 이 발생의 역사에 대한 연구는 바로 구체적으로 존재하는 이 체계 전체에 대한 연구인 것이다.

2. 시간

이처럼 시간은 의식의 지향성에 관한 모든 현상학적 탐구에서 기본적 요소이지만, 특히 발생적 현상학에서는 결정적 중요성을 지닌다. 후설 자신이 종종 토로하듯이, 시간(의식)에 대한 연구는 현상학에서도 가장 어려운 주제이지만 그만큼 중요한 주제인 것이다.[4] 이러한 연구가 모든 현상학적 탐구에서 중요한 이유는 우선 모든 의식 활동이 시간적 차원에서 일어나기 때문이다. 다시 말해 시간은 의식(그리고 의식되는 대상)의 보편적 형식이다. 가령 외부 대상에 대한 지각을

---

4 Husserl(1966), *Zur Phänomenologie des inneren Zeitbewußtseins (1893-1917)*, p. 276.

예로 들어 보자. 우리가 지금 읽고 있는 이 책을 지각할 때 이 책은 물론 자기 동일적 대상이지만 실은 시간 속에서 그렇게 구성된 것이다. 이 책은 사실 다양한 시간에 다양한 음영(Abschattung)들, 즉 다양한 모습으로 나타나며, 이 다양체의 종합을 통해 비로소 하나의 통일체, 즉 자기 동일적 대상을 구성할 수 있는 것이다. 그리고 이는 시간 속에서 대상을 구성할 뿐 아니라, 바로 이 시간 자체를 구성하는 주체의 역능에 기인한다.

더 나아가 시간에 대한 연구는 발생적 현상학에 있어서 더욱 중요한 의미를 지닌다. 앞서 서술한 것처럼, 발생적 현상학은 시간의 흐름 안에서 의식이 의식으로부터 어떻게 생성되는지를, 즉 지향성 간의 발생적 정초관계를, 즉 의식의 역사성을 탐구한다. 따라서 발생적 현상학에서 시간성은 단순히 의식의 형식에 불과한 것이 아니라, 구체적이고 서사적인 내용을 지닌 역사성으로 나타난다. 그리고 이때 의식의 발생을 가능하게 하는 가장 원초적 조건은 바로 자아가 지니는 시간 구성의 힘이다. 시간성은 모든 의식의 보편적 조건이기 때문이다. 따라서 이러한 시간 의식에 대한 이해는 발생적 현상학 연구를 위한 최초의 전제이다.

이러한 현상학적 시간 분석을 이해하기 위해, 지향성 및 환원(Reduktion) 개념에 입각하여 시간을 살펴보아야 한다. 지향성은 현상학의 기본적 대상 혹은 사태이며, 환원은 현상학의 기본적 방법이라고 할 수 있기 때문이다. 첫째, 지향성은 후설 현상학이 다루는 사태를 포괄하는 개념이며, 따라서 후설은 시간 역시 지향성이라는 사태에 입각하여 연구한다. "의식이 대상을 지향함"은 모든 의식 유형과 대상 유형에 적용되는 사태이다. 의식에는 반드시 대상이 있다. 아무리 불특정하고 모호한 대상이더라도 대상 없는 의식은 상상 불가능(undenkbar)하다. 다른 한편, 대상은 반드시 의식의 대상이다. 어떠한 대상이라도 우리에게 나타나기 위해서는 의식이라는 터에 나타날 수밖에 없다. 어떤 대상이 의식에 나타나지 않는다면, 우리가 그에 대해 이야기하는 것은 물론이고 그 존재에 대해 알 길조차 없으므로, 의식 없는 대상도 상상 불가능하다. 이러한 지향성의 얼개에서 시간을 이해한다면, 우리가 시간을 의식한다는 것은 시간이 일종의 지향적 대상으로 우리 의식에 주어진다는 것, 달리 말해 우리의 의식이 시간을 구성한다는 것이다. 따라서 후설은 시간을 연구함에 있어서 대상과 의식, 즉 시간(Zeit)과 시간의식(Zeitbewusstsein)의 지향적 상관관계에 주의를 기울일 것을 요청한다.

시간의식(Zeitbewusstsein)

현상학의 지향성 원칙에 따르면, 시간이 지향되는 '대상(노에마)'이라면 시간의식은 지향하는 '의식(노에시스)'이다. 나아가 시간의식에 대한 분석은 '시간에 대한 의식'의 분석으로부터 보다 근원적인 차원에서 시간의식 자체를 구성하는 일종의 자기의식, 즉 내적 시간의식의 분석으로 육박해 들어간다.

둘째, 환원은 후설 현상학의 방법을 포괄하는 개념이며, 후설은 시간 역시 이 방법론에 입각하여 연구한다. 후설의 현상학에서 환원은 넓은 의미에서는 모든 태도 변경(Einstellungsänderung)을, 좁은 의미에서는 이 중에서 특히 근원적인 태도로 이행하는 태도 변경을 뜻한다.[5] 이때 세계를 대하는 주체의 태도가 달라짐에 따라 세계 자체가 다르게 나타난다. 근원적인 태도로의 변경이라는 맥락에서 환원은 예컨대 온갖 철학적, 과학적, 상식적 선입견에서 벗어나 사태 자체로 귀환하는 철학적 방법을 뜻한다. 이는 곧 무비판적 태도로부터 비판적 태도로 귀환하는 태도 변경인 것이다. 또 때로는 객관적 세계가 주관에 선행하여, 주관으로부터 독립적으로 존재한다고 가정하는 일상적인 태도, 이른바 자연스러운 태도(natürliche Einstellung)를 판단 중지(에포케) 하고 그로부터 어떤 철학적인 태도, 즉 의식과 세계의 지향적 상관관계에 주목하는 현상학적 태도로 이행하는 태도 변경을 뜻하기도 한다. 그런데 이러한 의미의 현상학적 환원은 실은 앞서 서술한 지향성이라는 사태로부터 자연스럽게 귀결되는 것이다. 지향성이라는 사태 자체가, 의식과 대상(혹은 '대상들의 총체'인 세계) 간의 불가분성과 동근원성(同根源性)을 함의하고 있기 때문이다. 이러한 현상학적 환원의 방법론을 시간이라는 연구 주제에 적용한다면, 현상학적 시간 분석은 대상으로서의 시간에 주목하는 자연스러운 태도로부터 '시간에 대한 의식'에 주목하는 현상학적 태도로 이행하는 태도 변경에 입각한다.

이제 후설은 시간 의식에 주의를 기울인 후에, 이러한 시간 의식을 구성하는 의식 유형이 다양하다는 점을 발견한다. 그리고 이들 중에서도 시간의 근원으로서 근원 인상(Urimpression), 파지, 예지의 구조를

---

5   다음을 참조하라. 이남인(2012), 「현상학적 환원과 현상학의 미래 ─ "현상학적 환원의 현상학"을 위한 하나의 기여」, 89-121쪽.

확립한다. 근원 인상은 바로 지금 이 순간 우리에게 나타나는 현상을 감지하는 무매개적 '의식'이다. 비유하자면, 모든 의식 흐름이 용솟음치는 일종의 샘, 즉 근원과 같은 것으로서, 이것이 없다면 우리 의식에는 시간은 고사하고 어떠한 존재도 드러나지 않을 것이다. 그러나 이 대목에서 중요한 것은 근원 인상은 그 자체로 고립되어 나타나는 것이 아니라 늘 이를 둘러싼 어떤 지평(Horizont) 안에 놓여 있다는 것이다. 따라서 시간을 구성하는 근원인 현재는 늘 '지금'에 대한 의식인 근원 인상을 핵으로 삼는 두툼한 장을 이룬다. 이러한 '현재'라는 시간 지평은 근원 인상뿐 아니라, 후설의 시간 의식 분석에서 가장 영향력 있는 발견인 파지 및 예지까지 포괄하는 것이다.

　파지(把持, Retention)는 '계속 붙듦'이다. 파지는 방금 지나간 것을 여전히 의식에 붙들고 있는 '의식'이다. 더 나아가 파지는 방금 지나간 것을 보유할 뿐 아니라(가까운 파지), 이미 완전히 지나가 버린 것까지 원리적으로는 모두 잠재적으로 보유한다(먼 파지). 이러한 먼 파지는 어떤 지점을 지나면서 의식 아래로 오롯이 가라앉아 그 암흑 속에서 도사리게 되는데, 회상(Wiedererinnerung)은 바로 이러한 먼 파지를 다시 활성화하는 의식 작용이다. 이처럼 회상은 파지되어 있는 것을 다시 의식으로 떠올리는 것, 곧 이미 의식의 심연으로 가라앉아 잊힌 것을 재현하는 것이기 때문에, 기억은 파지와 회상[아리스토텔레스에 따르면 므네메(μνήμη)와 아남네시스(ἀνάμνησις)]으로 분별할 수 있다. 이 중에서 파지는 모든 근원 인상에 수반하여 필연적이고 수동적으로 일어나는 현전적 의식이며, 회상보다 근원적인 기억, 즉 일차 기억이다. 이에 비해 회상은 일어날 수도 있고 일어나지 않을 수도 있으며 (기본적으로는) 임의적이고 능동적으로 일어나는 재현적 의식이며, 이미 파지를

전제하는 이차 기억이다.[6]

한편 예지(豫持, Protention)는 '미리 붙듦'이다. 예지는 금방 다가올 것에 대한 '의식', 즉 근원 인상에 수반하면서, 곧 나타날 것을 때로는 명료하고, 때로는 모호하게 지향하는 '의식'이다. 과거 의식 중에서 파지와 회상을 구별할 수 있듯이, 미래 의식 중에서도 예지와 예상(Erwartung)을 구별할 수 있는데, 미래에 일어날 일을 능동적으로 떠올리는 예상은 예지에 비해 이차적이다. 후설은 초기 시간 의식 분석(『내적 시간 의식의 현상학』)에서 파지를 중점적으로 분석했으나, 미래에 대한 지향성이 시간 의식의 핵심임을 깨닫고 이후의 시간 의식 분석(『베르나우 원고』와 『C 원고』)에서는 예지를 더욱 치밀하게 분석한다.[7]

후설은 이처럼 환원의 방법을 활용하여 시간의 근원으로서 현재장(現在場, Gegenwartsfeld)의 구조, 즉 근원 인상, 파지, 예지의 구조를 확립했다. 그러나 후설 현상학에서 환원을 시행하는 목적은 본디 환원되는 것(연구에서 방법론적으로 일단 도외시되는 것)을 그 근원부터 잘 이해하기 위함이다. 따라서 이제 후설은 이러한 시간 의식으로부터 대상으로서의 시간 혹은 객관적 시간이 어떻게 구성되는지를 설명해야 한다. 후설은 이러한 과제를 충분히 상론하지는 않지만, 이를 위한 근본적 통찰을 제공한다. 그것은 파지된 채 차츰 과거로 가라앉는 것이, 그럼에도 불구하고 자기 동일적 시간 위치(Zeitstelle)를 보유한다는 데 있다. 의식 흐름에서 근원 인상의 시간 위치는 과거로 가라앉더라

---

6   Husserl(1966), *Zur Phänomenologie des inneren Zeitbewußtseins (1893-1917)*, p. 41.

7   Husserl(2001), *Die Bernauer Manuskripte über das Zeitbewußtsein (1917/18)*; (2006), *Späte Texte über Zeitkonstitution (1929-1934)*.

도 그대로 유지되기 때문이다.

'도-레-미'라는 세 음으로 이루어진 간단한 선율의 예를 들어 보자. '도' 음이 들리는 지금, 이 음은 근원 인상이라는 의식에 의해 지향된다. 다음 순간 '레' 음이 잇따를 때는 '레' 음이 근원 인상에 주어지지만, '도' 음도 의식에서 완전히 사라지는 것이 아니라 파지에 의해 붙들린다. '미' 음이 들릴 때는 이제 '미' 음이 '레' 음 대신 근원 인상에 의해 지향되고 '레' 음과 '도' 음은 그들 사이의 시간적 순서를 간직한 채 파지에 의해 붙들린다. 여기에서 중요한 점은, 파지되는 것들이 과거로 흘러가면서도 처음 근원 인상에 주어졌던 절대적 시간 위치를 보유하고, 이에 기초하여 서로 간의 상대적 시간 순서도 보유한다는 것이다. 그리하여 우리는 지금 들리는 선율을 다름 아닌 '도-레-미'라는 선율로 '지각'할 수 있으며, 언젠가 이 선율이 먼 과거로 가라앉아 버린 후 다시 떠올릴 때도 어떤 고정된 객관적 시간 질서 속에서 이들을 '재생'할 수 있는 것이다. 이처럼 근원 인상에서 파지로 미끄러져 들어간 것들이 줄곧 각각의 절대적 시간 위치를 보유하고, 이 절대적 시간 위치들 및 상대적 시간 순서가 회상에 의해 늘 동일한 것으로 다시 주어질 수 있다는 것은, 개체적 주관성 및 상호주관성이 객관적 시간을 구성하고 나아가 이른바 정밀한 '시계 시간', 즉 연속적이고 동질적이며 무한분할 할 수 있고 시계에 의해 정밀하게 측정할 수 있는 시간을 구성하기 위한 본질적이고 근본적인 토대가 된다.[8]

8　이에 대한 상세한 설명은 김태희(2014), 『시간에 대한 현상학적 성찰』, 3부 4장 「객관적 시간의 구성」을 참조하라.

3. 수동성

시간 의식 연구가 발생적 현상학 연구를 위한 최초의 전제를 이룬다면, 수동성(Passivität)은 발생적 현상학의 본격적 관문이라고 할 수 있다. 앞서 서술한 것처럼, 발생적 현상학에서는 낮은 층위의 지향성을 토대로 높은 층위의 지향성이 발생한다는 것을 확인하는데, 이러한 맥락에서 수동성은 낮은 층위의 지향성이고 능동성(Aktivität)은 높은 층위의 지향성이다. 따라서 발생적 현상학에서는 결국 수동성이 능동성에 선행하면서 능동성의 토대를 이룬다는 인식에 도달한다. 후설에게서 능동성은 자아가 명시적으로 개입하는 지향성으로서, 모든 능동적 파악, 구별, 비교, 판단, 행위 등을 포괄한다. 이에 비해 수동성은 피동적이라는 의미보다는 자아가 명시적으로 개입하지 않는다는 의미이며, 감각, 정서, 본능, 습관성, 시간성 등을 모두 포괄한다. 능동성에 선행하는 이러한 수동성은 그 자체가 법칙성에 따라 조직되고 의식된다.

후설은 수동성 영역에서 지향성이 서로 관계 맺는 법칙성을 수동적 종합(passive Synthesis)으로 개념화한다. [9] 종합은 부분 또는 다양성을 결합하여 하나의 전체 또는 통일성으로 결합하는 의식의 근원 형식

수동성(Passivität)

자아가 작용하기 이전에 대상의 선(先)구성 층위를 지칭하며, 능동성의 발생적 토대를 이룬다. 발생적 현상학에서 탐구하는 수동성 영역에서는 촉발, 연합, 시간 의식, 본능 등의 다양한 지향성이 작동하고 있다.

이다. 후설은 이러한 종합에 능동적 종합뿐 아니라 수동적 종합도 있음을 통찰한다. 현상학적 분석에 따르면, 예컨대 책이라는 대상을 보는 것과 같은 단순한 지각도 실은 일종의 수동적 종합에 의한 것이다. 책은 어느 측면에서, 어느 정도의 거리를 두고, 어떤 빛 아래에서 보는가에 따라 그때그때 다른 다양한 모습으로 나타나지만, 우리는 수동적 종합에 의해 이 책을 하나의 동일한 대상으로 파악한다. 더 나아가 이 책을 나중에 회상할 때에도 이전에 지각한 그 책과 지금 회상하는 이 책이 동일한 책이라는 의식이 수동적 종합에 의해 형성된다.

이러한 수동적 종합의 가장 깊은 층위에서는 어떤 질료들이 자아의 근원적 본능에 대응하여, 그리고 연상과 시간의식의 법칙에 의거하여 종합되면서 하나의 통일체를 형성한다. 이렇게 형성된 통일체들은 수동성의 영역에서 끊임없이 자아를 촉발하는 힘을 발휘하고, 그때그때의 상황에 유관한 특정 통일체는 자아의 관심에 부응하여 유독 두드러진다. 이처럼 부각되는 통일체는 자아로 하여금 자신에 주의를 기울이도록 동기를 주며, 자아는 이를 기초로 비로소 다양한 능동적 종합을 수행(능동성이 개입)할 수 있다. 이처럼 감각이라는 일차 수동성에 기초한 능동적 종합에 의해 획득한 경험은 시간의 흐름을 따라 의식 아래에 침전되면서 자아의 습관성이라는 이차 수동성의 영역으로 다시 들어간다.

여기에서 유념할 것은 수동성과 능동성이 절대적으로 고정된 구별

---

9 Husserl(1966), *Analysen zur passiven Synthesis. Aus Vorlesungs- und Forschungsmanuskripten (1918-1926)*.

이 아니라 각 상황에서 그때그때 새롭게 정의되어야 하는 상대적 구별이라는 점이다. 우리는 사실 수동성에서도 자아의 어떤 암묵적 개입이 이루어지고 있음을 알 수 있다. 수동성의 가장 낮은 층위에서부터 자아의 본능 지향성이 작동하고 있으며, 특정한 수동적 통일체가 두드러져서 주의를 끄는 데도 그때그때의 상황에 유관한 관심 지향성이 작동하고 있다. 이러한 점들을 고려할 때 수동성에서도 자아는 전혀 개입하지 않는 것이 아니라 어떤 수용하는 역할을 담당하고 있다. 따라서 이러한 수용성(Rezeptivität)으로서의 수동성 역시 자아가 작동하는 방식이자 가장 낮은 층위의 능동성이라고 할 수 있다. 그러므로 우리는 발생적 현상학에서의 이러한 수동성 이해가 전통적인 의미에서 수동적인 감각과 능동적인 작용의 엄밀한 이분법을 해체한다는 데 주목해야 한다. 발생적 현상학에서는 무엇보다도 몸에 대한 새로운 통찰을 통해, 특히 키네스테시스 개념에 대한 심화된 통찰을 통해 이러한 이분법에서 탈피하고자 한다.

4. 신체

우리는 우리가 지각하는 대상을 수동적으로 받아들일 뿐이라고 생각하기 쉽다. 그러나 현상학적 분석에 따르면, 이러한 대상 지각에는 이미 중층적 지향성 구조들이 마치 주름들처럼 함축(Implikation, Einfalten)되어 있다. 물리적 사물에 대한 외부 지각을 예로 들어보자. 가령 우리는 책을 볼 때, '지각'의 의미에서는 하나의 대상 전체를 보지만, '감각'의 의미에서는 실은 대상의 어느 부분(가령 앞면이나 앞면의 일부 등)만, 즉 대상의 어느 음영만 보고 있는 것이다. 다만 우리는 의식이 지닌 초월적인 역능에 의해 그 일부를 초월하여 전체를 받아들이는 것이다.

그런데 이러한 기초적 분석에 있어서도 간과해서는 안 되는 것은 지향성(노에시스-노에마 상관관계) 원칙이다. 즉, 대상이라는 전체 노에마에 대응하여 지각이라는 전체 노에시스가 있다면, 전체 대상을 구성하는 부분 노에마에 대응하여 전체 지각을 구성하는 부분 노에시스가 있다. 이러한 부분 노에시스는 근원적으로는 바로 몸의 지향성, 더 구체적으로는 아래에서 서술할 키네스테시스(Kinästhese)라고 부른다.[10] 아래에서 상술하겠지만, 이는 단순히 운동 감각을 뜻하는 것이 아니라, '운동과 감각의 불가분의 연관', 혹은 '감각에 있어서 운동이 지니는 근본적 기능'을 뜻한다. 이러한 몸의 지향성이 사물 지각에서 지니는 함의는 우선 사물이 반드시 몸을 매개로만 우리에게 주어질 수 있다는 데 있다. 이 대목에서 중요한 것은 외부 지각에서 사물이라는 대상의 모든 면이 한 번에 드러나는 것이 아니라 언제나 한 면씩 차례로 드러난다는 것이며, 이러한 노에마 측면에 상관적으로 노에시스 측면에서는 키네스테시스의 작동이 이러한 다양한 음영이 차례로 나타나도록 동기를 준다는 것이다.

우선 '사물은 반드시 몸을 매개로만 우리에게 주어질 수 있다는 것'을 보다 자세히 살펴보자. 대상은 언제나 음영으로 주어지는데, 이

---

10 키네스테시스에 대해서는 특히 다음을 참조하라. Husserl(1973), *Ding und Raum. Vorlesungen 1907*, 4장; (1952), *Ideen zu einer reinen Phänomenologie und phänomenologischen Philosophie. Zweites Buch: Phänomenologische Untersuchungen zur Konstitution*, 3장.

변화하는 음영 각각에는 자아의 그때그때 변화하는 관점들이 대응한다. 따라서 사물은 자아 자체가 공간 속에서 체화된 자아, 즉 늘 몸을 가지고 존재하는 자아이기 때문에 비로소 우리에게 주어질 수 있다. 이때 늘 '여기'라는 위치를 차지하는 몸은 스스로 어떻게 움직이고 어떠한 자세를 취하더라도, 그리고 어떤 유형의 지각장에 있더라도, 늘 좌표상의 절대적 원점, 즉 정위영점(定位零點)을 이룬다. 이러한 주관적 공간 혹은 자기중심적 공간(egocentric space)은 객관적 공간 혹은 타자 중심적 공간(allocentric space)보다 현상학적으로 근본적이며, 공간의 현상학에 따르면 전자는 후자를 구성하는 토대가 된다.

그러나 사물 구성에서 몸이 지니는 근본적 역할은 키네스테시스에서 한결 확연하게 드러난다. 가령 사물 음영의 변이(노에마 측면)는 우리가 몸을 자유롭게 움직임으로써 가능해지는 신체의 자세 및 위치의 변이(노에시스 측면)에 의해 제약된다. 노에마 쪽에서 대상의 역동적 현시는 노에시스 쪽에서 체화된 의식으로서의 몸의 역동적 움직임에 조응한다. 그리스어로 운동을 뜻하는 키네시스(κίνησις)와 감각을 뜻하는 아이스테시스(αἴσθησις)가 합성된 키네스테시스라는 표현은, 따라서 단순히 심리학, 생리학, 인지과학에서의 쓰이는 것처럼 운동 감각, 즉 자기 몸의 움직임과 자세 등에 대한 감각만 뜻하는 것이 아니다. 여기서는 신체 운동과 대상 감각의 불가분의 연관 및 이 연관에 대한 암묵적 앎을 뜻하고 나아가 대상 감각에 있어서 신체 운동이 지니는 근본적 기능을 뜻한다. 더 나아가 지각에서 현실적으로 작동하는 키네스테시스는 하나의 잠재적인 키네스테시스 역능 체계("나는 할 수 있다"의 체계)로부터, 그때그때의 상황과 관심에 유관하게 현실화되는 것이다. 따라서 현실적 키네스테시스가 현재 나타나는 대상과 관련이 있다면, 잠재적 키네스테시스 체계는 현재 나타나지 않지만 이 대상의 지평으로서 잠재적으로 주어지고 있는 대상들의 다양체 혹은 세계와 관련이 있다. 역으로 이러한 역능 체계로서의 몸의 한계는 곧 우리에게 나타날 수 있는 세계의 한계이다.

그리하여 우리는 수동적 차원에서 주어지는 통일체를 구성하는 데 있어 이미 자아의 지향성, 즉 키네스테시스가 작동하고 있음을 확인하며, 이를 통해 앞서 언급한 것처럼 수동성과 능동성, 혹은 감각과 작용의 엄밀한 이분법에서 비켜날 수 있다. 키네스테시스에 대한 이러한 통찰은 몸의 현상학에 있어서 중대한 출발점을 이룬다. 이로부터 몸이 지니는 초월론적 의미와 그 구체적 작동 방식에 대한 분석으로 나아갈 수 있기 때문이다. 이러한 분석을 위해 후설은 먼저 중요한 구별을 하는데, 이러한 초월론적 의미에서 경험을 가능하게 하는 조건으로서의 몸, 혹은 주체로서의 몸을 신체(Leib)로 지칭하여 대상으로서의 몸인 몸체(Körper)와 구별한 것이다.

먼저 몸체는 시각, 촉각, 운동 감각, 고유 수용 감각 등을 통해 대상화되는 나의 몸이며, 나아가 곧 서술할 타자에 대한 지향성을 통해 매개적으로 대상화되는 남들의 몸이다. 이를 통해 나의 몸은 남들의 몸

신체(Leib)

주체의 체험과 관련하여 나타나는 몸을 뜻하며, 대상으로 나타나는 몸을 뜻하는 몸체(Körper)와 구별된다. 신체는 초월론적 주체의 근본적 존재 방식인 동시에, 복수의 초월론적 주체들의 상호주관적 세계 구성의 근본적 매체이다.

과 본질적으로 동일하고, 나아가 외적 사물과 본질적으로 다르지 않은 어떤 물체로 파악된다. 특히 이처럼 나의 몸을 대상화함으로써 나의 몸은 마음과 분리되고, 마음의 지각 기관 및 행위 기관이라는 도구적 의미를 획득한다. 따라서 몸체에 초점을 맞출 때, 몸은 마음이 감각 자료를 수집하고 자신의 의지를 실행하는 도구로, 혹은 뇌로 들어오는 구심성 신호를 보내어 정보를 입력하고 뇌에서 나가는 원심성 신호를 동작으로 출력하는 도구로 간주된다. 서양 철학사 그리고 근대 과학의 주류를 차지하는 이러한 몸과 마음의 '위계적 이분법'은 몸을 대상으로서의 몸, 나아가 마음의 도구로서의 몸, 즉 몸체로만 보는 데 기인한다고도 할 수 있다.

그러나 후설의 현상학은 환원의 정신에 의거하여, 이러한 형이상학적 선입견이나 이론을 배제하고 우리에게 가장 명증하게 나타나는 것들로 돌아가고자 한다. 이때 이러한 몸의 두 의미가 분별되며, 이중에서 대상으로서의 몸(몸체)은 주체로서의 몸(신체)에 비해 파생적임이 드러난다. 왜냐하면 신체는 우리가 세상을 지각하고 인지하며 살아가는 모든 차원에서뿐만 아니라, 우리 자신의 몸을 대상화하는 데 있어서도 초월론적 기능, 즉 경험의 가능 조건으로서의 기능을 하기 때문이다. 이런 의미에서는 보다 근원적 차원에서는 내가 몸을 가지고 부린다기보다는 내가 곧 몸이라고 말할 수 있다.

그렇다면 이러한 초월론적 주체로서의 몸은 어떠한 기능을 하며 어떻게 우리에게 드러나는가? 우선 신체는 앞서 언급한 것처럼 지각을 가능하게 하는 키네스테시스 체계, 혹은 역능의 체계이다. 그러나 우리는 이처럼 신체를 매개로, 또 신체의 운동에 조응하여 지각을 행하지만, 이때 신체 자체는 주제적이고 명시적인 방식으로 의식에 드

1부 두 원천의 현상학자

러나지 않는다. 신체는 스스로를 현시하지 않으면서 현시를 가능하게 하는 어떤 투명한 것이다. 지각뿐 아니라 행위에 있어서도 마찬가지이다. 그때그때 행위에 있어서 명시적으로 드러나는 것은 행위의 대상이지 행위하는 신체가 아니다.

그렇다고 해서 신체가 온전히 투명한 것은 아니다. 가령 신체는 감각-운동 협응 등에서 어떤 장애가 일어나거나 (학문적 이유 등으로) 자발적으로 반성적 주의를 기울이는 경우에는 명시적으로 의식에 드러난다. 특히 신체를 내적 지각의 대상으로 삼아 응시하는 현상학적 반성을 통해 신체는 지각과 행위의 주체로 나타난다. 그러나 이보다 근본적으로 신체는 모든 지각과 행위에 있어서 선(先)반성적이며 비주제적으로 이미 나타나 있음이 틀림없다. 신체는 대상화되기 이전에도 이미 어떤 반투명하고 암묵적인 의식에 의해 '기능하는 지향성'으로서 드러나 있다. 이처럼 반성 이전에 이미 드러나 있기에 반성을 통해 사물을 응시하고 분석할 수 있는 것이다.

따라서 사물 경험에 있어서는 사물뿐 아니라 신체 역시 경험되는데, 물론 사물과 신체의 경험 방식은 상이하다. 가령 손으로 책상을 만질 때는 책상에 대한 주제적 감각(Empfindung)과 손에 정위(Lokalisation)되는, 즉 손이라는 특정한 위치에서 감지되는 비(非)주제적 체감(Empfindnis)이 동시에 나타난다. 이러한 신체의 반투명한 현시는 지각의 일차적 목적이 대상 인식이라는 것을 감안하면 매우 합(合)목적적이기도 하다. 대상을 지각할 때마다 대상과 동등한 차원에서 신체가 드러나 우리의 주목을 받기 위해 대상과 경합한다면, 우리의 지각은 매우 번잡해지고 나아가 지각이 서툴거나 아예 불가능해질 수 있을 것이기 때문이다. 나아가 어떤 행위를 할 때 숙련된 대처가 불가능해질 수 있을 것이기 때문이다. 따라서 일상생활에서는 정상적 지각이 곤란해질 만큼 신체에 어떤 문제가 생길 때에야 비로소 신체에 주목한다.

그렇다면 이러한 신체는 어떻게 대상화되는가? 후설은 우리의 몸(의 일부)이 몸(의 일부)을 만지는 이른바 이중 감각(Doppelempfindung)을 사례로 들어 해명한다.[11] 이처럼 신체 자체가 신체적 경험의 대상이 될 때는 몸은 지각되는 대상이자 지각하는 주체로, 이중적으로 경험된다. 꺼끌꺼끌한 왼손 손가락으로 매끌매끌한 오른손 손등을 만진다고 하자. 이때 왼손 손가락에 나타나는 느낌에 집중한다면, 오른손 손등이 대상이 되어 이 대상의 매끄러움을 현시하는 주제적 감각이 나타나며, 이와 동시에 왼손 손가락이라는 주체에 정위되는 비주제적 체감도 애매하게나마 나타난다. 반대로 오른손 손등의 느낌에 집중한다면, 왼손 손가락이 대상이 되어 이 대상의 껄끄러움을 현시하는 주제적 감각이 나타나며, 이와 동시에 오른손 손등이라는 주체에 정위되는 비주제적 체감도 나타난다. 이처럼 왼손과 오른손에 번갈아 집중할 때, 우리는 우리의 몸이 지닌 이중성을, 즉 몸이 몸체나 신체로, 즉 대상이나 주체로 동시에 드러남을 확인할 수 있다.

이러한 몸에 대한 대상화는 나의 몸뿐 아니라 남의 몸에 대해서도 이루어진다. 남의 몸은 언뜻 보면 내게 언제나 대상으로서만 주어지는 것처럼 보인다. 그러나 다른 한편으로 우리는 남의 몸을 근거로 하여, 남을 나 못지않은 하나의 주체로, 나와 더불어 세계를 함께 구

---

11 Husserl(1952), *Ideen zu einer reinen Phänomenologie und phänomenologischen Philosophie. Zweites Buch: Phänomenologische Untersuchungen zur Konstitution*, p. 145.

성하고 이 공동의 세계에서 함께 살아가는 주체로 받아들인다. 철학적 물음은 이러한 주어진 사실을 확인하는 사실 문제(quaestio facti)를 넘어, "이것은 대체 어떻게 가능한가?"라는 권리 문제(quaestio juris)를 제기하는 것이다. 그리하여 우리는 현상학에서 매우 중요한 상호주관성의 문제를 만난다.

5. 상호주관성

후설의 현상학에서 환원이라는 방법론은 역설적으로 상호주관성(Intersubjektivität)이라는 문제가 지니는 이론적 중요성의 원천이기도 하다. 내게 가장 명증하게 드러나는 차원으로 돌아가는 환원, 특히 '다른 마음(other minds)'에 대한 정립(Setzung)을 일단 작동 중지(ausschalten)하고, 다시 말해 다른 마음의 존재와 속성을 상정하는 자연스러운 태도를 일단 멈추고, 나의 마음에 주어지는 원초적 차원으로 돌아가는 이른바 원초적 환원(primordiale Reduktion)은 흔히 유아론(唯我論, Solipsismus) 혹은 독아론(獨我論)이라는 오해를 야기했다. 따라서 이러한 환원이 결코 유아론의 함정에 빠지는 것이 아님을 입증할 상호주관성의 문제는 매우 중요하게 부각되었다. 이러한 맥락에서 우리가 '다른 마음'을 어떻게 아는가라는, 즉 타인, 비인간 동물, 인공지능 등의 타자에게도 마음이 있는가, 그리고 그 마음이 어떤지 우리가 알 수 있는가, 알 수 있다면 어떻게, 그리고 얼마나 알 수 있는가라는 이른바 타자 경험(Fremderfahrung)의 문제가 중요하다. 그러나 후설의 현상학에서 상호주관성은 이러한 이론적으로 보수적인 차원에서만 중요한 것은 아니다. 바로 현상학의 정수를 이루는 문제의 차원에서, 즉 상호주관적 세계 구성이라는 문제의 차원에서 한층 중요하다.

상호주관성(Intersubjektivität)

공동의 세계를 함께 구성하는 복수의 주관성을 뜻한다. 발생적 현상학의 탐구에 따르면, 개별 주관성이 아니라 상호주관성이 세계 구성에 있어 발생적으로 근원적이다. 개별 주관성은 이미 상호주관성에 의해 공동으로 구성된 세계에서 출생하고 개별 주관성의 모든 의식 체험은 이 상호주관적 세계에 의해 규정되기 때문이다.

상호주관성에 관련된 타자 경험 문제와 세계 구성 문제 중 먼저 전자를 살펴보자. 후설은 『데카르트적 성찰』에서 이른바 원초적 환원, 즉 다른 마음들의 개입 없이 나 자신에 의해서만 구성되는 세계로의 환원을 먼저 기술하고, 그다음에 비로소 우리가 이러한 원초적 영역을 초월하여 어떻게 다른 마음들의 존재와 특성을 구성하는지를 면밀히 분석한다.[12] 여기에서 다시 몸이라는 주제가 등장하는데, 우리는 먼저 남의 몸을 토대로 하되 이를 초월하여 남의 마음을 구성하기 때문이다. 이는 마치 사물의 일면만 보이더라도 우리가 이를 초월하여 사물의 다른 면을 초과 의향(Mehrmeinung)함으로써 사물의 전모를 구성하는 것과 유사하다. 이때 초과 의향은 우리가 지금 보고 있는

---

12 Husserl(1950), *Cartesianische Meditationen und Pariser Vorträge*, p. 124.

사물의 한 면을 '초과'하여 다른 면들까지 지향함을 뜻한다. 그러나 타인 경험과 사물 경험에는 결정적 차이가 있다. 사물의 보이지 않는 면을 현재 보이는 면처럼 볼 가능성은 우리의 자유로운 운동 능력에 기초한 키네스테시스에 의거하여 늘 잠재해 있는 반면, 남의 마음이 나의 마음처럼 경험될 가능성은 원천적으로 봉쇄되어 있다는 것이다.

이때 내가 타자의 마음을 아는 방식을 후설은 이입감지(移入感知)와 쌍 짓기(Paarung)로 설명한다. 나는 타자를 이른바 '철학적 좀비'가 아니라 나와 같은 유형의 의식을 지닌 주체로 경험한다. 그러나 나의 의식을 내적으로 지각하는 것처럼 직접적 방식으로 타자의 의식을 지각할 수는 없다. 마치 사물의 가시적인 면만 본래적으로 경험하면서도 비가시적인 면들까지 비본래적으로나마 경험하여 사물 전체를 통각(通覺)하는 것과 마찬가지로, 나는 가시적인 남의 몸만 본래적으로 경험하면서도 비가시적인 남의 마음까지 비본래적으로나마 통각한다. 이때 나는 나의 몸(의 상태나 활동)과 나의 마음(의 상태나 활동)이 맺는 관계를 잘 알고 있으며, 이에 의거하여 타인의 몸(의 상태나 활동)과 모종의 관계에 있을 타인의 마음(의 상태나 활동)으로 "들어가 느끼는데(ein-fühlen)" 이것이 이입감(지)이다.

그러나 후설이 늘 강조하듯이, 이러한 이입감(지)은 일종의 능동적 종합인 유비 추론의 형태로 일어나는 것이 아니라, 근본적으로 수동적 종합의 한 형태인, 연상에 의한 쌍 짓기에 기초한다. '쌍(Paar)'이란 두 개의 원소로 이루어진 가장 단순한 형태의 집합인데, 후설은 특히 수동적 종합에 의해 두 개의 대상이 하나의 쌍이 되는 것을 쌍 짓기라고 한다. 이때 쌍을 이룬 두 대상 사이에서는 한 대상의 의미가 다른 대상으로 옮겨져 적용되는 '의미 전이(Sinnesübertragung)'가 일어난다.[13] 이것은 타자 경험의 문제에서 이러한 수동적 쌍 짓기는 나의 몸과 타자의 몸이 하나의 쌍을 이루어 나의 몸에 부여된 '신체'라는 의미가 타자의 몸으로 전이되는 것을 뜻한다. 이처럼 타자의 가시적인 '몸체'를 타자의 마음이 체화된 '신체'로 파악함으로써 타자의 마음에 접근하게 되는 것이다. 그런데 타자의 몸이 내 주위에 나타날 때마다 타자의 마음을 능동적으로 추론할 필요는 없다. 이러한 쌍 짓기는 자아의 발생 과정에서 언제부터인가 근원 설립되고, 거듭 반복되고, 침전되어 이미 일종의 '제2의 자연'으로 습관화되어 있다. 따라서 타자의 몸이 나타날 때마다 이러한 쌍 짓기에 의해 연상적으로 타자의 마음이 환기되는 것이다.

그렇다면 이는 타자를 자아에 의해 구성되는 이차적 존재로, 혹은 타자를 자아와 유사한 모사물로 격하하는 것이 아닌가? 그러나 이러한 분석에서 도입한 원초적 환원은 일종의 방법론적 환원일 뿐이다. 이는 타인의 마음이 내게 주어지는 타당성이, 나의 마음이 내게 주어지는 타당성을 토대로 함을 통찰하는 정적 현상학의 분석이다. 따라서 이러한 견지에서 원초적 환원을 통해 상호주관성을 해체한 후에 원초적 영역에서의 이입감에 의거하여 이를 다시 구축하는 이러한 분석은 구체적인 전체로서의 타자 경험 중에서 상호주관성을 사상하는 추상적이고 정적인 분석일 뿐이다. 나아가 이는 타자를 이차적 존재로나 나의 모사물로 격하하는 것이 아니다. 오히려 후설이 되풀이하듯이, 만약 나 자신이 내게 주어지는 방식으로 타자도 내게 주어질

---

13 Husserl(1950), *Cartesianische Meditationen und Pariser Vorträge*, p. 142.

수 있다면 이는 이미 타자가 아니라 나 자신일 것이다. 따라서 그렇게 할 수 없음이 곧 타자 경험의 본령이자 타자를 타자이게끔 하는 것이다. 즉, 여기에서 나는 타자를 '내가 아니며 나일 수도 없는 어떤 것'으로 경험하는 것이다.

이제 상호주관성에 관련된 두 가지 문제 중 상호주관적 세계 구성의 문제를 살펴보자. 환원의 원칙에 기초할 때, 이른바 객관적 세계, 즉 주체에 선행하며 주체로부터 독립적인 객관적 세계의 존재는 판단 중지 되어 일단 연구의 맥락에서 '괄호로 들어간다(einklammern).' 그렇다면 현상학의 문제는, 우리가 생활세계에서의 자연스러운 태도로 상정하는 '하나의' 객관적 세계는 어떻게 가능한가라는 문제, 즉 객관적 공동 세계의 초월론적 구성을 해명하는 문제이다.

여기에서 유념할 것은 후설의 현상학에서 '객관성'은 '주관성'으로부터 절대적으로 독립해서 존재하는 실체라는 전통적인 의미에서 벗어난다는 것이다. 후설의 현상학에서 객관성은 어떤 대상 혹은 객체가 다양한 주관성에 대해 하나의 통일체로 드러남을 뜻한다. 먼저 개별주관성의 차원에서 예를 들어 보자. 내가 과거에도 읽었던 책을 지금도 읽고 있다면 이 두 개의 주관적 작용(과거의 읽기, 지금의 읽기)은 하나의 동일한 객체(책)를 지향하며, 따라서 다양한 주관적 작용에 대해 하나의 동일한 객관성이 성립한다. 나아가 상호주관성의 차원에서 보면, 내가 이 책을 읽고 있는 지금, 동료도 이 책을 읽고 있다면 이두 개의 개별 주관성은 하나의 동일한 대상을 지향하며, 따라서 공동주관성에 대해 하나의 동일한 객관성이 성립한다. 이러한 지향성 원칙에 기초할 때, 대상들의 총체로서의 하나의 객관적 세계는 결국 의식에 객관적인 것으로 주어지는 세계인데, 이때 객관적 세계는 개별

주관성으로서의 나의 의식만이 아니라 공동주관성 혹은 상호주관성으로서의 우리의 의식에 주어진다. 요컨대, 주관으로부터 독립적이라는 의미의 객관적 세계가 환원 원칙에 의해 이미 그 타당성을 상실하였다면, 지향성 원칙에 의거해 상호주관성(노에시스)과 상관적이라는 의미의 객관적 세계(노에마)만 현상학적으로 유관한 객관성이된다.

이입감에 의해 구성되는 타자들은 각각 세계를 구성하는 '초월론적 타자'이며, 나와 이 타자들이 하나의 세계를 공동으로 구성한다. 여기서 타자란 단지 '정상적 성인'뿐 아니라, 후설이 '경계 문제(Grenzproblem)' 혹은 '가장자리 문제(Randproblem)'라고 명명한 영유아, 광인, 이방인 등까지,[14] 나아가 의식을 지닌 주체인 비인간 동물이나 미래에 등장할지도 모를 이른바 강(强)인공지능 등 이러한 초월론적 타자까지 포함한다. 발생적 현상학의 관점에서 '정상성(Normalität)'은 '비정상성들'이라는 '이전 단계들'을 밟아 발생한 것이며, 나아가 이러한 비정상성은 정상성의 중층적 구조에 있어 '하부 층위들'을 이루고 있다. 또한 이러한 비정상성은 각자 자기 관점에서는 모두 정상성으로서 하나의 세계를 구성하는 데 동등하게 참여한다. 이러한 의미에서 각각 고유한 발생 단계들과 구조 층위들을 지니는 초월론적 주체들, 즉 초월론적 단자(單子, Monad)들은 세계를 반영할 뿐 아니라 타자들도 반영하는 '창'을 지니며, 이러한 창을 통해 상호 교섭하면서 하나의 세계를 공동 구성한다.

---

14 Husserl(2008), *Die Lebenswelt. Auslegungen der vorgegebenen Welt und ihrer Konstitution. Texte aus dem Nachlass (1916-1937)*, pp. 477, 875.

1부 두 원천의 현상학자

이러한 초월론적 의미에서의 상호주관성이 구체적으로 어떻게 하나의 객관적 세계를 구성하는가를 탐구하려면 초월론적 사회학이 필요하다. 이것은 개별 사회들이나 사회 일반의 구조를 경험적 방법으로 다루는 사회학과는 달리, 상호주관성이 하나의 공동 주체로서 하나의 객관적 세계를 구성하는 방식의 '본질'에 대한 연구인 것이다. 우리가 철학적 회의주의가 아니라 생활세계에서 살아가는 자연스러운 태도를 견지한다면, 각 주체가 그 주체의 수만큼 많은, 각각 다른 세계에서 산다고 여기지 않고, 하나의 세계에서 함께 살아간다고 믿는다. 이러한 우리의 일상적 관념이 철학적 회의주의에 의해 충분히 의문시될 수 있지라도, 초월론적 현상학의 일차적 관심은 우리의 이러한 일상적 믿음이 '대체 어떻게 가능한가'를 기술하는 데 있다. 이런 의미에서 현상학은 일단 이러한 믿음에 대한 정당화라기보다는 이러한 믿음이 어떻게 일어나고 있는가에 대한 기술이라고 할 수도 있을 것이다. 이처럼 우리가 더불어 살아가는 하나의 공통 세계는 생활세계라고 불리는 후설 현상학의 주요 개념 중 하나이다.

6. 생활세계

생활세계(Lebenswelt)는 후설 현상학의 주요 개념 중에서도 후대의 철학 및 인문학과 사회과학 등에 가장 큰 영향을 끼친 개념이다. 이후 많은 학자가 이 개념을 차용하였으나 그 의미와 맥락은 매우 다채롭다. 그뿐 아니라 후설 자신에게서도 생활세계는 전기부터 후기에 이르기까지 다양한 명칭과 의미를 가지고 등장한다. 그러나 이 용어는 한마디로 우리가 함께 살아가며 체험하는 일상적인 세계라는 의미를 지닌다.

생활세계(Lebenswelt)

우리가 일상적으로 살아가는(leben) 세계(Welt)로서 과학적 세계의 토대를 이루는 세계이자, 거꾸로 과학적 세계의 산물이 유입되는 세계이기도 하다. 이 개념은 과학적 세계의 월권에 대한 비판적 의미와 동시에, 초월론적 현상학으로 가는 길목이라는 방법론적 의미도 지닌다.

후설이 이러한 생활세계의 의의를 강조하게 된 배경은 『유럽 학문의 위기와 초월론적 현상학』에 잘 드러나 있다.[15] 이 저서를 집필하던 1930년대 유럽은 1차 세계대전의 악몽이 채 가시기도 전에 다시 2차 세계대전의 전운이 드리워진 전간기(戰間期)에 있었으며 이른바 '위기'나 '몰락'의 담론이 풍미하고 있었다. 그러나 후설에게서 특유한 점은 이러한 사회문화적 위기의 진원을 바로 학문, 특히 철학의 위기에서 찾았다는 것이다. 당대의 유럽 학문에 팽배했던 실증주의, 자연주의, 객관주의, 과학주의 등 때문에 문명 자체가 위기에 처해 있다고 진단한 것이다. 특히 자연과학의 눈부신 발전과 성과는 그 자체로 바람직

---

15 생활세계 개념에 대해서는 특히 다음을 참조하라. Husserl(1962), *Die Krisis der europäischen Wissenschaften und die transzendentale Phänomenologie. Eine Einleitung in die phänomenologische Philosophie*, 3부 A장.

하지만 애석하게도 자연과학적 방법을 다양한 학문의 유일한 방법론으로, 나아가 일상생활의 유일한 규준으로 받아들이는 경향을 낳았다. 여기에서 유의할 점은 후설이 자연과학 자체의 참됨과 유용성을 부인한 것이 아니라는 것이다. 후설은 다만 자연과학이 과학으로서 자신의 탐구 범위를 벗어나는 월권을 행사하는 것, 즉 모든 학문과 일상생활의 유일무이한 규준이자 방법론임을 참칭하는 어떤 형이상학적 입장을 취하는 것을 날카롭게 비판하였을 뿐이다. 바로 여기에서 생활세계 개념이 중요한 위치를 차지한다.

후설은 생활세계를 과학적 세계와 대질한다. 후설에게는 생활세계가 과학적 세계를 잉태하였으며, 발생의 맥락과 타당성의 맥락(과학철학의 개념으로는 발견의 맥락과 정당화의 맥락) 모든 방면에서 보다 근원적인 세계이다. 그런데 과학주의에 의해 이 관계가 전도된다. 이러한 과학주의는 이른바 '에딩턴의 두 책상' 논의에서 극적으로 드러난다. 이에 따르면 우리가 손을 올려놓고 글을 쓰는 생활세계의 책상과, 원자들과 그 사이에 빈 공간으로 이루어진 물리학의 책상 중에서 후자가 더 실재적이다.[16] 당대를 풍미하던 이러한 과학적 실재론은 과학적 세계를 보다 근원적인 세계, 나아가 실재로 상정하고, 이에 비해 우리가 체험하는 생활세계는 한낱 파생적인 세계, 나아가 일종의 가상으로 간주하는 경향을 보였다.

이에 따르면 곧 생활세계의 지식은 한낱 주관적이고 상대적이고 대략적인 의견, 즉 독사(doxa)에 불과하며, 과학적 세계의 지식이야말

---

16 셀라즈(Wilfrid Sellars)의 표현에 따르면, 현시적 이미지와 과학적 이미지 중에서 후자가 더 실재적이다.

로 객관적이고 보편적이고 정확한 지식, 즉 에피스테메(episteme)의 지위를 누린다.[17] 여기서 후설은 생활세계의 이른바 독사의 복권을 역설하면서, 독사야말로 에피스테메보다 근원적이며 그 모태가 되는 것임을 역설한다. 나아가 과학적 세계의 관점, 특히 세계를 수학적 이념의 집합으로 환원하는 이념화(Idealisierung)가 생활세계에 이른바 "이념의 외피(Ideenkleid)"를 덮어씌웠으며, 모든 것을 양화하고 계측하는 과학적 세계의 방법론이 생활세계에 '유입'되어 생활세계를 지배하고 있고, 이것이야말로 위기의 근본적 원인이라고 진단한다. 이에 의해 세계는 (상호)주관적 삶(Leben)에 관계된 생활세계(Lebenswelt)라는 의미를 잃고, 이러한 세계 속에서 우리는 자유롭고 책임을 지닌 주체로서 살아 나갈 가능성을 잃는 것이다.

이 같은 위기를 진단하면서 후설은 초월론적 현상학의 최고의 목표를 과학적 세계의 파괴적 전횡으로부터 벗어나 생활세계를 복권하는 것(생활세계로의 환원에 의한 생활세계 존재론을 확립하는 것), 그리고 이를 넘어서 초월론적 상호주관성에 상관적인 세계라는 생활세계의 의미를 밝히는 것(초월론적 환원에 의한 초월론적 현상학을 확립하는 것)에 두었다. 따라서 후기 후설의 초월론적 현상학은 중기의 '데카르트적 길'과는 달리, '생활세계를 통한 길'을 통해 초월론적 주체의 해명으로 나아가는 것이다.

이러한 비판을 통해 후설은 초월론적 주체의 자유와 자기 책임(Selbstverantworung)에 근거하여 '인간성의 쇄신'을 추구하는 현상학적

---

17 Husserl(1962), *Die Krisis der europäischen Wissenschaften und die transzendentale Phänomenologie. Eine Einleitung in die phänomenologische Philosophie*, p. 127.

후설 부부의 이름이 새겨진 명판(© Andreas Schwarzkopf)

윤리학을 발전시켜 나갔다.[18] 이러한 현상학적 윤리학은 후설 현상학의 본래 동기, 즉 이성 비판을 통해 엄밀한 인식과 학문을 수립하고 이러한 진리와 명증에 기초한 참된 삶을 추구한다는 동기를 더욱 발전시킨 결과였던 것이다. 이는 후설 현상학이 지닌 실천적이고 비판적인 면모를 잘 보여 주는 것이다.

2021년을 기준으로 본 총서 43권(분책 포함 48권), 자료 총서 9권, 기록 총서 4권(분책 포함 13권) 등 총 56권(분책 포함 70권)으로 출간된 『후설 전집』은 후설 철학에 대한 새로운 관점과 해석을 가능하게 하고 있다. 이를 통해 특히 후설의 후기 철학의 성격, 그리고 전기 및 중기 철학과의 관계에 대한 다양한 관점과 토론이 개진되었다. 특히 미발간 유고들이 속속 발간되면서 후기 철학이 전기, 중기 철학과 긴밀한 관

---

18 Husserl(1959), *Erste Philosophie (1923/24). Zweiter Teil: Theorie der phänomenologischen Reduktion*, p. 197.

련을 맺으며 발전되어 왔음이 밝혀지고 있다. 그러므로 이 글에서는 후기 연구의 독자성에 초점을 맞추어 서술했음에도 불구하고 후설 철학은 전기, 중기, 후기를 통틀어서 어떤 연속성을 지니고 있음이 분명해졌다. 가령 과거에는 상호주관성에 대한 연구가 후설의 후기에 처음 등장한 것으로 간주되었으나, 이제 초기 연구에서부터 이미 치밀하고 심도 있게 전개되어 왔음이 드러난 것이다. 따라서 편의상 전기, 중기, 후기로 구분함이 나름의 정당성이 있음에도 불구하고, 후설 철학 전체를 이러한 역사적 관점뿐 아니라 체계적이고 구조적인 관점에서 통일적으로 바라보는 것이 더욱 중요하다고 하겠다.

참고
문헌

1. 에드문트 후설의 저서

Husserl, Edmund(1950), *Cartesianische Meditationen und Pariser Vorträge*, hrsg. von S. Strasser, Den Haag: Martinus Nijhoff.

_____(1952), *Ideen zu einer reinen Phänomenologie und phänomenologischen Philosophie. Zweites Buch: Phänomenologische Untersuchungen zur Konstitution*, hrsg. von Marly Biemel, Den Haag: Martinus Nijhoff.

_____(1959), *Erste Philosophie (1923/24). Zweiter Teil: Theorie der phänomenologischen Reduktion*, hrsg. von Rudolf Boehm, Den Haag: Martinus Nijhoff.

_____(1962), *Die Krisis der europäischen Wissenschaften und die transzendentale Phänomenologie. Eine Einleitung in die phänomenologische Philosophie*, hrsg. von Walter Biemel, Den Haag: Martinus Nijhoff.

_____(1966), *Analysen zur passiven Synthesis. Aus Vorlesungs- und Forschungsmanuskripten (1918-1926)*, hrsg. von Margot Fleischer, Den Haag: Martinus Nijhoff.

_____(1966), *Zur Phänomenologie des inneren Zeitbewußtseins (1893-1917)*, hrsg. von Rudolf Boehm, Den Haag: Martinus Nijhoff.

_____(1973), *Ding und Raum. Vorlesungen 1907*, hrsg. von Ulrich Claesges, Den Haag: Martinus Nijhoff.

_____(2001), *Die ‚Bernauer Manuskripte' über das Zeitbewußtsein (1917/18)*, hrsg. von Rudolf Bernet, Dieter Lohmar, Dordrecht: Springer.

_____(2006), *Späte Texte über Zeitkonstitution (1929-1934). Die C-Manuskripte*, hrsg. von Dieter Lohmar, Dordrecht: Springer.

_____(2008), *Die Lebenswelt. Auslegungen der vorgegebenen Welt und ihrer Konstitution. Texte aus dem Nachlass (1916-1937)*, hrsg. von R. Sowa, Dordrecht: Springer.

2. 관련 참고문헌

Bernet, Rudolf(2002), "Die neue Phänomenologie des Zeitbewußtseins in Husserls Bernauer Manuskripten", in *Die erscheinende Welt: Festschrift für Klaus Held*. Hrsg. von Heinrich Hüni, Berlin: Duncker & Humblot (Philosophische Schriften; 49).

김기복(2010), 「후설에서의 습관성 개념」, 『철학과 현상학 연구』 44, 한국현상학회.

김태희(2014), 『시간에 대한 현상학적 성찰』, 필로소픽.

이남인(2012), 「현상학적 환원과 현상학의 미래 ― "현상학적 환원의 현상학"을 위한 하나의 기여」, 『철학과 현상학 연구』 54, 한국현상학회.

_____(2013), 『현상학과 해석학』, 서울대학교출판문화원.

4장

하이데거 전기:
역사적 '현존재' 개현의 현상학

하피터
경희대학교 체육대학원

"

인간의 '본질'은
그의 실존에 있다.

"

1. 하이데거의 생애

프라이부르크대학에서 행한 수많은 서양 철학자들에 관한 강의에서 하이데거는 그들의 사상을 분석하는 데 큰 비중을 두었던 반면, 그들의 삶에 대해서는 별로 관심을 기울이지 않았다. 〈아리스토텔레스 강의〉에서 그는 아리스토텔레스의 삶에 대해 다음과 같이 간단하게 설명한다.

"그는 태어났고, 철학을 했으며, 죽었다."

하이데거가 아리스토텔레스의 삶에 관해 이처럼 간단하게 말한 이유는 그의 삶과 철학 사상이 무관하다고 생각했기 때문이다. 하지만 하이데거의 삶은 아리스토텔레스의 삶처럼 간단하게 기술될 수 없다. 왜냐하면 1차 세계대전과 러시아의 공산주의 혁명, 그리고 독일 국가사회주의 등장과 같은 유럽의 격동기를 겪은 하이데거는 굴곡진 삶을 살았으며, 이러한 삶과 그의 철학 사상이 밀접한 연관을 맺고 있기 때문이다.

하이데거는 1889년 메스키르히의 한 소박한 가정에서 장남으로 태어났다. 성당의 집사 일을 맡고 있었던 그의 아버지는 하이데거를 장차 위대한 철학자로 교육시킬 수 있는 경제적 여력이 없었다. 하지만 일찍부터 하이데거가 비범한 학생이라는 것을 알아본 주교는 교회의 장학금을 제공하면서 하이데거를 유명한 콘스탄스 김나지움에서 교육받도록 하였는데, 장학금의 조건은 하이데거가 졸업 후에 예수회 신부가 되는 것이었다. 따라서 하이데거의 첫 연구는 철학이 아니라 가톨릭 신학이었고, 신학 공부를 통해 그는 성경뿐만 아니라 중세철학과 신학에 관해서도 정통한 전문가가 된다. 그러나 하이데거는 1911년 신학부 과정을 포기하고 학문의 방향을 철학으로 전환한다. 1915년에 교수자격 논문을 마친 하이데거는 1917년에 개신교 신자인 엘프리데 페트리(Elfride Petri)를 만나 결혼한다. 2년 후에 가톨릭교회를 떠난 하이데거는 개신교 신학의 연구에 몰두한다. 1918년부터 하이데거는 『루터 전집』뿐만 아니라 그 당시 유행했던 개신교 신학저서들을 탐독하기 시작한다. 특히 자유주의 신학자들이 노는 놀이터에 폭탄을 던졌다고 평가되는 카를 바르트(Karl Barth)의 『로마서』로부터 깊은 영향을 받는다. 그는 후에 이와 같은 신학적인 바탕이 없었더라면 근대 철학적 사유가 망각한 존재 사유의 길에 이르지 못했을 것이라고 고백한다.

1933년 선거에 승리한 국가사회주의당은 내각을 장악하여 히틀러를 국가의 총통으로 임명한다. 그해 5월에 하이데거는 국가사회주의당의 도움을 받아 프라이부르크대학 총장에 임명됐지만 5개월 만에 그만두었다. 왜냐하면 보수주의를 지향한 하이데거는 국가사회주의를 당시 정치 영역에서 가장 큰 영향력을 행사했던 소련식 공산주의와 미국식 자유주의의 대안으로 생각했지만, 극단적인 극우 정책을 경험하면서 국가사회주의가 지향하는 사상은 진정한 보수주의가 아니라는 것을 자각했기 때문이다. 하지만 그 후에도 국가사회주의를 적극적으로 부정하지 않고 오히려 우호적인 발언을 했기 때문에 그의 철학은 나중에 영미 철학자들에 의해 적극적으로 부정된다. 설(John

Searle)은 "영미 전통에 몸담고 있는 대부분의 철학자는 최선의 경우 하이데거가 몽매한 얼간이에 불과하거나, 아니면 최악의 경우 회개하지 않은 나치에 불과하다고 생각하는 것 같다"라고 말한다. 1944년 독일이 연합군에 항복을 선언하면서 국가사회주의당은 해체된다. 이와 더불어 국가사회주의당에 협력한 혐의를 받은 하이데거는 대학에서 더 이상 강의할 수 없게 되어 교수직을 사임한다. 이때 그의 나이는 55세였다. 전쟁이 끝난 후에 프라이부르크대학에 복직해서 명예를 회복하지만, 1951년에 완전히 교수직에서 물러나기로 결심한다.

1976년에 하이데거는 사망했으며, 장례식은 그의 고향인 메스키르히에서 그의 요구에 따라 가톨릭 방식으로 치러졌다. 그가 죽은 날 『프랑크푸르트 신문』은 다음과 같은 기사로 하이데거의 업적을 칭송한다.

"20세기의 가장 위대한 철학자로 간주되는 하이데거의 저술 속에 2,500년 서양 철학의 사유가 들어 있다."

2. 하이데거 『존재와 시간』의 근본 사상

① 『존재와 시간』이 철학사에서 갖는 위치

하이데거의 대표작인 『존재와 시간』은 많은 사람에게 철학의 고전으로 간주된다. 서양 철학사에서 한 철학자의 책이 고전으로 인정되는 가장 큰 이유는 그 책이 한 시대에서 다른 시대로 넘어가는 '전환점'을 이루기 때문이다. 예를 들어 플라톤의 새로운 철학적 사유가 집약된『국가』를 읽은 후에 우리는 더 이상 이전의 사유 양식인 '신화적 사유'로 되돌아갈 수 없고, 데카르트의『성찰』을 읽은 후에 우리는 모든 것의 근거는 '절대 신'에 있다고 주장하는 신학적 사유에 머무를 수 없다. 마찬가지로 하이데거의『존재와 시간』이 현대 철학의 고전으로 간주되는 이유는, 1927년에 출판된 이 책이 고대로부터 내려오는 서양 존재론 또는 형이상학의 역사를 하이데거 이전과 이후로 구획할 만한 큰 역사적 전환점을 마련했기 때문이다. 다시 말해서 하이데거의 '실존론적 사유'에 의해 처음으로 확립된『존재와 시간』을 접한 후에 우리는 더 이상 그 이전에 존재했던 사유 방식으로 세계를 바라볼 수가 없다. 먼저『존재와 시간』이 왜 철학적 사유를 하이데거 이전과 이후로 가르는 전환점을 마련하는지를 살펴보기로 하겠다.

『존재와 시간』에서 하이데거는 서양 철학 사상의 핵심 개념인 이성을 의도적으로 거부한다. 그는 특히 계몽시대 이후에 서양 사상을 지배한 '이성의 빛'을 통해 인류의 역사가 발전할 수 있다는 낙관적인 신념에 이의를 제기한다. 그런데 이성에 대한 문제 제기는 또한 진리에 대한 문제 제기이기도 하다. 왜냐하면 전통 철학자들은 진리가 오직 이성에서만 드러난다고 주장하기 때문이다. 그러므로 만약에 현존재 분석에서 이성이 거부된다면, 지금까지 이성을 통해 드러난 진리 또한 받아들여지지 않는다. 하이데거가 자신의 철학 사상에서 보여 주고자 하는 것은 지금까지 절대적인 진리라고 믿었던 것이 허위일 수도 있다는 점이다. 그리고 그는 이러한 전통 이성 개념과 진리 개념에 대한 문제 제기를 통해 이성에 의해 역사가 진보한다는 계몽주의 철학과 거리를 둔다.

하이데거가 철학에 입문할 시기에 독일 철학계에서는 상호대립하는 여러 사상이 혼재했다. 그런데 비록 서로 대립되는 사상일지라도, 이 사상들은 하나의 공통적인 전제를 공유하고 있다고 볼 수 있다. 이 공통적인 전제란 바로 '인간의 역사는 보다 나은 세계로 진보하고 있다'는 사상이다. 관념론과 이에 반대하는 유물론 역시 각자의 철학적 형식은 다르지만 모두 정신이 진보하고 발전한다는 헤겔적인 사유를 자명한 것으로 받아들인다. 헤겔은 파르메니데스에서 시작하여 근대 계몽주의 철학을 거쳐 자신의 절대 관념론에 이르는 서양 철학사의 본질이 정신의 발전 속에서 발견될 수 있음을 강조한다. 더 나아가 그는 이러한 정신의 진보와 발전이 서양 근대에서 정점에 이른다고 보았다. 헤겔 이후에 대다수의 철학자도 인간의 역사는 '정신(이성)'의 활동에 의해 필연적으로 진보한다는 낙관주의를 받아들이며, 철학의 임무는 이러한 정신의 원동력, 즉 이성의 힘을 파악하는 것이라 생각했다.

그러나 하이데거는 근대 철학 사상에서 정점에 이른 진보 사관과 이성에 기초한 낙관주의에 대해 처음으로 이의를 제기한다. 그는 그의 전 시대나 동시대 철학자들이 '합리주의', '자유주의' 그리고 '사회주의'와 같은 이론을 통해 주장한 역사 진보에 대한 낙관주의를 신봉하지 않는다. 그리고 근대 철학자들이 주장하는 역사의 진보는 허구라는 사실을 보여 주기 위해 『존재와 시간』에서 인간의 '역사성'에 관해 분석하는데, 이 분석에서 그는 존재 역사의 '발전'보다는 '망각'과 '몰락'을, 그리고 이성의 '완성'보다는 '해체' 또는 '퇴락'을 역설한다. 더 나아가 그는 인간의 역사성에서 '실현된 가능성'보다는 '절대로 실현될 수 없는 가능성'을, 그리고 역사의 '종결'보다는 역사의 '열림' 또는 '반복'을 핵심 개념으로 삼는다. 기초존재론에서 하이데거가 '정신의 활동은 어떤 궁극적인 목적을 향해 진보한다'는 사실을 거부한다는 점은 『존재와 시간』의 독특한 끝맺음에서도 볼 수 있다.

잘 알려진 바와 같이, 『존재와 시간』은 "**시간** 자체가 **존재**의 지평으로서 드러나는가?"[1]라는 질문으로 끝을 맺는다. 이 질문에 대한 답은 하이데거에 의해 결코 제시되지 않았기 때문에, 『존재와 시간』은 '미완성'의 책으로 남는다. 서양 철학사에서 중요한 저서가 미완성으로 남아 있는 경우는 이제까지 없었다. 정신의 발전 과정이 완결점을 향해 나아간다고 믿는 전통 철학자들은 자신들의 사상을 '서론', '본론' 그리고 '결론'으로 끝을 맺지만, 정신이 어떤 목적지를 향해 발전한다는 것을 거부하는 하이데거는 자신의 주저인 『존재와 시간』을 '미완성'으로 남긴다. 서양 철학사에서 미완성으로 남아 있는 책이 위대한 책으로 간주되는 경우는 『존재와 시간』이 유일하다. 상술한 바와 같이, 『존재와 시간』이 서양 철학사에서 '전환점'이 되는 이유는 이 책의 출판으로 인해 철학 사상이 처음으로 절대적인 이성에 입각해 역사가 진보한다고 믿는 하이데거 이전의 사상과 역사 진보를 거부하는 하이데거 이후의 사상으로 나뉘기 때문이다.

② 인간에 대한 새로운 규정으로서의 현존재

1927년에 출간된 『존재와 시간』에 대해 발터 슐츠(Walter Schulz)는 이렇게 평가한다.

"20세기 유럽 철학 사유는 이제부터 『존재와 시간』 이전과 이후로 나

---

1   강조는 하이데거 본인에 의한 것.

누어진다."

『존재와 시간』에서 하이데거가 추구하는 것은 존재의 의미를 전통 존재론적 사유와는 다른 방식으로 해명하는 것이다. 그리고 이 해명은 하나의 조건, 즉 존재가 드러나는 지평을 전제로 하는데, 하이데거에게서 이 지평은 바로 인간 현존재(Dasein)를 의미한다. 그에 따르면 모든 존재자 중에 유일하게 인간(현존재)만이 존재 이해를 가지고 있기 때문이다. 따라서 존재 의미를 탐구하는 하이데거의 기초존재론은 일차적으로 이 존재를 이해하고 있는 인간 현존재의 실존적인 분석에서 시작한다.

존재 물음을 하이데거가 인간 현존재 분석에서 시작하는 이유는 그의 존재 탐구 또한 칸트의 초월론적(선험적) 철학의 연장선에 있기 때문이다. 칸트는 비판철학에서 존재의 지평 ―칸트는 이 용어를 사용하는 대신에 '대상의 가능 조건'이라는 표현을 쓴다― 을 확립하고자 한다. 그리고 그는 존재의 지평을 코페르니쿠스적인 전환을 통해 대상적 차원에 있는 존재자에서가 아니라 인간 주체에서 찾으며, 이러한 자신의 철학을 '초월론적(선험적)' 철학이라고 부른다. 하이데거 역시 칸트에서 후설 현상학까지 전해 내려온 초월론적(선험적) 방법을 따르기 때문에 존재의 의미를 존재 그 자체에서가 아니라 인간 현존재에서 찾지만, 현존재 분석에서의 초월론적 방법은 칸트가 말하는 방법과는 근본적으로 구분된다.

『존재와 시간』에서 하이데거는 인간의 본질을 '현존재' 개념을 통해 새롭게 규정한다. 서양 전통 철학, 특히 근대 철학에서 인간의 본질은 '이성' 또는 '의식'에서 찾아졌지만, 하이데거에 따르면 의식은 인간을 규정함에 있어서 근원적인 개념이 아니다. 그는 인간의 근원적 토대가 '의식-존재(Bewußt-sein)'에 선행하는 '현-존재(Da-sein)'에 놓여 있다고 주장하는데, 용어 '현존재'는 (사회적) 세계 속에 거주해 있는 것을 의미한다. 따라서 현존재에 바탕을 두고 있는 하이데거의 초월 론적 방법은 칸트가 주장한 '의식-존재'에 방향 잡힌 코페르니쿠스적 전회의 전도에 기반을 두고 있다. 현존재 개념에 대한 이전의 철학적 논의를 살펴볼 때, 이 개념은 한편에서 인본주의를 표방하는 사르트 르 실존철학과의 관련성 속에서 '인간'을 의미하는 것으로 해석되었 으며, 다른 한편에서는 인간과는 무관한 존재가 드러나는 '지평' 또는 '장소(Da)'로만 이해되었다. 이러한 두 가지 해석의 난점을 피하기 위 하여 우리는 위에 설명한 '초월론적 방법'에 주목해야 한다. 다시 말 해 현존재는 인간을 지칭하지만 동시에 인간이 서 있는 존재 지평을 의미하기도 한다. 그렇기 때문에 현존재는 단순히 인간학적인 범주 로만 이해되어서는 안 된다.

하이데거에 따르면 서양 전통 형이상학은 인간을 이성적인 동물로 정의하는데, 이와 같은 정의에서 인간의 본질은 근본적으로 자연 세 계에 있는 '동물성(animalitas)'의 관점에서 규정된다. 그런데 하이데거 가 현존재를 인간과 결부시킬 때, 그가 말하는 인간은 결코 '이성적인 동물'로서의 인간이 아니다. 이와 달리 현존재는 사회적 세계에 거주 하는 '인간적인 인간(homo humanus)'으로 규정된다. 왜냐하면 라틴어에 서 용어 '인간(humanus)'은 'humus'에서 파생되었는데, 'humus'는 현존 재가 거주하는 세계의 토대를 제공하는 '경작된 땅'을 의미하기 때문 이다. 하이데거는 전통 형이상학이 인간을 이성(ratioanalitas) 또는 동물 성(animalitas)의 관점에서만 접근했기 때문에 인간의 고유한 본질에서 드러나는 존재의 의미를 간과했다고 지적한다. 현존재에 의해 새롭게 규정된 인간의 본질은 '탈-의식적인' 인간의 실존 개념을 통해 보다 분명하게 이해될 수 있다.

③ 현존재와 실존

하이데거는 현존재 ―직역하자면 '거기에 있음'― 의 고유한 본질을 '실존'에서 찾는다.

> "인간의 '본질'은 그의 실존(Existenz)에 있다."
>
> ― 『존재와 시간』, 67쪽

일반적으로 '실존'이란 보편적인 본질과 대비되어 어떤 존재자가 시간과 공간 속에서 구체적으로 실재하는 존재 방식을 의미한다 따라서 전통 철학에서 '실존'과 '있음(ist)'은 동일한 개념으로 간주된다. 그러나 하이데거에게 인간만의 존재 방식을 지칭하는 '실존'은 '있음'과 엄격하게 구분된다.

> "실존하는 존재자는 인간뿐이다. 인간만이 실존한다. 바위들은 있다. 그러나 그들은 실존하지 않는다. 나무들은 있다. 그러나 그들은 실존하지 않는다. 말들은 있다. 그러나 그들은 실존하지 않는다.
>
> Das Seiende, das in der Weise der Existenz ist, ist der Mensch. Der Mensch allein existiert. Der Fels ist, aber er existiert nicht. Der Baum ist, aber er existiert nicht. Das Pferd ist, aber er existiert nicht."
>
> ― *Was ist Metaphysik?*, p. 16

여기에서 언급되는 '있음'은 사물이 지금 주어진 현재성에 매몰되어 존재하는 방식을 의미하며, 이러한 방식은 '실재성(Realität)'으로 표현된다. 그러나 현존재 분석에서 강조되는 '실존'은 단순히 실재성을 지시하는 것이 아니다. 이와 달리 '실존'은 현재에 주어지는 '있음' 또는 실재성에 갇혀 있는 것이 아니라, 오히려 이 '있음'의 '바깥'에 존재하는 방식을 뜻한다. 그리고 이 '있음'의 바깥은 다름 아닌 '가능성'의 영역이다.

전통 존재론에서 '있음'은 '현실성'으로도 표현된다. 한 예로 '바위가 있다'라는 명제는 바위가 지금 경험되는 현실적인 세계에 주어져 있다는 것을 의미한다. 하지만 앞에서 지적한 바와 같이 실존하는 인간은 '있음'의 영역 바깥에 존재하기 때문에 현실성에만 머물러 있지 않다. 하이데거에게 '현실성'의 바깥은 '가능성'의 영역이다. 이렇게 볼 때 '실존', 즉 '있음의 바깥'은 다르게 표현하여 '현실성의 바깥에 존재하는 가능성'을 의미한다. 그리고 인간이 가능성의 영역에 열려 있는 이유는 시간성에 기초해 있는 인간의 '실존'은 미래를 향해 열려 있기 때문이다. 달리 표현하면, 인간 존재는 이미 기성화되고 현실화된 존재가 아니라 항상 가능성을 향하여 나아가는 '가능 존재(Sein-können)'이다. 하이데거는 미래로 향해 있는 이와 같은 인간의 실존 양식을 '기투(企投, Entwurf)'라고 부른다. 하지만 가능성의 영역에 기초한 인간의 기투는 세계와 무관한 채 허공에서 이루어지는 것이 아니다. 인간의 기투는 본질적으로 세계 또는 상황에 뿌리박혀 있다. 이를 하이데거는 '던져짐(Geworfenheit)'이라고 규정한다. 따라서 하이데거에게 인간의 기투는 언제나 세계에 던져져 있으면서 미래로 나아가는 것을 나타낸다. 결과적으로 모든 존재자 중에 인간만이 실존의 존재 방식을 가지고 있다는 것은 인간만이 현실성으로부터 벗어나 가능성의 세계와 관계한다는 사실을 보여 준다.

하이데거에서 인간의 '실존'은 '있음의 바깥' 외에 다른 의미를 함축하고 있다. 인간의 '실존'은 또한 '사유의 바깥'을 의미한다. 데카르트 철학 이래로 인간의 본질은 사유에서 파악되며, 이 사유는 외부 세계에 있는 모든 존재자를 내면적인 의식으로 귀속시킨다. 그리고 데카르트의 철학을 이어받은 근대 철학적 사유는 이 같은 사유를 극대화한다. 결국 사유를 근본적인 토대로 삼은 근대 철학에서는 객관적인 세계조차 사유에 의해 구성된 결과물이라고 간주한다. 따라서 모든 사물을 장악하여 내면적인 의식으로 환원하는 극대화된 사유에서는 의식 바깥에 있는 세계를 표현할 수 없다. 하이데거는 존재보다는 사유를 강조하는 데카르트의 명제에 이의를 제기한다.

> "그러나 이러한 '근본적인' 시작에서 규정되지 않은 채 내버려 둔 것이 있는데, 그것은 곧 레스 코기탄스(res cogitans), 즉 사유하는 사물의 존재 양식, 더 정확히 말해서 '나는 존재한다'의 존재의미이다."
>
> ─『존재와 시간』, 43쪽

더 나아가 하이데거에서 '코기코, 에르고 줌(cogito, ergo sum: 나는 생각한다. 나는 존재한다)'은 전도된다.

> "코기토 줌이 현존재에 대한 실존론적 분석론의 출발점으로서 기능한다면, 그 순서가 뒤바뀔 필요가 있다."
>
> ─『존재와 시간』, 285쪽

다시 말해 '나는 사유한다. 고로 존재한다'의 명제는 전도되어 '나는 존재한다, 그러므로 사유한다'로 바뀐다. 그리고 '나는 존재한다'는 사유의 영역으로부터 벗어나 있다. 왜냐하면 하이데거에 있어서 현존재의 실존은 의식으로부터 벗어나 세계 속에 존재하는 방식을 의미하기 때문이다.

④ 현존재의 세계 형성

앞 절에서 본 바와 같이, 인간은 실존을 통해 사유의 바깥에 존재하기 때문에 의식 안에만 머물지 않고 세계 속에 존재한다. 그래서 하이데거는 현존재가 본질적으로 '세계-내-존재'로 있다고 역설한다. 후설 또한 현상학에서 지향성을 통해 인간은 의식으로부터 벗어나 외부 세계와 관계를 맺는다고 주장한다. 그러나 여기서 지향성에 의해 구성된 세계는 추상적 오성에 의해 인식된 세계가 아니라 생활세계(Lebenswelt)로 규정되며, 이 생활세계의 명증성에서 인식의 토대가 마련된다는 사실에 유의할 필요가 있다. 하이데거의 세계 개념은 이러한 후설의 현상학적 세계 개념으로부터 깊은 영향을 받았다. 하지만 동시에 차이점도 존재한다. 후설과 마찬가지로 하이데거 또한 의식 이전의 전(前)주제적인 세계를 강조하지만, 그의 세계 개념은 직관에서 주어지는 지각(감성)의 활동에 주어지는 자연 세계가 아니다.

『형이상학의 근본 개념들』에서 하이데거는 실존적인 세계 개념을 다음과 같이 설명한다.

ⓐ 돌(물질)은 세계 없음(Weltlosigkeit) 속에 존재한다.
ⓑ 동물은 세계 빈곤(Weltarmut) 속에 존재한다.

ⓒ 인간은 세계 형성(Weltbildung) 속에 존재한다.

여기서 볼 수 있듯이, 살아 있는 인간과 동물만이 세계와 관계하는 반면, 살아 있는 생명체가 아닌 돌은 세계를 갖고 있지 않다. 그러므로 (생활)세계는 우선적으로 살아 있는 생명체에 의해 구성된 주위 세계(Umwelt)를 전제로 한다. 그런데 동물은 제한된 세계에 살고 있는 반면에, 인간은 자신을 제약하는 던져진 세계 속에 살면서 동시에 자신의 세계를 새롭게 형성해 나가는 존재이다. 예를 들면, 까치는 항상 동일한 방식으로 집을 짓지만, 인간은 역사성 속에서 다양한 삶의 양식에 기초한 건축양식을 추구한다. 여기서 주목할 점은 전통 철학자들은 인간 세계와 동물 세계의 차이점을 이성의 활동에서 찾았다는 사실이다. 이와 달리 하이데거에서 인간 세계와 동물 세계의 구분은 충동에 머물러 있는 자연적 세계와 억제된 충동에 의해 구성된 사회적 세계의 차이점에서 드러난다. 억제된 충동을 지니고 있는 현존재는 동물과는 다른 방식으로 세계와의 교섭을 통해 자신의 고유한 세계, 즉 역사적인 세계를 형성해 나간다.

충동에 각인되어 있는 테두리 안에서 동물은 이미 주어진 실제적인 사물과는 관계할 수 있지만 주어지지 않은 가능 세계의 사물과는 절대로 관계를 맺을 수가 없다. 동물은 주위 세계에서 가능적인 사물과 관계를 맺을 수 없다는 사실을 하이데거는 딱정벌레의 행태를 통해 보여 준다.

"딱정벌레 한 마리가 풀줄기에 붙어 그 풀줄기를 기어오르고 있다. 이때 이 풀줄기는 그 딱정벌레에게는 어떠한 풀줄기도 아니며 그리고 그것은 결코 나중에 농부가 자신이 기르고 있는 암소에게 사료로 주려고 건초로 만들어 묶어 놓게 될 그런 가능적인 건초 가닥으로서의 한 가닥 풀줄기도 아니다."

— 『형이상학의 근본 개념들』, 328쪽

예를 들어 억제되지 않는 충동이 각인되어 있는 '주위 세계'에서 소는 풀줄기를 절대로 가능적인 건초 가닥으로 관계할 수 없다. 소는 풀줄기를 단순히 먹어 없애 버린다. 나중에 자세하게 설명되겠지만, 하이데거에게서 '세계'란 현존재가 가능적인 사물과의 관계 맺음을 할 수 있게 하는 토대를 의미한다. 그리고 이렇게 이해된 세계 개념의 관점에서 볼 때 우리는 왜 동물은 '세계 빈곤' 속에 존재하는지를 알 수 있다. 자연에서 벗어날 수 없는 규제된 충동, 즉 '대거리'라는 방식으로 존재하는 동물의 삶에서는 가능적인 세계는 닫혀 있으며, 이같은 이유로 동물의 세계는 '세계 빈곤'으로 특징지어진다.

하지만 동물과 달리 인간의 세계는 '세계 형성'으로 규정되는데, 인간의 충동은 동물의 충동과 근본적으로 다르기 때문이다. 하이데거는 인간의 충동이 동물의 '대거리'와는 전혀 다른 존재 방식인 '억제된 행동관계(Verhalten)'로 특징지어진다고 주장한다.

"… 인간에게는 일종의 '무엇인가에 열려 있음'이 속한다. 존재자에 자신을 관련지음의 이러한 양식을 우리는 동물의 대거리와는 구별해서 억제된 행동관계라고 지칭하고 있다."

— *Der Grundbegriffe der Metaphysik*, p. 443

동물과 달리 인간은 억제된 충동을 통해 사물과 관계하기 때문에 주위 사물에 압도되어 있지 않으며, 자신의 고유한 세계를 형성해 나갈 수 있다.

⑤ 현존재와 도구

하이데거에 의하면 현존재는 세계 속에 존재하지만, 이 세계 속에서 단순히 살고 있는(lives) 것이 아니라 거주한다(habitare). 그리고 현존재가 타인과 더불어 거주하는 세계는 과거로부터 전승되어 온 관습적 세계이다. 다시 말해 현존재가 거주하는 세계는 반복되는 생활 방식으로 인해 만들어진 '습속(習俗)'의 세계 또는 사회적 세계이다. 사실 용어 '습관(habit, ethos)'은 '거주함'에서 유래한다. 익숙한 세계에 거주하는 현존재는 사물을 만나는데, 이 세계에서 우선적으로 만나는 사물은 지각의 활동을 통해 인식되는 '대상(object)'이 아니다.

하이데거는 그리스 철학자들에 의해 처음으로 주제화된 존재자의 의미가 근대 철학에 이르러서 근본적으로 변한다고 지적한다. 근대 철학, 특히 데카르트나 칸트의 초월론적 철학에서 존재자는 그리스 철학에서 생각되었던 것과는 달리 주체에 대립되는 '대상(object)'으로 인식된다.

"초월론적(선험적) 방법은 본질적으로 사물이 우리에게 대상으로 있게 만든다. 대상성으로 투사됨으로써 존재는 새로운 방식으로 열어 밝혀진다. 그리스 철학자들에게 존재자들은 절대로 대상으로 인식되지 않았다."

— *The Principle of Reason*, p. 87

근대 철학에서 성립된 대상은 오로지 이론적 인식에 의해 규정될 수 있으며, 인간과 마주하고 있는 대상은 주관과 객관의 관계성에서만 성립될 수 있다. 하지만 거주하는 세계는 이론적 인식에 선행하기 때문에 이 세계에서의 존재자는 주체에 대립되는 대상으로 규정될 수 없다. 하이데거는 현존재가 거주하는 세계에서 만나는 사물을 '도구(Zeug)'라고 규정한다. 따라서 현존재가 거주하는 습속의 세계는 도구로 둘러싸여 있는 세계를 의미한다.

현존재와 세계의 관계를 해명함에 있어 하이데거는 후설 현상학의 핵심 개념인 '지향성' 또는 '직관'을 전혀 언급하지 않는다. 지향성 개념 대신에 그는 실천적 '행동관계(Verhalten)'를 강조한다. 그리고 현존재의 실천적 '행동관계'에서 사물들은 사유의 인식 대상으로 파악되지 않고 유용한 도구, 즉 '실용적인 사물(pragmata)'로 주어진다고 하이데거는 주장한다.

> "그리스인들은 '사물'에 대한 '실용적인'이라는 적합한 용어를 가지고 있었다. 즉 이 '실용적인' 것은 사람들이 배려하는 왕래에서 그것과 상관이 있는 사물을 말한다."
>
> ─ 『존재와 시간』, 100쪽

일반적으로 전통 존재론에 대한 하이데거의 비판은 잘 알려져 있지만 왜 전통 존재론이 비판되어야 하는지는 잘 알려져 있지 않다. 전통 존재론의 문제점을 그는 다음과 같이 지적한다.

> "왜 존재가 하필이면 '우선적으로' 눈앞에 있는 것에서부터 '개념 파악

되고' 분명히 더 가까이 놓여 있는 손안의 것[실용적인 사물의 존재 방식]에서부터 개념 파악되지 않는가?"

— 『존재와 시간』, 566쪽

여기서 우리는 하이데거의 존재론이 근본적으로 전통 존재론과는 다른 방향으로 나아간다는 것을 볼 수 있다. 전통 존재론(ontology)은 존재자(onta)의 존재를 탐구하는 학문인 데 반하여, 하이데거의 존재론은 세계 속에서 일차적으로 만나는 '실용적 사물(pragmata)'로서의 존재자를 탐구한다. 그렇기 때문에 하이데거의 존재 사유는 '존재론'의 관점이 아니라 '실용적 사물'을 탐구하는 '프라그마톨로지(pragmatology)'의 관점에서 접근되어야 한다. 더 나아가 전통 존재론에서 이성에 의거해 존재자의 근거가 마련된다면, '프라그마톨로지'에서는 실천적 행위(노동)에 의해 존재자, 즉 도구의 근거가 정초된다.

하이데거는 '존재자'와 근본적으로 구분되는 '실용적 사물' 또는 도구의 의미를 규명하기 위해 사물을 '자연 사물(Naturding)'과 '사용·사물(Gebrauchsding)'로 구분한다. 전통 존재론에서 탐구되는 '자연 사물'은 '실체성, 물질성, 연장'으로 규정됨에 반해, 실용적 사물을 지칭하는 사용 사물은 '유용성(Dienlichkeit)'과 '기여성(Beiträlichkeit)'으로 규정된다. 다시 말해 사용 사물의 본질은 실체에서 찾아지는 것이 아니라 습관적 행위에서 사용되는 '기능'과 유용성에서 찾아진다. 이러한 유용성에 기초해 있는 실용적인 사물과의 관계성 속에서 현존재는 자연 세계로부터 독립되어 있는 자신의 주위 세계와 사회적 세계를 형성해 나간다.

더 나아가 하이데거는 도구에 둘러싸인 세계 속에서 현존재가 세

4장 하이데거 전기: 역사적 '현존재' 개현의 현상학

가지 존재 방식으로 실존하고 있다고 말한다. 첫째는 '처해 있음'이고, 둘째는 '빠져 있음', 그리고 셋째는 '이해'이다. '처해 있음'은 현존재가 전승되어 온 세계 속에 던져짐을 의미하고, '빠져 있음'은 현존재가 지금 주어져 있는 세계 속에 있음을 말한다. 그리고 마지막 '이해'는 하이데거에서 단순히 인식론적인 사물에 대한 이해를 지칭하는 것이 아니라 '할 수 있음' 또는 '존재 가능'을 의미한다. 이 세 가지 존재 방식은 우리 존재를 둘러싼 세 가지 시간의 양태, 즉 과거, 현재 그리고 미래와 같이 간다. 현존재는 이러한 시간의 통일성 속에서 실존한다. 현존재는 자신의 던져짐을 떠맡으면서 미래의 가능성을 향해 기투한다. 이 가능성은 궁극적으로 하이데거 철학에서 죽음을 통해 드러난다. 그러나 비본래적인 현존재는 익숙한 주위 세계에서 자신의 본래적인 존재 가능성을 망각한 채 현실에만 천착하여 살아간다. 하이데거는 이처럼 일상적인 습속의 세계에서 자신의 존재 가능성을 망각하고 사는 인간의 존재 방식을 본래적인 자기성과 구분되는 비본래적인 '그들(das Man)'이라고 규정한다. 비본래적인 '그들'은 자신의 고유한 가능성을 망각한 채 현실에 빠져 있는 중성적인 존재이다. 하이데거는 고유한 존재 가능성을 망각한 '그들'은 오직 '죽음'의 가능성 속에서만 자기성을 회복할 수 있다고 설명한다.

⑥ 죽음을 향한 존재로서의 현존재

하이데거에 따르면 모든 살아 있는 존재자는 —현존재도 포함하여— 궁극적으로 종말을 맞이하는데, 이 생명의 종말이 바로 죽음이다. 그런데 하이데거가 현존재 분석에서 서술하는 죽음은 단순히 유기체적 생명의 종말이나 개인의 경험적인 죽음의 현상이 아니다. 그가 고찰하고자 하는 바는 인간 현존재만이 갖고 있는 고유한 죽음의 실존론적 의미이다. 『존재와 시간』 49장에서 현존재 죽음의 고유한 방식을 밝히기 위해 하이데거는 세 종류의 죽음, 즉 '끝나 버림(Verenden)', '삶을 다함(Ableben)' 그리고 '사망(Sterben)'을 구분한다. 오직 현존재의 죽음만이 '사망'으로 특징지어질 수 있다.

죽음의 한 양식인 '끝나 버림'은 단순히 생물학적 삶의 종말을 지시한다. 이런 의미에서 볼 때, '끝나 버림'은 생리학적인 노쇠함으로 인하여 삶을 지탱해 주는 생물 기관이 기능을 멈추는 상태로 이해될 수 있다. 만약에 현존재가 생물학적 삶만 영위한다면, 현존재의 죽음은 '생물 기관 기능의 멈춤'에 제한되어 설명될 수 있다. 하지만 현존재의 삶은 자연에 속에 있는 생물학적 차원뿐만 아니라 '인격적인' 차원도 포함하고 있기 때문에 현존재의 죽음은 단순히 '끝나 버림'으로 파악될 수 없다. 하이데거에게서 인격적인 현존재의 죽음은 '삶을 다함'으로 규정될 수 있다. 하지만 '삶을 다함'보다 더 근원적인 방식으로 현존재는 자신의 죽음을 맞이한다. 이 근원적인 방식을 하이데거는 '사망'이라 부른다. 그런데 여기서 말하는 '사망'은 현존재가 미래의 한 시점에 도달하게 될 종말을 의미하는 것이 아니다.

'사망'에서 드러나는 현존재의 죽음은 '아직-아님', 즉 '미완(Ausstand)'으로 남아 있다. 여기서 중요한 사실은 현존재의 죽음에서 '아직-아님'은 사물의 '아직-아님'과는 본질적으로 구분된다는 점이다. 이러한 구분을 설명하기 위해 하이데거는 만월의 예를 든다. 초승달의 관점에서 볼 때 만월은 '아직-아님'의 형식으로 존재한다. 그리고 만월의 '아직-아님'은 현재 초승달과 엄격히 멀리 떨어져 있는 미래에서만 드러난다. 이러한 구조 속에서 만월은 최종점으로 인식될 수 있으며, 초승달은 이 최종점을 향해 나아가고 있다고 말할 수 있다. 그렇지만 현존재의 죽음을 만월의 '미완'과 동일시해서는 안 된다. 현존재 죽음의 독특한 '미완'을 설명하기 위해서, 하이데거는 단지 '미완'인 것과 '임박한 미완'을 구분하며, 현존재의 죽음은 '임박한 미완(Bevorstehen)'이라고 주장한다. 하이데거에 따르면, 비록 죽음은 미완으로 있지만, 이것은 현재의 삶에서 멀리 떨어져 있는 것이 아니라, 현재의 삶에 항상 임박해 있다. 다시 말해서, 죽음은 현재와 멀리 떨어진 미래에 일어나는 현상이 아니라, 지금 이 순간에도 우리 삶 속에 같이하고 있다. 그래서 하이데거는 '인간은 태어나자마자 이미 죽기에 충분히 늙어 있다'고 말한다.

하이데거는 '사망'에서 임박한 죽음을 향해 다가가는 현존재의 존재 양태를 '끝에-와-있음(Zu-Ende-Sein)'이 아니라 '종말을-향한-존재(Sein-zum-Ende)'라고 지칭한다. 살아 있는 존재자는 눈앞에 죽음이 나타날 경우에만 '끝에-와-있음'의 존재 양태를 경험한다. 그리고 죽음이 눈앞에 나타날 때, 그것은 현재 존재하는 현실성으로 인식된다. 이와 달리 '종말을-향한-존재'에서 죽음은 결코 현실성으로 나타나지 않고 '가능성'으로 우리에게 나타난다. 다시 말해 죽음을 향해 존재하는 현존재는 가능성(죽음) 앞에 서 있으며, 이러한 가능성은 '죽음에 대한 불안'에서도 드러난다. 그 이유는 현존재가 존재하는 한 죽음은 미래에 있으며, 미래에 있는 죽음은 항상 가능성으로 있기 때문이다. 그러나 현존재의 죽음에서 드러나는 가능성을 전통 형이상학적 가능성 개념과 동일하게 파악되어서는 안 된다. 전통 형이상학적 가능성은 현존재가 거머쥘 수 있거나 지배할 수 있지만, 죽음의 가능성은 현존재가 절대로 지배할 수 없는 영역에 있다. 앞서 우리는 '실존'

이 의미하는 바가 '현실성 바깥의 가능성에 있음'이라고 규정했는데, 이러한 가능성이 바로 죽음에서 드러난다. 이처럼 현실화될 수 없는 죽음의 가능성을 하이데거는 '불가능성의 가능성'이라고 말하는데, 이러한 죽음 개념에서 현존재의 시간성 그리고 유한성이 궁극적으로 열어 밝혀진다. 하이데거가 현존재의 죽음에서 보여 주고자 하는 것은 바로 모든 것을 거머쥐고자 하는 근대적 주체로부터 벗어나 결코 현실화될 수 없는 가능성 개념이며, 이러한 가능성에서 현존재의 역사성이 근거 지어진다.

⑦ 현존재와 역사성

하이데거는 『존재와 시간』 뒷부분에서 현존재의 시간성을 역사성 개념과 관련하여 분석한다. 하이데거는 "존재자적인 것과 역사적인 것(Ontisches und Historisches)"(『존재와 시간』, 525쪽)을 구분하는데, 이 구분에서 우리는 그의 존재 물음이 역사적인 존재를 해명하는 것에 주안점을 두고 있음을 확인할 수 있다. 하이데거는 프라이부르크대학 시절부터 자연과학의 방법론과는 구별되는 역사학의 방법론에 대한 철학적 논의에 관심을 가졌다. 하이데거는 빈델반트(Wilhelm Windelband)와 더불어 '서남학파'를 형성한 리케르트(Heinrich Rickert) 밑에서 박사학위 논문을 썼는데, 서남학파는 '정신과학', 특히 역사학이 자연과학의 인식을 정초하는 토대와는 근본적으로 다른 토대 위에서 성립한다는 점을 주장하였다. 또한 하이데거는 '서남학파'와는 독립적으로 '삶' 개념에 기초해 있는 딜타이(Wilhelm Dilthey)의 역사철학으로부터도 큰 영향을 받는다. 역사학에 대한 철학적 논의의 특징은 양적 변화만을 탐구하는 자연과학과는 달리 역사 세계에서 일어나는 질적인 변화를 해명하는 데 있다. 이러한 전통을 비판적으로 수용하여 하이데거는 '이성'과 '삶'에 환원되지 않은 제3의 역사학적 탐구를 현존재의 역사성에서 확립하고자 한다.

하이데거에 따르면 열린 가능성의 세계로 나아가는 현존재의 시간성은 궁극적으로 역사성을 전제로 한다. 역사적 세계는 과거를 전제로 하는데, 이때 과거는 현실과 무관한 실제적인 과거를 말하는 것이 아니라 현존재의 현재와 미래에 관계하게 되는 가능적 과거를 의미한다. 그렇기 때문에 현존재는 과거의 역사적 유산을 숙명적으로 받아들이는 것이 아니라 자유로이 선택할 수 있다. 여기서 우리는 현존재의 내던져진 가능성과 기투를 다시 한번 확인할 수 있다. 더 나아가 하이데거는 자유로운 선택과 기투가 공동체나 민족의 생기(Geschehen)와 관련되어 있음을 강조한다. 세계-내-존재로서 있는 현존재는 본질적으로 타인과 더불어 있으면서 실존하기 때문에, 그의 생기는 곧 공동 생기가 되며, 이를 통해 현존재의 역사성이 성립된다. 하이데거는 역사성을 강조함으로써 현존재가 허공에 떠 있는 추상적인 존재자가 아니라 역사적 또는 문화적 문맥을 지닌 존재자임을 부각하고자 한다. 그래서 그는 인간(humanus)의 근원이 대지(humus)에 있다고 보는데, 여기서 말하는 대지는 지질학에서 탐구되는 자연적 토양이 아니라 노동에 의해 일궈진 '경작된 대지'를 의미한다. 하이데거는 바로 이 '경작된 대지'에서 현존재의 본래적인 역사성 확립된다고 역설한다.

3. 하이데거 철학이 가지는 사상적 의의

하이데거가 20세기에서 가장 영향력 있는 철학자로 간주되는 이유는 『존재와 시간』에 제시된 그의 새로운 사유 방식이 여러 철학자에게 많은 영감을 주었기 때문이다. 먼저 이러한 하이데거의 사상은 사르트르, 메를로퐁티가 주축이 된 프랑스 실존주의 철학에 큰 영향을 끼쳤다. 실존주의자들은 세계 속에 던져져 있는 현존재 개념에 착안하여 이전 철학적 사유를 대변하는 '고공 사유(pensee de survol)'와는 다른 새로운 사유를 확립한다. 고공 사유란 세계에 던져져 있는 인간의 상황으로부터 벗어난 높은 지점에서 객관성을 담보하겠다는 목적을 갖고, 밑에 놓인 세계를 관망하는 태도를 말한다. 하지만 실존주의자들은 인간이 세계에 속해 있는 한 '고공 사유'는 근원적인 사유가 아니라고 주장한다. 인간은 본질적으로 세계 속에 존재하며, 따라서 근원적인 사유도 세계를 매개 삼아 구성된 상황에 기초해 있는 사유, 즉 '정황적 사유(befindliches Denken)'가 된다.

하이데거의 철학적 사유는 또한 해석학, 특히 그의 제자이기도 한 가다머(Hans-Georg Gadamer)의 해석학 발전에 기여했다. 『진리와 방법』에서 가다머는 보편적 이성보다는 역사적인 특수성에 기반을 둔 이성을 강조한다. 그에 있어서 인간의 사유는 세계로부터 분리된 추상적 사유에서가 아니라 어떤 상황 내지는 문맥, 특히 역사적 문맥에서 기원한다. 이와 같은 역사적인 이성 개념은 현존재의 역사성에 그 단초가 있다.

이러한 두 가지 방향 외에 하이데거의 철학은 푸코, 데리다를 중심으로 한 포스트구조주의 철학 또는 포스트모던 철학과 깊은 연관성을 갖고 있다. 하이데거의 철학과 포스트모던 철학이 상이한 역사적 시점에 자리 잡고 있음에도 불구하고 두 철학이 근본적으로 공유하는 공통적인 철학적 개념이 있다. 이는 바로 데카르트 이래로 서양 근대 철학을 지탱해 온 주체 개념의 해체, 더 자세히 말해 주체의 중심성 해체를 의미한다. 해체 개념을 통한 두 철학 사이의 유사성은 바로 이 두 철학 모두 사르트르의 인간 중심적인 사유와는 반대되는 입장에 서 있다는 사실에서 명확히 드러날 수 있다.

잘 알려진 바와 같이, 포스트모던 철학은 사르트르의 인간 중심적 철학인 실존주의에 정면으로 도전한 구조주의 철학에 영향을 받아 발전했다. 인간의 자유를 절대적으로 보는 사르트르의 실존주의가 철학의 주류로 인정을 받은 1950년도에 이미 일군의 철학자들은 ―레비스트로스(Claude Levi-Strauss), 캉길렘(Georges Canguilhem), 뒤메질(Georges Dumezil)― 세계에 의미를 부여하는(Sinngebung) 사르트르식의 주체 개념에 이의를 제기한다. 주체 중심성의 우위를 확고히 유지하는 사르트르 철학과는 달리 구조주의는 주체 이전에 이미 의미를 가지고 있는 근원적인 현상(구조)을 규명하는 데 심혈을 기울이는데, 사실 이러한 구조주의적 사유의 원형은 이미 하이데거 철학에서 확립되었다. 전후 세대에 철학을 시작한 포스트모던 철학자들은 ―적어도 푸코나 데리다는― 구조주의에 의해 전개된 주체 개념에 대한 비판과 주체 개념에 기초하여 전개된 사르트르의 실존주의적 인본주의를 비판한 하이데거의 반(反)인본주의를 전적으로 수용하기 때문에 그들의 철학적 사유에서 주체의 우위는 전면으로 부정된다. 이와 같은 지적 분위기를 기술하는 데 있어 푸코는 헤겔주의, 즉 대학에서 배웠던 '연속적인' 명료성의 역사 모형을 가진 헤겔주의, 주체의 우위와 그것의 기본적인 가치를 확고히 유지했던 현상학과 실존주의가 전후 세대 철학자들의 지적 호기심을 결코 만족시킬 수 없다고 말한다. 그리고 자기 동일성을 유지하며 세계에 명료성과 의미를 부여하는 낭만적인 주체는 더 이상 존재하지 않는다고 주장하는 포스트모던 철학자들 역시 주체의 종말에 대한 자신들의 철학적 사유를 하이데거의 현존재 분석에서 발견한다. 그 외에 하이데거의 철학은 라캉의 사유에도 영향을 주었다. 라캉은 하이데거로부터 영향을 받아 자신의 사유에서 프로이트 저서들을 전통 방식과는 다른 관점으로 새롭게 읽음과 더불어 정신분석학에서의 자아의 배제와 '무의식은 언어로 구조화되어 있다'는 사상을 전개한다.

또한 하이데거 사상의 의의는 사회적이고 역사적인 세계 개념에서 찾을 수 있다. 그가 말하는 사회적 세계 개념은 지속적인 시간과 역사성을 전제로 하는 '습속(習俗)'의 세계로 이해할 수 있다. 우리는 여기서 현존재의 '습속'적인 세계가 현대에 사는 우리에게 어떤 시사점을 던져 주는지를 반성해 보아야 한다. 합리적인 사유의 과잉 속에 사는 현대인은 삶의 모든 분야에서 —미국에서는 고전 철학서를 쉽게 소개하는 'how to read…'가 크게 유행하고 있다— 간단하고 신속하게 정보를 처리하고 획득하는 '하우 투(how to)' 방식에 의존해 살고 있으며, 이러한 방식은 모든 삶의 영역에 만연해 있다. 결과적으로 '하우 투' 방식으로 인해 모든 삶의 영역뿐만 아니라 수많은 세월을 거치면서 전승된 고전에서 발견되는 심오한 지혜 또한 '계산적 사유'에 의거해 신속하게 다룰 수 있는 피상적인 정보로 환원된다. 그런데 하이데거가 말하는 '습속'의 세계는 이 같은 '하우 투'의 기술이 범람하는 세계와는 근본적으로 구분된다. 수많은 시간과 노력에 의해 형성된 '습속'의 세계는 우리에게 피상적인 기술의 정보 이면에 있는 근원적인 진리를 '숙고적 사유'을 통해 발견할 수 있도록 한다. 그리고 이러한 세계에서 인간은 모든 것을 장악하고 주도하는 초역사적인 절대적 주체가 아니라 과거로부터 전승된 역사의 한 계기로 존재하는 제약된 주체임을 자각하게 된다. 마지막으로 이렇게 새롭게 이해된 세계 개념을 통해 우리는 이제까지 난제로 남아 있었던 후설 현상학과 하이데거 철학의 관계를 보다 분명하게 파악할 수 있다.

지각과 오성의 활동은 엄격하게 구분된다는 전제하에 주제적 인식의 가능 조건을 탐구하는 신칸트주의와는 달리 '범주적 직관'을 발견함으로써 전(前)주제적 인식을 정초하고자 한 후설 현상학을 하이데거는 높게 평가한다. 그리고 후설처럼 전주제적 인식을 근원적인 인식이라고 생각한 하이데거는 역시 현존재 분석을 전주제적 사물에 대한 논의에서 시작하는데, 이 같은 사실은 도구와 객관적 사물의 구분에서 확인될 수 있다. 하이데거에 따르면 객관적 사물과 구분되는 도구는 전주제적 사물을 의미하며, 이 도구를 사용하는 현존재는 의식으로부터 벗어나 세계와 결합되어 있다. 따라서 현상학의 성과가 주제적 영역에 있는 이성에 선행하는 전주제적 사유에 입각해 주관과 객관의 이분법을 극복하는 것이라면, 메를로퐁티가 주장한 바와 같이 하이데거 철학은 후설 현상학으로부터 유래되었다고 볼 수 있다. 현존재의 주위 세계에서 만나는 사물을 전주제적 실천 행위에 주어지는 도구에 입각해 '사태 그 자체', 즉 주관과 객관의 통일을 밝히고자 한 하이데거 또한 그의 연구는 후설에 의해 가능했었다고 고백한다. 그러므로 전주제적 사물의 관점에서 볼 때, 하이데거 철학은 분명히 후설 현상학의 연장선에 있다. 그런데 후설 현상학의 영향은 하이데거 사유를 전주제적 세계로 인도한 것에만 국한된다. 왜냐하면 전주제적인 경험이 드러나는 지평을 규정하는 데 있어 하이데거는 후설 현상학과 결별하기 때문이다. 후설 현상학에서 전주제적 경험은 이론적인 사유와 연관 지어진 직관에서 주어지는 데 반해, 현존재의 세계는 이론적 사유보다 우위에 있는 실천적인 행위에서 드러난다. 앞에서 살펴본 바와 같이 하이데거에 따르면 현존재는 실천적 행위를 통해서 자신의 고유한 역사적·사회적 세계를 형성하며, 이 역사적·사회적 세계에서 현존재의 근원적인 자유의 영역이 열어 밝혀진다.

1. 마르틴 하이데거의 저서

• 『존재와 시간』, 이기상 역(까치 글방, 2001)

하이데거의 철학을 이해하는 데 있어 가장 중요한 저서이다. 하이데거는 이 저서에
서 이제까지 서양 존재론을 지탱해 온 이성의 원리를 실천적 행위로 대체하며, 이 실
천적 행위의 토대를 시간성 위에 정초함으로써 새로운 존재론의 길을 열어 밝힌다.

• 『칸트와 형이상학의 문제』, 이선일 역(한길사, 2001)

『존재와 시간』의 좋은 입문서이다. 그 이유는 『존재와 시간』에서 제시된 하이데거의
철학 사상이 사실 칸트 철학에서부터 시작된 독일 관념론을 전제로 하고 있는데, 이
러한 철학적 문맥을 우리는 이 저서에서 발견할 수 있기 때문이다. 특히 이 저서에서
하이데거는 칸트의 도식론과 연관 지어 존재 물음이 왜 이성이 아니라 시간 개념에
서 밝혀지는지를 분명하게 보여 준다.

• 『진리의 본질』, 이선일 역(한길사, 2005)

전통 철학적 진리 개념과는 구분되는 하이데거의 진리 개념인 '알레테이아(aletheia)'
를 심도 있게 분석한 책이다. 하이데거의 진리 개념을 이해하기 위해서는 이 저서를
반드시 읽어야 한다.

• 『형이상학이란 무엇인가?』, 신상희 역(한길사, 2005)

『이정표』에 실렸는데, 이 저서에서 우리는 하이데거가 말하는 존재 의미를 보다 쉽게
이해할 수 있다. 이 저서에서 하이데거 자신이 말하는 존재, 즉 '무(無)' 그리고 근본

적인 기분인 '불안'은 인간학적 관점에서 보는 어떤 심리적인 상태가 아니라 학문의 가능 조건을 의미하는 것이라고 명확하게 밝힌다.

• 『휴머니즘 서간』, 이선일 역(한길사, 2005)

역시 『이정표』에 실렸는데, 이 저서에서 하이데거는 어떻게 자신의 존재 사유가 인간 학적 사유에 토대를 둔 사르트르의 실존주의 철학과 근본적으로 구분되는지를 보여 준다. 더 나아가 이 저서에서 우리는 '동물적 인간(homo animalis)' 아니라 '경작된 토지(humus)', 즉 '노동하는 인간'에 기초한 새로운 인간 개념을 발견할 수 있다.

• 『숲길』, 신상희 역(나남, 2008)

여러 철학자가 말하는 중요한 개념에 대한 하이데거의 분석을 실은 저서이다. 이 저서에서 우리는 하이데거 철학의 발전에 영향을 끼친 다양한 사상들을 접할 수 있다.

• 『예술 작품의 본질』, 신상희 역(나남, 2008)

하이데거의 미학 이론에 관한 유일한 저서이다. 하이데거 미학 이론에 관심을 갖고 있는 사람은 『숲길』에 실려 있는 이 저서를 필히 읽어야 한다. 여기서 하이데거는 인간의 주관적인 취향에 기초해 있는 전통 미학 이론과 구분되는 역사적인 세계에 기반을 둔 해석학적 미학 이론을 전개한다.

2. 관련 참고문헌

박찬국(2014), 『하이데거의 《존재와 시간》 강독』, 그린비.

블라트너, W.(2012), 『하이데거의 존재와 시간 입문』, 한상연 역, 서광사.

스타이너, G.(2005), 『하이데거』, 임규정 역, 지성의 샘.

이기상(2008), 『존재와 시간: 인간은 죽음을 향한 존재』, 살림.

피갈, 귄터(2008), 『하이데거』, 김재철 역, 인간사랑.

마르틴 하이데거(1889-1976)

본래 프라이부르크대학에서 신학을 연구하다가, 3년 만에 신학을 포기하고 철학으로 연구 영역을 옮겼다. 1913년 프라이부르크대학에서 『심리주의의 판단에 관한 이론』으로 철학박사학위를 취득했고, 1915년 「둔스 스코투스의 범주론과 의미론」으로 교수자격을 취득했다. 1923년 정교수 대우로 마르부르크대학에 초빙되어 1928년까지 재직했다. 재직 중에 그의 대표 저술인 『존재와 시간』을 출간했다. 이후 에드문트 후설의 후임으로 프라이부르크대학의 정교수로 초빙되어 1933년 총장으로 취임하기까지 했으나, 정부와의 정치적 견해 차이로 1년 만에 사임했다. 1945년 나치에 부역한 혐의로 독일 점령군에 의해 강제 휴직되었다가, 종전 후 1951년 프라이부르크대학에 복직한 다음 "사유란 무엇인가?"라는 제목으로 강의를 이어 나갔다. 1976년 심장마비로 세상을 떠나, 고향 메스키르히에 묻혔다.

5장

하이데거 후기:
현상학과 '존재'의 진리

한상연
가천대학교 가천리버럴아츠칼리지

하이데거가 말하는 순연한 감각이,
사유가 배제된 순전한 신체적 감각으로
오인되어서는 안 된다.
현상으로서 드러난 존재를
순연히 감각적으로 받아들이는 것이
존재 사유의 계기를 함축할 수 있는 까닭은,
현존재가
언제나 구체적 상황 속의 존재자,
시간을 자신의 존재로서 지니는 특별한 존재자가 되어
존재 사유의 역사 속에 내던져져 있기 때문이다.

하이데거의 철학은 보통 두 시기로 나뉘어 고찰된다. 소위 '전회(轉回, Kehre)' 이전과 이후가 그것이다. '전회' 이전의 하이데거 철학과 이후의 철학이 서로 어떤 관계를 맺고 있는지 연구자마다 견해는 크게 갈린다. 한 부류의 연구자들은 양자가 서로 양립할 수 없다고 주장한다. 이들에 따르면 하이데거의 주저로 통하는 『존재와 시간』은 후설 현상학의 초월론적 관점에 지나치게 경도된 나머지 존재론의 본류로부터 벗어나 버렸다. 즉, 기초존재론의 토대 위에서 존재의 문제를 논구하려는 『존재와 시간』의 시도는 실패했으며, 그 까닭은 기초존재론이 초월론적 현상학과 충분히 거리를 두지 못했기 때문이다. 그러나 다른 한 부류의 연구자들은 '전회' 이후의 하이데거 철학 역시 『존재와 시간』의 기초존재론을 전제로 한다고 본다. 이들 역시 대체로 『존재와 시간』의 초월론적 관점이 존재의 의미를 존재론적으로 해명하는 데 한계가 있음을 부정하지 않는다. 그렇지 않다면 하이데거가 '전회'를 꾀했을 리도 없을 것이다. 그러나 '한계가 있음'과 '오류가 있음', 내지 '성립 불가능함'은 구분되어야 한다.

전회(Kehre)

하이데거가 대략 1930년경 『존재와 시간』의 기초존재론과 다른 관점에서 존재 자체의 진리를 묻기 시작했음을 가리키는 말이다. 전회가 『존재와 시간』의 현상학적 관점의 실패를 알리는 것이라고 보는 연구자들이 있지만 하이데거 본인은 이러한 해석을 부정한다.

예컨대, 꽃과 같은 사물이 가진 아름다움의 의미를 인간의 심미적 태도에 입각해서 설명하는 것은 분명 한계가 있을 것이다. 아름다움이 아름다움을 느끼는 인간의 심미적 태도와 무관할 수 없는 것이기는 해도 인간의 주체적 판단이나 행위에 의해 추후로 만들어지는 것은 아니기 때문이다. 즉, 아름다움이란 인간의 심미적 태도의 가능 근거로 파악해야 하는 것이지 심미적 태도로부터 파생하는 것으로 파악해야 하는 것이 아니다. 그러나 이러한 사정이 아름다움의 의미를 인간의 심미적 태도에 입각해서 설명하는 것이 그 자체로 오류라거나 아름다움의 문제를 이해하는 데 불필요하다는 것은 아니다. '전회' 이후의 하이데거 철학이 이전의 철학을 전제한다고 여기는 연구자들의 견해가 이와 비슷하다. 존재의 의미를 밝히는 데 기초존재론은 분명 한계를 지닌다. 그럼에도 하이데거의 존재론은 기초존재론을 함축하는 경우에만 온전할 수 있다.

결론부터 말하자면, 후자의 연구자들이 옳다. 전자의 주장은 하이데거 철학의 발전 과정에 대한 몰이해에 기인한 그릇된 견해이다. 즉, 하이데거의 존재론은 후기의 전개 과정에서도 현상학의 초월론적 관점을 배제하는 것이 아니라 언제나 암묵적 전제로서 그것을 함축한다. 전자의 오류가 생겨난 근본적인 원인은 하이데거에게 현상학 내지 현상학의 초월론이 무엇을 의미하는지 잘못 이해한 데 있다. [하이데거가 말하는] 현상학은 후설 현상학에 국한되지 않는다. 하이데거는 현상학을 철학의 본질로서, 철학 그 자체로서, 이해한다. 『존재와 시간』의 기초존재론이 후설의 영향을 받았음을 부정할 수는 없다. 그러나 후설 현상학의 한계를 하이데거는 이미 초기 프라이부르크 시절 각성했으며, 1927년에 초판이 출판된 『존재와 시간』에서 가장 중요한 관건 중 하나는 후설 현상학의 한계를 넘어서 현상학의 진정한 의미를 존재론적으로 새롭게 정립하는 것이었다.

1. 알레테이아

'전회' 이후의 하이데거 철학에서 가장 중요한 개념은 알레테이아, 즉 탈(脫)은폐로서의 진리이다. 주의할 점은, 탈은폐로서의 진리에 대한 하이데거의 존재론적 성찰이 '전회' 이후에 시작된 것이 아니라는 것이다. 이미 『존재와 시간』 서론에서 하이데거는 "보이게 해 줌"으로서의 "로고스"에 관해 논하면서, 이를 "알레테이아"라고 규정한다.[1]

알레테이아(Aletheia)

하이데거의 존재론에서 알레테이아는 탈은폐로서의 진리를 가리키는 용어이다. 진리를 가리키는 고대 그리스어이기도 하다. 은폐나 망각을 뜻하는 '레테(lethe)'에 부정의 접두사 'a'가 붙은 형태의 말이다.

『존재와 시간』의 초월론적 현상학이 '전회' 이후의 하이데거 철학과 양립하기 어렵다고 여기는 연구자들은 흔히 다음과 같이 지적한다.

---

1 Heidegger(1993), *Sein und Zeit*, p. 33. 하이데거의 표현을 직접 인용한 부분은 큰따옴표로 표시하였다.

알레테이아가 『존재와 시간』에서는 주로 현존재의 실존적 존재 구조의 관점에서 고찰된 반면, '전회' 이후에는 자기 자신으로부터 자신을 드러내 보여 주는 존재 자체의 관점에서 고찰되었다. 그러나 『존재와 시간』 서론에서 하이데거가 "현상"을 "그-자체에서-자신을-내보여 주는-것"이라고 정의한다는 것을 잊어서는 안 된다.[2] 『존재와 시간』의 무게중심이 '현존재의 존재의 실존적 존재 구조'의 해명에 놓여 있다는 사실로부터 『존재와 시간』에서 존재론의 방법론적 토대로 제시된 초월론적 현상학이 '전회' 이후의 하이데거 철학과 상충한다는 결론이 따라 나오는 것은 아니다. 실은 그 반대이다. '전회' 이후의 하이데거 철학은 여전히 『존재와 시간』의 존재론 및 그 방법론적 토대로서의 초월론적 현상학을 암묵적으로 전제한다. 결국 알레테이아란, '전회' 이전이나 이후나, 하이데거에게 '존재 자체의 드러남'으로서의 현상이라는 뜻을 지닐 뿐이다.

하이데거의 「예술 작품의 기원」(1935)의 다음 구절은 '전회' 이후의 하이데거 철학이 『존재와 시간』에서 개진된 현상의 이념을 여전히 견지하고 있다는 것을 잘 알려 준다.

"존재자의 가장 가까운 영역 속에 머물면서 우리는 우리 자신이 편안하다(heimisch)고 믿는다. [그곳에서] 존재자는 친숙하며, 신뢰할 만하고, 평온한(geheuer) 것이다. 그럼에도 불구하고 환한 밝힘 속에는 거부와 위장이라는 이중적 형태로 나타나는 어떤 지속적인 은닉이 속속들이 배어 있다. 평온한 것이 그 근저에 있어서는 평온한 것이 아니라,

---

2 Heidegger(1993), *Sein und Zeit*, p. 31.

섬뜩한(un-geheuer) 것이다. 진리, 즉 비은폐성의 본질은 완강한 거부 (Verweigerung)에 의해 철저히 다스려지고(durchwalten) 있다. 그러나 이러한 완강한 거부는, 마치 진리가 은닉된 모든 것을 완전히 털어 버림으로써 [자기 안에 은닉이나 어둠의 요소를 전혀 갖지 않은 더할 나위 없이] 순수한 그런 비은폐성이라도 되는 듯 [우리가 간주할 경우에, 생각해 볼 수 있는 진리의] 어떤 결핍(Mangel)이 아니다. 진리가 이러한 것이라고 한다면, 그때 진리는 더 이상 진리 자체가 아닐 것이다. 비은폐성으로서의 진리의 본질 속에는 이러한 완강한 거부가 이중적 은닉함의 방식으로 속해 있다. 진리는 그 본질에 있어 비-진리(Un-wahrheit)이다."**3**

형식논리적으로만 보면 인용문의 논지는 비논리적 수사와 모순으로 점철된 난센스에 불과하다. 진리가 그 본질에 있어 '비(非)-진리'라는 마지막 문장을 보라. 비-진리는 진리와 모순관계에 있으며, 서로 모순관계를 이루는 두 명사는 양립할 수 없다. 비-진리란 풀어 말하면 진리-아님이다. 진리가 어떻게 본질적으로 진리-아님일 수 있는가? 하나의 사물은 꽃이든가 꽃이 아니든가 둘 중의 하나이다. 세상 그 어느 것도 꽃이면서 동시에 꽃이 아닐 수 없다. 진리에 관해서도 우리는 같은 말을 해야 하지 않을까? 논리학적으로 보면, 그 진리 여부가 판단될 수 있는 말은 바로 명제이다. 하나의 말이 진리도 비-진리도 아닐 수는 있다. 예컨대, '나는 꽃을 보고 싶어'라는 말은 자신의 미적 성향이나 취미, 지금 이 순간 내가 느끼는 어떤 욕구와 소망을 표현하는 말일 뿐 진리 여부와는 무관하다. 그러나 적어도 형식논

---

3 하이데거(2008), 『숲길』, 75쪽 이하. 괄호는 필자가 추가한 것, 강조는 원문에 따른 것.

리적으로는, 진리인 말이 동시에 비-진리일 수 없는 법이고, 비-진리인 말 역시 동시에 진리일 수 없다.

그렇다면 진리가 그 본질에 있어 비-진리라는 말은 존재론적으로 어떻게 정당화될 수 있을까? 오직 현사실적 삶의 현상과 존재 자체의 관계에 대한 현상학적·존재론적 성찰을 통해서만 정당화될 수 있다. 식탁 위 화병은 그 안에 담긴 몇 송이 꽃과 마찬가지로 친근하고 아름답다. 화병을 볼 때 나의 마음은 평온해지고, 그런 점에서 화병은 나의 마음을 평온하게 하는 데 유용한 도구이다. 그러나 실수로 화병을 툭 건드리게 되면 대번 마음이 불안해진다. 화병을 친숙한 도구로 받아들이는 나의 마음과 상관없이 화병은 깨질 수 있는 것으로서 거기 있으며, 화병의 '깨질 수 있음'과 반대로 '깨지지 않을 수도 있음'은 모두 내 삶에 해가 될 가능성 역시 함축한다. 화병이 깨지면 그 날카로운 파편에 살이 찢길 수 있다. 나는 그런 일이 생기지 않도록 정성스레 파편들을 치워야 하며, 화병이 사라진 식탁 위의 작은 공허를 견뎌

내야 한다. 만약 식탁에서 넘어지거나 심지어 식탁 아래로 떨어진 화병이 깨지지 않는다면 나는 그 단단함에 주목하게 된다. 그리고 단단한 모든 것은 몸을 지닌 자의 삶에 해가 될 가능성을 자신의 본질로서 지니고 있다. 단단한 것과 부딪히면 살이 멍들고, 고통이 생기며, 심지어 뼈가 부러지기도 한다. 진리는 그 본질에 있어 비-진리라는 하이데거의 말은 화병과도 같은 하나의 존재자가 지니는 본질적인 양면성에 대한 존재론적 자각의 표현이다. 화병은 친숙한 것으로서 아름답고, 아름다운 것으로서 친숙하다. 화병이라는 하나의 존재자가 그 자신을 친숙하고 아름다운 것으로서, 근원적이고 일상적인 것으로서 드러낸다. 즉, 친숙하고 아름다운 화병은 자신을 현존재와의 실존적 관계 속에서 일상적인 방식으로 드러내는 하나의 현상적 존재자이다. 바로 그러한 것으로서 그것은 현존재의 존재를 그 근원적 가능 근거로서 지닌다. 그러나 화병의 친숙함과 아름다움이 화병으로서의 존재자가 내게 특별한 형태의 불안과 섬뜩함을 느끼게 할 그 가능 근거이기도 하다는 점을 무화(無化)하지는 않는다. 내 마음을 불안하게 하는 화병, 깨질 수 있음과 깨지지 않을 수도 있음의 두 상반된 가능성을 드러내며 식탁 아래로 떨어지는 화병은 식탁 위에 가만히 놓여 있는 친숙한 화병과 무관한 것이 아니라 실은 그것이 지니는, 그리고 결코 무화될 수 없는, 가능성으로서 있는 것이기 때문이다.

현상 및 그 가능 근거로서의 현존재의 존재는 무엇보다도 우선 일상성에 의해 특징지어진다. 그렇다면 하나의 일상적인 존재자로서의 의미를 지니는 화병이 현존재에게 동시에 불안을 안겨 주는 것, 섬뜩한 것으로서 존재하게 되는 까닭은 무엇인가? 그 직접적인 이유는 위에서 제시된 바와 같이 화병의 '깨질 수 있음', '단단함' 등이다. 그렇다면 화병의 '깨질 수 있음'과 '단단함'은 화병의 존재를 무엇으로서, 혹은 어떤 것으로서 드러내는가? 그것은 바로 사물성이다. 화병이 화병으로서, 즉 하나의 일상적 존재자로서 존재할 수 있는 까닭은 바로 사물성에 있지만, 그 역은 성립하지 않는다. 화병의 사물성이 화병의 일상성에 근거해 비로소 성립하는 것은 아니라는 뜻이다. 화병의 사물성은 화병의 존재를 가능하게 하는 그 근거이다. 사소한 충격쯤은 능히 이겨 낼 단단함과 물과 닿아도 물러지지 않을 응집력을 지닌 사물성이 없으면 화병은 만들어질 수 없다. 그러나 그러한 사물성은 화병의 일상성보다 더욱 근원적이며, 바로 그러한 것으로서 한 일상적 존재자로서의 화병을 존재하게 할 그 가능 근거가 마련된다.

사물성(Dinglichkeit)

사물성은 존재자의 존재란 현상성으로 환원될 수 없는 것임을 알리는 후기 하이데거 사유의 용어이다.

사물이란 대체 무엇을 뜻하는 말인가? 『예술 작품의 기원』에서 하이데거는 "우리가 오래전부터 '사물'이라는 이름으로 불러 왔던 존재자 모두가 귀속해 있는 그 영역을 인지해야만 한다"[4]고 지적한다. 전회 이후의 하이데거에게 사물은 존재자의 전체성을 표현하는 말이다. 여기서 전체성이란 존재자의 현상성과 현상으로 환원될 수 없는,

4 하이데거(2008), 『숲길』, 23쪽.

1부 두 원천의 현상학자

그럼에도 오직 현상을 통해서만 현존재에게 알려질 수 있는, '존재자의 존재' 그 자체를 아우름을 뜻한다. 사물에 관해 하이데거는 다음과 같이 말한다.

"길가의 돌도 하나의 사물이며, 밭에 있는 흙덩이도 하나의 사물이다. 단지도 사물이고, 길가의 샘도 그렇다. 그러나 단지 속의 우유와 샘 속의 물은 어떻게 불러야 할까? 만일 하늘의 구름과 들판의 엉겅퀴, 가을 바람에 흩날리는 나뭇잎과 숲 위를 맴도는 매를 사물이라고 불러도 좋다면, 우유와 물도 역시 사물이다. 그러나 방금 앞에서 열거한 것과는 달리 자기 자신을 나타내 보여 주지 않는 것, 즉 현상하지 않는 것조차도 사람들이 사물이라고 부른다면, 이 모든 것들은 사실상 사물이라고 불러야 마땅할 것이다. 칸트에 따르면, 스스로는 현상하지 않는 사물, 즉 **사물 자체**(Ding an sich)는 예컨대 세계 전체이며, 심지어 신 자체도 그러한 사물이다. 현상하는 사물들만이 아니라 사물 자체와 같이 현상하지 않는 것들 모두가, 즉 일체의 존재하는 모든 것들이 철학 용어로는 사물이라고 불린다."[5]

한마디로, 사물이란 존재하는 모든 것을 일컫는 말이며, 존재하는 것에는 현상하는 것뿐 아니라 현상하지 않는 것도 포함된다. 그렇다면 전회 이후 하이데거의 철학은 암묵적으로 존재 자체를 칸트(Immanuel Kant)가 말한 '사물 자체'와 같은 것으로 설정하고 있는가? 이러한 물음에 대한 대답은 물론 '같음', 혹은 '유사함' 등의 말의 외연과

---

5   하이데거(2008), 『숲길』, 23쪽 이하. 강조는 원문에 따른 것.

내포, 한정 등을 어떻게 설정하느냐에 따라 달라질 수밖에 없다. 심지어 우리는 전회 이전에도 하이데거의 존재론은 칸트의 '사물 자체'와 같은 의미의 '존재 자체'의 개념을 전제한다고 말할 수도 있다. '존재 자체'란 칸트의 '사물 자체'와 마찬가지로 현상으로 환원될 수 없는 것이니 말이다. 그러나 이런 식으로 말하면 거의 모든 심오한 철학이 다 칸트의 '사물 자체'와 같은 어떤 개념을 전제한다는 결론을 피하기 어렵다. 결국 지식이란 사물 및 존재를 지각하고 또 이해할 수 있는 인간 현존재 특유의 역량에 근거해서 산출되는 것이고, 바로 그렇기에 '인간적인 것'이 모두 배제된 순수하게 '사물적인 것'일 수만은 없다. 꽃의 붉음은 사물을 색과 더불어 지각할 수 있는 인간의 역량에 근거해 있는 것이고, 천둥의 큰 소리 역시 순수한 물리적인 현상이 아니라 들을 귀가 열려 있는 인간의 지각 역량에 근거해 있는 것이며, 엄밀한 실험과 관찰, 수학적 계산에 의거해 타당성 여부가 검증된 과학적 진실조차 실은 세계를 수량들 간의 비례관계로 환산할 수 있는 인간 특유의 수학적 이해 역량에 근거해 있다. 한마디로, 인간적인 것이 완전히 배제된 순수하게 객관적인 지식이란 철학적 정당성을 결여하는 망념에 불과할 뿐이다. 이러한 지식은 기껏해야 '개개인의 자의에 의해 변할 수 없음'을 뜻할 뿐이다. 누구도 꽃의 붉은색을 자의로 파란색이나 노란색으로 변하게 할 수 없다. 그렇다고 꽃의 붉은색이 꽃의 객관적 속성을 드러내는 것이 아니라 사물을 색과 더불어 지각할 수 있는 인간의 지각 역량을 드러내는 것이라는 점은 바뀌지 않는다. 누구도, 적어도 기존의 과학 이론을 전제로 탐구하는 한에서는, 하나의 물 분자에 두 개의 수소 원자가 아니라 세 개 이상의 수소 원자가 들어 있다는 식의 주장을 할 수 없다. 그러나 이러한 사실이 분자란 사물에 대한 인간의 지각 역량과 수학적 이해 역량에 바탕을 두고 형성된 개념이자 현상이라는 점을 부정하는 것은 아니다.

그러나 칸트의 '사물 자체'와 전회 이후의 하이데거가 말하는 사물 개념 사이에는 한 가지 커다란 차이가 있다. 칸트는 모든 현상적 존재자와 세계 일반에 공통되게 적용할 수 있는 시간 및 공간의 이념을 전제한다. 즉, 칸트적 의미의 시간과 공간은 보편적 시간과 공간이며 수량화될 수 있는 것이고, 세계 전체를 포함한 모든 현상적 존재자의, 어떤 상황에서나 균일하게 발견될 존재 방식 일반을 표현한다. 반면 하이데거에게 시간과 공간에 대한 이러한 이해는 이미 그 자체로 세계에 대한 수학적·자연과학적 태도의 발로일 뿐이다. 잘 알려져 있듯이 칸트는 라이프니츠(Gottfried Leibniz)의 영향 아래 존재를 현상계와 실재계로 나누면서, 시간과 공간이란 현상계에 속한 것인 반면 사물 자체의 영역인 실재계는 시간과 공간의 관점에서 논할 수 없다는 입장을 취한다. 이러한 점에서 보면 칸트의 '사물 자체'란 본질적으로 형이상학적 실체 개념과 아무 차별성도 지니지 못하는 개념이다. 전통 형이상학이 철학적 성찰의 대상으로 삼아 왔던 실체 존재를 순수 이성에 의해 온전히 파악될 수 없는 것으로 확정한 뒤 실체 대신 '사물 자체'라는 개념을 사용했을 뿐이다. 이러한 시간 및 공간 개념은 하이데거 철학과는 아무 상관도 없다.

하이데거에 따르면 고대 그리스 철학에는 현대인이 자명하게 받아들이는 공간 개념이 등장하지 않는다. 그리스인에게는 다만 각각의 사물적 존재자가 차지하고 있는 장소와 멀거나 가까운 관계가 있을 뿐이다. 사물 자체가 현상으로 환원될 수 없음은 사물 자체가 현상과 달리 장소와 무관하게 존재함을 뜻하는 것이 아니다. 장소란 물론, 현상적으로 드러나는 모든 것과 마찬가지로, 자신의 존재와 자기 주위의 존재를 멀거나 가까운 것, 제각각 고유한 장소를 차지하고 있는 것으로서 발견하는 현존재와의 관계 속에서만 드러날 수 있다. 그러나 그것은 '존재자의 존재' 자체가 장소와 무관한 것으로서 상정되어야 함을 뜻하지 않는다. 그것은 다만 현상이란 인간 현존재에게 현존재 자신의 존재와 역량에 근거한 것으로서만 생겨날 수 있고, 존재(자)는 오직 현상적인 것으로서만 현존재에게 발견될 수 있음을 뜻할 뿐이다. 장소는 하나의 존재자가 자신의 존재를 현존재에게 드러내는 근원적 방식의 하나이고, 칸트의 '사물 자체'의 이념처럼 장소와 무관한 '존재자의 존재'를 상정할 철학적 필요성은 없다.

중요한 것은 하이데거에게 존재자와 무관하게 그 자체로 존재하는 공간은 없다는 점이다. 시간에 관해서도 우리는 같은 말을 할 수 있다. 하이데거에게 시간이란 근원적으로 현존재라는, 자신의 존재를 자각할 수 있는 특별한 어떤 '존재자의 존재'를 뜻한다. 필자는 하이데거 사유의 이러한 특성이 그를 신학으로부터 철학으로 이끌고 간 브렌타노(Franz Brentano)의 영향을 반영한다고 본다. 브렌타노는 특유의 아리스토텔레스 해석을 기반으로 존재란 엄밀한 의미에서 오직 개별화된 존재자에게만 적용될 수 있는 개념임을 밝히려 시도한다. 이러한 관점에서 보면 시간과 공간은 개별화된 존재자가 아니기에 그 자체로 존재하는 것일 수 없다. '현존재의 존재는 시간'이라는 하이데거의 유명한 명제는 브렌타노의 이러한 입장을 반영한다는 뜻이다.

이러한 문제에 대한 상세한 논의는 이 글의 한계를 크게 벗어나는 일이다. 그러나 하이데거의 존재론적 사유가 브렌타노의 영향을 반영한다는 것은 분명 하이데거의 현상학이 처음부터 후설 현상학과는 이질적이었음을 암시한다.

그렇다면 존재란 결국 '존재자의 존재'를 뜻할 뿐인가? 이 경우 존재와 존재자 사이의 차이에 관한 존재론적 논구는 무의미한 것이 되어 버리지 않을까? 우선 분명히 해 둘 점은 하이데거 본인이 『존재와 시간』에서 "존재는 그때마다 어느 한 존재자의 존재이다"[6]라고 밝히고 있다는 것이다. 즉, 존재자와 무관한 것으로서의 존재 자체란 허명에 불과하다. 그런데 여기서 '그때마다 한 존재자'란 무엇을 뜻하는가? 그것은 물론 구체적 상황 속에서 현상적으로 드러나는 존재자, 혹은 존재자로서의 현상이다. 그렇다면 앞선 인용문에서의 존재란 구체적 상황 속에서 현상적 존재자를 통해 알려지는 존재를 뜻한다. 즉, 그것은 현상으로서 탈은폐된 존재이며, 바로 그러한 것으로서 현상으로 환원될 수 없는 존재 자체를 은폐하고 있다. 달리 말해 '존재란 그때마다 한 존재자의 존재'라는 존재론적 명제로부터 존재가 '존재자의 존재'로 환원된다는 결론이 따라 나오는 것은 아니다.

'그때마다 한 존재자의 존재'로서 알려지는 존재는 한편, 세계에 속해 있다. 존재를 그 자신의 것으로서 드러내는 존재자란 언제나 세계에서 발견되는 것이기 때문이다. 그러나 현상이 존재의 탈은폐와 은폐의 역동적 통일성으로 파악되어야 하는 한에서 한 '존재자의 존재' 역시 언제나 이미 세계 내부적인 '존재자의 존재'로 환원될 수 없는 것으로서 알려져 있을 뿐이다. 한마디로, 현존재의 '그때 거기(Da)'를 통해 드러나는 세계 및 세계 내부적 존재자들은 그 자체로서 세계 및 세계 내부적 존재자들의 존재로 환원될 수 없는 존재의 탈은폐이자

---

6   Heidegger(1993), *Sein und Zeit*, p. 9.

은폐이다. 후기 하이데거는 이러한 존재론적 존재 이해의 특수성을 '열린 장'이라는 말로 표현한다.

"이 열린 장은 존재자 가운데에서 일어난다. 이것은 우리가 이미 말했던 하나의 본질적 특성을 나타내 보인다. 열린 장에는 세계와 대지가 속해 있다. 그러나 세계는 단순히 환히 밝힘에 상응하는 열린 장이 아니며, 또 대지는 은닉에 상응하는 '닫힌 것(das Verschlossene)'이 아니다. 오히려 세계는, 그것에 따라 모든 결정이 내려지게 되는 그런 본질적 지시들의 궤도를 환히 밝혀 주는 환한 밝힘이다. 그러나 모든 결정(결단)은, '마음대로 지배할 수 없는 어떤 것(ein Nicht-bewältigtes, 제압할 수 없는 것), 은닉된 것, 현혹시키는 것에 근거하고 있으며, 만일 그렇지 않다면, 그것은 결코 결정이 아니다. 대지는 단순히 닫힌 것이 아니라, 오히려 '자기를 닫아 버리는 것(Sich-verschließendes)'으로서 개현하는 것이다. 세계와 대지는 그때마다 그 자체 자신의 본질에 따라 투쟁하고 있으며 또 [이렇게 언제든지] 투쟁 가능한 것이다. 오직 이러한 것으로서만 세계와 대지는 환한 밝힘과 은닉의 투쟁 속으로 들어선다."[7]

세계는 단순히 '환한 밝힘'에 상응하는 열린 장이 아니다. 왜 그러한가? 세계란 현상적인 것으로서 그 자체로 세계 및 세계 내부적인 것으로 환원될 수 없는 존재 자체의 드러남이기 때문이다. 마찬가지로 대지 또한 단순히 은닉에 상응하는 닫힌 것이 아니다. 왜 그러한가? 대지란 현상을 통해 일어나는 존재의 탈은폐와 언제나 이미 통일적

---

[7] 하이데거(2008), 『숲길』, 76쪽 이하. 강조는 원문에 따른 것.

연관을 맺고 있는 존재 자체의 은폐에 대한 은유이기 때문이다. 한마디로, 무엇인가가 은폐된 것으로서 알려진다는 것은 탈은폐를 전제할 수밖에 없다. 바로 그 때문에 대지는 현상 이면에 단순히 감추어지고 은닉된 것일 수 없다. 하이데거가 '대지는 단순히 닫힌 것이 아니다'라고 말하는 이유가 여기에 있다. 대지는 세계 및 세계 내부적인 것으로 환원될 수 없는 것, 현상에 맞서 자신을 닫아 버리는 것으로서, 역설적으로 말해 바로 세계를 통해 자신을 드러낸다. 물론 대지는 세계와 달리 세세히 환하게 드러날 수 없다. 대지의 드러남은 도리어 본질적으로 드러날 수 없는 것으로서 세계에 맞서는 존재 자체의 드러남이며, 바로 그 때문에 자신을 닫아 버리는 것으로서 드러난다.

바로 이 지점에서 전회 이후의 하이데거 사상이 여전히 『존재와 시간』에서 개진된 존재론의 방법론으로서의 현상학에 기반을 두고 있다는 점이 극명하게 드러난다. '존재자의 존재'를 전통 철학적인 실재론의 관점에서 이해하는 경우, 존재는 필연적으로 '존재자의 존재'와 같은 것이 되어 버리고 만다. 예컨대 실재론을 유물론적인 것으로 상정하면 '존재자의 존재'는 물질적 사물인 '존재자의 존재'가 되고, 관념론적인 것으로 상정하면 관념적인 '존재자의 존재'가 되고 만다. 반면 칸트의 선험초월론적 관점에서 '존재자의 존재'에 관해 논하면 존재는 현상의 영역과 ―'사물 자체는 알 수 없다'는 칸트의 명제가 암시하는 것처럼― 경험과 이해의 피안에 놓인 사물 자체의 영역으로 나뉘게 된다. 그러나 앞서 살펴본 것처럼 전회 이후의 하이데거가 말하는 '열린 장'이란 세계와 대지가 투쟁하는 장을 뜻하는 말이다. 즉, 대지란 현상과 무관한 것으로서 경험과 이해의 피안에 놓인 어떤 초월적 존재의 영역을 지칭하는 말이 아니라 현상적으로 열린 존재자의 존재를 그 자신의 탈은폐이자 은폐로 이해하도록 만드는 그 무엇을 지칭하는 말이다. 대지의 이 '무엇'을 어떻게 해석하든, 한 가지 분명한 점은 '열린 장'을 세계로 한정 짓지 않고 세계와 대지가 투쟁하는 장으로 제시하는 것은 분명 존재 자체의 탈은폐와 은폐의 통일로서의 현상 개념을 전제로 한다는 것이다.

2. 시와 존재 사유

전회 이후의 하이데거가 현존재의 실존적 존재 구조에 대한 『존재와 시간』에서의 분석을 전제하고 있음은 후기 하이데거의 사유에서 지속적이고도 반복적으로 나타난다. 예컨대 1950년대의 하이데거는 다음과 같이 말한다.

"존재는 자신의 말-걸음을 통해 인간과 관계 맺으면서만 있어 오고 지속한다. 존재를 향해 열려 있는 인간이 비로소 이 존재를 곁에-있어 옴으로서 오게 하기 때문이다. 그러한 존재는 밝히-트임의 열려 있음을 필요로 하고 이러한 필요성 때문에 그렇게 인간에게 넘겨진 채 남는다."[8]

인용문은 분명 존재란 인간 현존재 없이 있어 오거나 지속하는 것

---

8 Heidegger(2006), *Identität und Differenz* (GA 11), p. 19.

으로서 파악될 수 없음을 역설한다. 즉, 전회 이후의 하이데거 역시 현상학적 방법론에서 출발한 『존재와 시간』의 하이데거와 마찬가지로 존재를 어떤 실재적인 것으로서 이해하지 않는다. 물론 이 말은 하이데거가 존재를 ―유물론적 실재론의 실재와 대립적인 의미의― 관념이나 이데아 같은 것으로 이해함을 뜻하지 않는다. 존재는 그때마다 한 존재자의 존재이며, 이는 현존재와의 관계 속에서 현상적으로 그 자신을 드러내고 또 감추는 것으로서의 존재 외에 다른 어떤 존재에 관해서도 존재론적으로 정당하게 논할 수 없음을 뜻한다.

그렇다면 현존재와의 관계 속에서 있어 오고 또 지속하는 존재란 대체 무엇인가? 이러한 물음의 해답을 후기 하이데거는 다음과 같은 물음에 대한 해명을 통해 구한다. "현존재와의 관계 속에서 드러나는 존재에 대한 사유를 가능하게 하는 것은 무엇인가? 한 가지 ―그리고 아마 가장 중요하고도 근본적인 의미를 지니는― 대답은 바로 시 짓기"이다. 「아낙시만드로스의 잠언」에서 하이데거는 다음과 같이 주장한다.

"사유함은 물론 포에지(Poesie)나 노래라는 의미에서의 시(Dichtung)와 같은 것은 아니지만 그럼에도 불구하고 그것은 시 짓기(Dichten)이다. 존재의 사유는 시 짓기의 근원적인 방식이다. 그 안에서 처음으로 언어는 비로소 언어가 되며, 다시 말해 언어의 본질에 이르게 된다. 사유한다는 것은 존재의 진리를 받아쓴다는 것을 말한다. 사유한다는 것은 근원적으로 **받아쓰는 행위**(dictare)이다. 예술도 언어의 구역 내에서 작용하고 있는 한, 사유란 예술의 시적인 것과 모든 포에지에 선행하는 근원적인 시 짓기(Urdichtung)다."[9]

인용문에 따르면 근원적인 의미의 존재의 사유는 그 자체로 근원적인 시 짓기이며, 이 말은 곧 시 짓기가 존재의 사유를 그 근원적인 방식으로서 지닌다는 것을 뜻한다. 사유함이 근원적으로 받아쓰기라는 명제와의 관계 속에서 보면 결국 존재의 사유와 시 짓기는 모두 그 근원적인 의미에서는 같은 것이고, 여기서 같음은 양자가 다 받아쓰기라는 뜻이다. 그런데 받아쓰기가 어떻게 사유일 수 있을까? 통념적으로 보면 받아쓰는 행위는 참된 의미의 사유와 무관하다. 그는 그저 자신이 잘 들었는지, 또한 들은 바를 잘 옮겨 적고 있는지 스스로 경계하기만 하면 된다. 여기서 우선 한 가지를 확인해 두자. 잘 듣고 잘 받아 적어 남긴 글은 받아쓰기의 시원(始原)이 된 음성과 일치한다. 존재 사유가 근원적으로 받아쓰기라면, 그리고 받아쓰기가 가능한 근거인 시원적 음성을 존재 자체의 음성으로 이해하는 경우, 받아쓰기로서의 사유는 존재와 일치한다. 즉, 하이데거에게 받아쓰기로서의 존재 사유란 존재 자체와 일치하는 사유라는 뜻이다.

그렇다면 존재론적으로 진리란 일종의 대응설적 관점에서 이해되어야 하는가? 이러한 물음은 존재론적 의미의 존재 자체를 어떻게 이

시 짓기(Dichtung)

전회 이후의 하이데거는 예술을 일종의 시 짓기로 규정한다. 시 짓기로서의 예술에서 결정적인 것은 일상 세계를 지배하는 도구적 의미 연관으로 환원될 수 없는 존재 자체의 드러남이다.

9　하이데거(2008), 『숲길』, 483쪽. 강조는 원문에 따른 것.

해하느냐에 따라 달라진다. 만약 존재 자체를 현존재 및 전통 철학적 의미의 의식과 무관하게 존재하는 어떤 실재적인 것을 뜻하는 말로 이해하는 경우, 사유와 존재의 일치는 필연적으로 대응설적 관념이 되고 만다. 그러나 앞서 살펴본 것처럼 존재론적으로 존재 자체란 현존재의 존재와 무관한 것이라는 의미를 지니지 않는다. 존재란 결국 하나의 말이고, 말의 구성과 활용을 가능하게 하는 이런저런 의미연관과 무관한 것일 수 없다. 그러므로 말을 사용하고 또 자신이 사용하는 말의 의미를 자신의 존재에 특유한 방식으로 이해하는 특별한 존재자로서의 현존재와 말로 이루어진 존재는 무관한 것일 수 없기 때문이다. 존재론적으로 사유와 존재의 일치란 근원적인 의미에서는 세계와 대지의 투쟁이 벌어지는 열린 장과도 같은 뜻의 일치이다. 시 짓기로서의 사유 속에서 존재는 세계의 표현으로 한정되지도 않고, 세계와 투쟁하는 대지의 표현으로 한정되지도 않는다. 존재란 근원적으로는, 그것이 현존재와의 관계를 가능 근거로서 지니는 현상을 통해 드러나는 것인 한에서, 탈은폐와 은폐의 통일성을 뜻하는 말이기 때문이다.

대응설(對應說)

진리란 실제 사태에 상응하는 논리적 명제와 같다는 입장을 지닌 전통 철학적 진리론을 가리키는 말이다.

「아낙시만드로스의 잠언」 시작 부분에서 하이데거는 "아낙시만드로스의 잠언은 서양의 사유에서 가장 오래된 잠언이라고 여겨진다"
고 밝히면서 우선 다음과 같은 니체의 번역을 소개한다.

"사물들은 자기가 생겨난 곳으로 반드시 소멸해 가기 마련이다. 왜냐
하면 사물들은 시간의 질서에 따라 마땅히 대가를 치르면서 자기가 저
지른 옳지 못한 일들에 대해 처벌받아야 하기 때문이다."[10]

하이데거가 니체의 번역을 먼저 소개한 것은 아마 우연이 아닐 것
이다. 잘 알려져 있듯이 하이데거는 니체의 사상을 형이상학의 정점
으로 이해하며, 이는 곧 니체의 사상이 존재의 가치로의 전환을 꾀하
는 기술 및 도구성 중심의 존재 이해를 그 암묵적 전제로서 지님을 뜻
한다. 니체 번역문에 등장하는 '대가', '옳지 못한 일', '처벌' 등의 표현
들은 존재와 사물에 대한 도덕적 판단과 해석을 전제로 하는 것으로,
존재 및 존재자를 도덕적 가치의 이념으로 전환시키는 인위적 기술
및 조작이 이러한 해석의 가능 근거라고 볼 수 있다. 그렇다고 하이
데거가 니체의 번역이 완전히 틀렸다고 보는 것은 아니다. 하이데거
는 다음과 같은 자신의 번역이 원문에 보다 충실하다고 주장한다.

"그러나 그곳으로부터 사물들에게는 출현이 존재하되, 또한 필연적인
것에 따라 그곳을 향해 소멸도 출현한다. 왜냐하면 사물들은 말하자면
자신이 저지른 부정에 대하여 시간의 정해진 질서(흐름)에 따라 처벌받
고 서로 대가를 치르기 때문이다."[11]

---

10 하이데거(2008), 『숲길』, 474쪽.

이와 같이 하이데거 자신의 번역에서도 '부정', '처벌', '대가' 등 존재와 사물에 대한 도덕적 이해라고 할 만한 것이 등장한다. 하이데거에 따르면 실제로도 "아낙시만드로스의 명제는 사물들 속에서 정의와 부정에 대해, 형벌과 대가에 대해, 그리고 속죄와 응보에 대해 말하고 있다. 도덕적이고도 법적인 개념들이 자연에 관한 인상 속에 뒤섞여 있다." 여기서 다시 「아낙시만드로스의 잠언」에 대한 하이데거의 관심이 존재와 일치하는 사유, 존재의 음성을 받아쓰기로서의 존재 사유에 대한 성찰을 반영하는 것임을 상기해 보자. 이러한 점에서 보면 하이데거의 다음과 같은 지적은 매우 의미심장하다.

> "[앞의 인용문에서 언급한 것과 같은] 그러한 이유] 때문에 이미 테오프라스트는 아낙시만드로스에 대해, 그는 '자신이 설명하고자 하는 바를 너무 시적인 표현으로 말하고 있다'고 비판적으로 서술한 바 있다."[12]

하이데거는 「아낙시만드로스의 잠언」의 이와 같은 특징을 부정적으로 보지 않는다. 도리어 하이데거는 「아낙시만드로스의 잠언」에서 "자연철학이 문제시되고 있다거나, 거기에서는 부적절하게도 도덕적인 것과 법률적인 것이 뒤섞여 있다거나, 더 나아가 자연·도덕·법 등과 같은 개별적 영역들에 의해 일반적으로 한정된 개념들이 작용하고 있다거나, 마지막으로 거기에는 세계를 무비판적으로 의인화함으로써 시적인 표현으로 피난처를 삼으려는 어떤 원시적인 체험이 널

11　하이데거(2008), 『숲길』, 484쪽.
12　하이데거(2008), 『숲길』, 485쪽. 괄호는 필자에 의한 것.

리 퍼져 있다고 하는 등등의 부당한 선입견들을 우리는 중단해야 한다"[13]고 지적한다. 그렇다면 우리는 대체 어떤 관점에서 「아낙시만드로스의 잠언」을 조망해야 하는가? 그것은 바로, 존재란 오직 현존재와의 관계 속에서만 현상으로서 자신을 드러내며, 동시에 현상으로 환원될 수 없는 것으로서 자신을 감춘다는 하이데거 특유의 현상학적 관점이다.

존재 자체의 드러남으로서의 현상이란 결국 인간 '현존재의 존재'에 그 근거를 둘 수밖에 없는 것이기에 아마 하이데거는 「아낙시만드로스의 잠언」에서 발견되는 존재와 사물에 대한 도덕적 이해를 현존재의 존재 방식과 —여기에는 물론 현존재의 도덕적 자기 이해 및 삶과 존재에 대한 도덕적 태도도 포함되는 바— 무관한 것일 수 없다고 여겼을 것이다. 바로 그렇기에 「아낙시만드로스의 잠언」은 현존재와 무관한 것으로서의 자연 자체에 대한 철학적 성찰로 이해되어서도 안 되고 개별적 영역으로 한정된 도덕이나 법의 개념들에 의존하는 것으로 파악되어서도 안 된다. 중요한 것은 「아낙시만드로스의 잠언」에서 존재와 사물에 관한 현상학적 존재론의 흔적을 발견하는 것이다. 하이데거의 번역문에서 '출현'에 해당하는 독일어 원어는 'entstehen(생기다, 일어나다)'이고 '소멸'에 해당하는 것은 'entgehen(사라지다, 놓치다)'이다. 결국 하이데거의 번역문은 하나의 사물의 현상적 'entstehen(출현)'은 그 entgehen(소멸)이 함께 entstehen(출현)함'을 함축한다. 왜 그러한가? 그것은 한 존재자의 현상적 출현이 존재론적으로 존재 자체의 탈은폐일 뿐 아니라 동시에 은폐이기 때문이다. 존재 자

---

13 하이데거(2008), 『숲길』, 488쪽.

체의 은폐로서 한 존재자의 현상적 출현은 존재 자체에 대한 부정이
며, 여기서 부정이란 존재 자체에 대한 어떤 맞섬이나 논리적 부정과
같은 것이 아니라 '존재자의 존재'로 환원될 수 없는 존재 자체를 '존
재자의 존재'로서 드러냄을 뜻한다.

하이데거는 「아낙시만드로스의 잠언」이 "온타(ὄντα, 존재하는 것)에 관
해 말하고 있다"[14]고 지적한다. 「아낙시만드로스의 잠언」이 말하는
온타 역시 하이데거는 이미 『존재와 시간』에서 명료하게 개진된 탈은
폐와 은폐의 역동성, 즉 "알레테이아"의 관점에서 고찰한다.

"존재는 존재자 속으로 스스로 탈은폐함으로써 스스로 물러서고 있
다(sich entziehen)."[15]

존재의 스스로 물러섬, 즉 존재 자체의 'sich entziehen'은 명백히
하나의 사물의 현상적 'entstehen(출현)은 그 entgehen(소멸)이 함께
entstehen(출현)'함을 함축한다는 하이데거의 잠언 해석에 상응한다.
현상으로 환원될 수 없는 것으로서 존재 자체가 스스로 물러서는 한,
현상이란 결국 시간적인 것, 역사적인 것일 수밖에 없다. 존재 자체
로서 언제나 동일한 현상이 우리에게 알려지는 대신 시간적인 존재
자, 역사적인 존재자인 현존재와의 관계 속에서 지금 이 순간의 현상
은 현존재에게서 일어나는 변화와 함께 소멸해 갈 것이며, 새로운 현
상이 생겨날 것이다. 여기서 소멸과 생겨남은 외적 대립의 관계를 형

---

14 하이데거(2008), 『숲길』, 488쪽.
15 하이데거(2008), 『숲길』, 495쪽.

성하는 고립된 실체로서의 존재자의 현상이 제각각 생겨남을 뜻하는 것이 아니라 존재 자체의 탈은폐와 은폐의 통일성이 그때마다 고유하게 일어나는 현상을 통해 현존재에게 알려진다는 것을 뜻한다.

「아낙시만드로스의 잠언」에 대한 하이데거의 설명은, 후기 하이데거 사상을 특징짓는 핵심 개념 중 하나인 '역운(歷運)' 역시 실은 현상학적 존재론의 토대 위에 서 있음을 알려 준다. 하이데거에 따르면 역운이란 존재 자체의 드러남이 언제나 현존재의 존재를 요구하기 때문에 제기된 개념이다.

"[…] 존재 자체는 존재자 속에서 스스로를 환히 밝히면서 인간의 어떤 본질을 요구한다. 인간의 본질은 역운적인 것으로서 그 안에서(존재의 요구 속에서) 역사적으로 진행되는데, 마치 그것(인간의 본질)이 '존재' 안에 보존되어 있다가 존재로부터 풀려나는, 하지만 그럼에도 불구하고 존재와는 결코 분리되지 않는 식으로 그렇게 역사적으로 진행된다."[16]

존재 자체가 요구하는 인간의 어떤 본질이란 무엇일까? 「아낙시만드로스의 잠언」에서 그것은 분명 '시 짓기로서의 존재 사유'로 제시되고 있다. 그렇다면 시 짓기로서의 존재 사유가 구체적으로 의미하는 바는 무엇인가? 시 짓기로서의 존재 사유가 존재와 일치하는 사유라는 하이데거의 주장은 대체 무엇을 뜻하는가? 이미 살펴보았듯이 하이데거는 「아낙시만드로스의 잠언」에서 받아쓰기라는 말로 시 짓기로서의 존재 사유가 왜 존재와 일치하는지 설명했다. 물론 이러한 설

---

16 하이데거(2008), 『숲길』, 493쪽 이하.

1부 두 원천의 현상학자

명은 엄밀한 철학적 논증과는 거리가 멀다. 대체 존재를 존재 자체로서 받아쓰는 일이 어떻게 가능할까? 받아쓰는 것도 현존재요, 현존재가 받아쓰는 것 또한 현존재 자신의 존재에 근거해서만 비로소 생겨난다. 이 같은 현상의 우회로를 피할 수 없는 한, 현존재가 받아쓰는 것은 어떤 경우에도 존재 자체와 동일시될 수 없지 않을까?

이러한 문제를 해결하려면 우리는 전회 이후의 하이데거 사상 역시 현상학을 그 방법론적 토대로서 지니고 있다는 점을 다시금 분명히 해야 한다. 시 짓기로서의 존재 사유, 존재와 일치하는 근원적 사유로서의 받아쓰기란 『존재와 시간』에서 하이데거가 감각 내지 감각적으로 인지함이라는 말로 표현한 것에 정확히 상응한다.

> "[…] 로고스(λόγος)는 진리의 시원적인 '자리(Ort)'라고 지칭되어서는 안 된다. […] '참'이란 그리스적 의미로, 게다가 언급된 로고스보다 더 근원적인 의미로, 아이스테시스(αἴσθησις), 즉 그 무엇을 순연히(schlicht) 감각적으로 받아들임(Vernehmen)이다."[17]

현존재는 대체 무엇을 순연히 감각적으로 받아들이는가? 그것은 바로 존재의 드러남으로서의 현상, '존재의 탈은폐와 은폐의 역동적 통일성'을 표현하는 현상이다. 아이스테시스가 로고스보다 더 근원적이라는 말은 "로고스는 일종의 보게 함(Sehenlassen)이기 때문에 참이거나 거짓일 수 있다"는 것을 뜻한다. 결국 로고스가 보게 하는 것은 탈은폐된 것(Unverborgenes)으로서의 존재자이다. 즉, 로고스는 근원적으

---

17 Heidegger(1993), *Sein und Zeit*, p. 33.

로 "발견함"이며, 그 무엇을 존재자의 드러남으로써 보게 함이다.[18] 엄밀히 말해 「아낙시만드로스의 잠언」에서 근원적 존재 사유를 시 짓기와 동일시하고, 또 시 짓기를 받아쓰기와 동일시한 것은, 적어도 엄밀한 철학적 논증을 중요시하는 한에서는 정당화되기 어렵다. 사유는 단순한 받아쓰기와 구분되어야 하고, 시 짓기 또한 단순한 받아쓰기를 넘어서는 사유의 계기를 지니기 마련이기 때문이다. 그러나 다른 한편 이러한 비판은 그 자체로 사유를 주체의 능동적 활동과도 같은 것으로 여기는 전통 철학적 편견에 입각해 있는 것인지도 모른다.

아이스테시스(Aisthesis)

아이스테시스는 그 무엇을 순연하게 감각적으로 인지하고 받아들임을 뜻하는 존재론적 용어이다. 『존재와 시간』에 따르면 아이스테시스가 로고스보다 근원적이다. 전회 이후 하이데거 사유의 핵심 개념인 예술 역시 아이스테시스 개념을 통해 규정되고 있다.

지평선을 바라볼 때 우리는 눈에 보이는 지평선 이편의 풍경과 무한을 암시하는 지평선 저편의 공간을 함께 감각적으로 인지한다. 이러한 감각적 인지란 순전히 신체에 의해 생성되는 외부 세계에 대한 감각적 데이터를 근거로 삼아 우리의 의식이 사념하고 판단하는 활동을 함으로써 가능해지는 것인가? 사유와 무관한 감각 활동이 선행

---

18 Heidegger(1993), *Sein und Zeit*, p. 32.

된 이후에야 비로소 사유가 시작되는 것인가? 그렇지 않다. 지평선을 바라볼 때 우리는 오직 사유하는 자만이 헤아릴 수 있는 지평선의 의미를, 지평선에 의해 갈라진 이편과 저편의 세계를, 언제나 함께 헤아리고 있다. 우리는 순전하게 신체적인 감각 데이터를 받아들이는 것이 아니라 매 순간 지평선, 나무, 하늘, 대지, 지평선이 드러내는 유한성과 무한성의 분열을 순연히 감각적으로 받아들이고 있다. 한마디로, 하이데거가 말하는 순연한 감각이, 사유가 배제된 순전한 신체적 감각으로 오인되어서는 안 된다. 현상으로서 드러난 존재를 순연히 감각적으로 받아들이는 것이 존재 사유의 계기를 함축할 수 있는 까닭은, 현존재가 언제나 구체적 상황 속의 존재자, 시간을 자신의 존재로서 지니는 특별한 존재자가 되어 존재 사유의 역사 속에 내던져져 있기 때문이다. 현상이란 존재 자체의 탈은폐와 은폐의 역동적 통일성이 드러나는 것이기에 현상을 순연히 감각적으로 받아들이는 것이 현상을 절대화하는 것과 같다고 여겨서는 안 된다. 현상의 가능 근거인 현존재의 존재가 이미 역사적인 것이기에, 존재가 드러나는 현상역시 어떤 실체적 존재자의 불변하는 속성이 드러나는 것이 아니라, 존재의 역사성이 드러나는 것, 현존재의 존재와 그때마다 새롭게 자신의 존재가 드러나도록 하는 방식으로 관계를 맺는 존재의 근원적 시간성이 드러나는 것이다.

3. 열린 존재로서의 현존재의 존재

후기 하이데거의 사상에서 특히 중요한 표현들은 세계와 대지 사이의 투쟁, 알레테이아, 시 짓기, 사유와 존재의 일치 등이다. 전회 이후 하이데거의 사상이 『존재와 시간』의 현상학적 존재론을 포기했다고 주장하는 연구자들은 이러한 표현들이 후설의 현상학과 무관한, 그리고 그러한 점에서 하이데거 존재론에 고유한, 존재 사유의 반영이라고 본다. 이러한 관점은 두 가지 오류를 범하고 있다. 첫째, 하이데거에게 현상학은 후설 현상학에 국한되어 있지 않다. 하이데거는 철학 그 자체가 본질적으로 현상학적이라고 여기며, 고대 그리스의 철학 역시 일종의 현상학적 성찰에서 출발한다고 본다. 둘째, 이 글에서 밝혀진 것처럼 후기 하이데거의 사유에서 중요한 표현들 역시 현상학적 성찰에 그 근거를 두고 있다. 이러한 점을 분명히 해 두는 것은 하이데거 존재론의 철학사적 의의가 온전히 드러나도록 하는데 매우 중요하다. 예컨대, 만약 후기 하이데거의 철학이 현상학에서 출발하지 않는 것이라면 존재와 사유의 일치란 결국 의식 주체의 명제적 판단과 그 객관적·실재적 사유 대상 간의 대응설적 관점을 뜻하는 말에 지나지 않을 것이다. 이 경우 하이데거의 철학은 전통 철학적 실재론의 조야하고 불명료한 반영에 불과하게 된다.

분명 존재론적으로 '존재자의 존재'란 어떤 의식 주체의 활동에 의해 창조되는 것으로 이해될 수 없다. 존재자와 현존재의 관계에서 활동적인 것은 도리어 존재자이다. '존재자의 존재'를 인지함이란 무엇보다도 순연히 감각적으로 인지함을 뜻하고, 로고스의 활동이 참이거나 거짓일 수 있는 단초 역시 이러한 의미의 아이스테시스(감각)에서 비롯된다. 그런데 감각이란 현존재의 수동적 수용성을 전제로 하는 것이고, 이는 수동적인 존재자로서 현존재가 자신에게 가해지는 존재자의 영향력을 어떤 인위적 행위도 없이 받아들임을 뜻하기 때

문이다. 그러나 현존재가 인위
적 행위를 하지 않는다고 해서
감각되는 것이 현존재의 주체성
과 무관한, 어떤 순수하게 객체
적인 것으로서 알려짐을 뜻하지
는 않는다. 감각적 인지란 결국
현존재의 신체성 및 언어성에 근
거해서 일어나는 것이기 때문이
다. 존재 자체의 드러남(탈은폐)
으로서의 현상이 동시에 존재 자
체의 은폐일 수 있는 까닭은 현
존재가 근원적으로 역사적인 존
재이기 때문이고, 역으로 현존재

하이데거 묘비, 메스키르히(© Zollernalb)

의 존재가 역사적일 수 있는 까닭은 현존재가 어떤 의식 주체가 아니
라 부단한 존재의 작용에 열린 존재이기 때문이다.

참고
문헌

1. 마르틴 하이데거 저서

• 『동일성과 차이』, 신상희 역(민음사, 2009)

후기 하이데거의 대표작 네 편을 수록하고 있는 책이다. 책 제목의 '차이'는 존재자와
존재 사이의 차이를 뜻한다. 하이데거에 따르면 서구 형이상학은 존재자와 존재 사
이의 차이에 올바로 주목하지 못했다. 하이데거의 존재론적 차이 개념은 현대 철학
자들의 형이상학 비판에 매우 큰 영향을 끼쳤다.

• 『숲길』, 신상희 역(나남, 2008)

존재의 진리를 둘러싼 하이데거 사유의 정수를 담고 있는 글들이 담겨 있는 책이다.
시 짓기로서의 예술에 대한 존재론적 해명뿐 아니라 헤겔, 아낙시만드로스, 니체 등
에 대한 하이데거 고유의 존재론적 해석이 나온다. '전회' 이후 하이데거의 사유를 이
해하려면 반드시 읽어야만 하는 책이다.

Heidegger, Martin(1993), *Sein und Zeit*, Tübingen: Max Niemeyer Verlag.

_____(2006), *Identität und Differenz* (GA 11), Frankfurt am M.: Verlag
Vittorio Klostermann.

2. 관련 참고문헌

푀겔러, 오토(1993), 『해석학의 철학』, 박순영 역, 서광사.

2부

원천을 재편한
네 현상학자

1장

막스 셸러,
인격과 동물의 현상학

조정옥

뮌헨대학교 박사

동물에게 영혼이 없다?
당신도 타인에 대해 잘 알지 못하면서
감정이입을 잘못시켜
타인이 감정을 느끼며 영혼도 가지고 있다고
잘못 생각하는 것은 아닌가.

"인간을 오로지 인간되게 하는 것은 생명의 새로운 한 단계가 아니라 [⋯] 모든 각각의 생명 일반에 대해서 그리고 인간의 생명에 대해서 대립되어 있는 원리다. [⋯] 이는 본질 내용들의 직관, 더 나아가서 선의, 사랑, 후회, 경외, 정신적 경탄, 축복과 절망, 자유로운 결단을 포괄하는 특정 종류의 의지적이고 정서적인 활동을 포괄한다. 다시 말해 정신이라는 말이 된다."[1]

"동물은 [⋯] 환경에 몰아적으로 젖어서 살고 있다. 달팽이는 어디로 가든지 자신의 집을 구조로서 짊어지고 다니는 것처럼 동물도 이와 마찬가지로 그러한 환경을 어디로든지 짊어지고 다닌다. 단, 동물은 이 환경을 대상으로 만들 수는 없다."[2]

"많은 사람이 진화를 상승하는 에스컬레이터로, 진보된 유기체들을 계속 생산하는 연속 과정이라고 생각한다. 이런 관점에서 볼 때 언어, 추리, 추상화 등 신피질의 능력은 당연히 인간 최고의 특질이라고 판단될 것이다. 그러나 진화를 수직적으로 개념화시키는 것은 잘못이다. 진화는 피라미드가 아니라 만화경이다. 종의 형태와 다양성은 끊임없이 변하고 있지만 우월성을 매길 수 있는 기초나 특정 계통이 지향하는 정

---

1 Scheler(1983), *Die Stellung des Menschen im Kosmos*, p. 38; 셸러(2001), 『우주에서 인간의 지위』, 63쪽.

2 Scheler(1983), *Die Stellung des Menschen im Kosmos*, p. 42; 셸러(2001), 『우주에서 인간의 지위』, 68쪽.

점 같은 것은 존재하지 않는다."[3]

막스 셸러(Max Scheler)의 철학은 한마디로 감정주의라고 할 수 있다. 당대 칸트학회 회장이었던 막스 셸러는 칸트로부터 많이 배웠다는 것을 인정하면서도 그의 철학을 비판하고 뒤집어 버린다. 비판할 만한 가치가 없는 철학은 비판하지 않는 셸러에게 칸트 철학은 비판할 만한 가치가 있었다. 칸트는 이성을 진리와 선을 인식하는 능력으로 보며 절제를 통해 법칙을 준수하는 근원으로 본다. 셸러는 이성이란 진리를 퍼 올리는 데 있어서 단지 부차적인 역할을 할 따름이며 감정이야말로 진리를 인식하는 주체라고 본다. 진리의 광석은 감정이 캐내는 것이고 이성은 단지 광석을 녹이고 분석하여 순금을 분리해 내는 조수일 따름이다. 감정이 캐낸 광석은 거칠고 모호한 반면에 이성이 다듬어 낸 순금과 순은은 광채가 나고 멋지다. 이런 이유로 대개의 경우 이성을 찬양하게 되는 것이다.

이성의 도덕 법칙은 날카롭게 외친다. 살인하지 말라! 그러나 살인하지 말라는 도덕 법칙의 근원은 생명이 귀중하다는 느낌, 즉 그런 감정에 기인하는 것이다. 감정이 느낀 것을 이성이 법칙으로 명료화한 것일 뿐이다. 칸트는 도덕 법칙이 어디서 나오는가를 말할 때 그것이 막연히 이성으로부터 나온다고 말했고 더 이상 깊은 근원에 대해서는 밝히지 못했다. 감정을 이기심과 악의 근원으로 본 칸트가 여기서 도덕 법칙의 근원을 감정이라고 언급할 리가 없는 것이다.

플라톤 이래 영원불변의 진리를 갈망한 서양 철학사에서는 마구

---

3 루이스 외(2001), 『사랑을 위한 과학』, 49쪽.

요동치며 변하는 감정은 믿을 수 없는 것이고 진정한 자기가 아닌 상태이며 그래서 감정이 담고 있는 것이란 착각과 혼란한 내용일 뿐이라고 간주했다. 그런데 이성적 사고 역시 착각과 오류가 적지 않은데 어째서 감정만 혼동이라고 보았을까? 감정이라는 광대한 영역에서 변화가 심하고 이기적인 것들만을 염두에 두었기 때문이다. 셸러는 감정 영역의 층층을 섬세하게 분석한다. 감정에는 분노나 즐거움처럼 낮은 단계의 감정인 '상태적인 감정'이 있고 가치 직관과 같은 '작용적인 감정'도 있다. 상태적인 감정이 지향하는 대상이 모호한 반면, 작용적인 감정은 대상을 명확히 지향하는 가치 인식작용이다. 셸러는 가슴에도 논리가 있다고 본 파스칼의 직관주의를 이어받아 가슴과 머리, 감정과 이성의 관계를 눈과 귀의 관계처럼 동등한 인식으로 파악한다. 감정과 이성은 각자가 보는 것과 못 보는 것이 있을 뿐이지 어느 한쪽이 우월하거나 열등한 것은 아니다. 그러나 셸러는 결국 경험 속의 작용 측면에서 감정의 이성에 대한 우선성과 더 나아가 인식론적 근원성, 우월성을 주장한다.

인격은 감정과 이성의 종합이라고 할 수 있다. 감정과 이성은 인격적 정신의 두 측면을 이룬다. 셸러의 인격 개념은 중기의 윤리학에서 두드러지지만 여기서는 후기의 철학적 인간학을 인격 개념으로 정리하고 검토하고자 한다. 인간의 본질은 곧 인격의 본질이기도 하기 때문이며, 인간학에서 감지적 충동, 본능, 연상 기억, 실천적 지성, 정신 등 영혼의 단계라고 본 것들은 바로 인격의 단계이기도 하기 때문이다. 셸러 철학에서 정신과 비정신, 인격과 비인격의 간극은 엄청나게 크지만, 정신이 아닌 것, 인격이 아닌 것은 적어도 실제 정신과 인격의 '토대를 이루는 것'이다. 그렇다면 정신의 토대라고 할 수 있는 네 단계를 모두 가지고 있는 동물에게서 마지막 단계인 정신과 인격이 정말 완전히 부정될 수 있는가를 검토해 보자.

정신(Geist)

셸러는 살아 있는 모든 것은 영혼을 갖는다고 본다. 동물은 물론 식물도 영혼을 갖는다. 영혼 위에 위치한 것으로서 인간만이 갖는 것이 정신이다. 정신에는 감정과 이성이라는 두 측면이 있다. 정신 주요 작용은 본질에 대한 직관, 충동과 욕구의 절제, 자기의식과 자기 반성이다.

1. 인격의 정의

사랑과 동감, 부끄러움 모두는 정신의 작용이다. 인격은 한마디로 정신이 작용하는 중심점이다. 셸러에게 인격은 주로 인간만이 소유하는 인간성, 즉 인간의 본질을 내포하는 부분으로서 대표적으로 감정과 이성의 능력을 가진다. 셸러는 과거의 합리론적 철학과는 반대로 감정과 이성을 동등한 인식 능력으로 본다. 셸러에 따르면 감정과 이성이 포착하는 대상이 다를 뿐이지 이성이 우월한 것은 아니다. 이러한 합리주의 비판과 더불어 셸러는 한발 더 나아가 감정이 전적으로 인식의 근원이고 이성은 감정이 퍼올린 인식을 다듬는 보조 도구에 불과하다고 본다.

데카르트(René Descartes)의 사유 실체, 즉 영혼은 보고 듣고 만지는 감각에서부터 시작해 모든 의식 작용을 포괄하는 반면, 셸러의 영혼은 동물적인 부분으로서 감각을 포함한 생물학적인 생명 영위의 주체인 자아에 국한된다. 사고와 판단, 가치 인식의 주체인 정신은 자아나 영혼과 엄밀하게 구분되며 이러한 정신 작용만이 인격에 속하는 것이다. 여기서 문제는 셸러의 논리적 일관성이다. 영혼과 정신의 구분이 철학적 인간학에서는 명확하고 엄밀하지만 중기의 윤리학에서는 그렇지 않다. 후기의 철학적 인간학에서 식물이 가지는 영혼 형태인 감지적 충동, 동물의 영혼 형태인 본능 및 연상 기억과 실천 지성은 인간 안에도 들어 있으며 이것을 영혼이라고 부른다. 영혼은 자연이며 동물적인 반면에 정신은 반자연적, 비자연적, 자연독립적 부분이다. 반면에 중기 철학에서는 영혼과 정신의 구분이 때때로 모호하다. 예를 들면 가치 인식을 쾌·불쾌의 감각적 느낌, 고귀비천의 생명적 느낌, 영혼적 느낌, 진선미의 정신적 느낌으로 구분한다면, 영혼적 느낌이 무엇인지 정체가 뚜렷하지 않다. 특히 셸러는 진선미의 가치(에 대한) 느낌과 성스러움의 종교적 가치 느낌을 구분하면서, 성스러움의 가치 느낌을 정신적 느낌이라고 칭하며 진선미의 가치 느낌과 다른 단계라고 보고 있다. 이때 진선미의 가치 느낌은 정신적 느낌의 아랫단계인 영혼적 느낌이 아닌가 하는 추측을 하게 만든다.

인격과 정신은 불가분리적 관계로서 정신적 작용의 중심이 바로 인격이라고 할 수 있다. 정신적 작용을 부단히 쏘아 보내는 작용 중심이 인격이라면 과연 인격이 실체인지 순수 작용인지 불분명하다. 무엇인가 실체적인 기반이 있어야 거기서 작용도 뿜어져 나오는 것은 아닌지 의문이 들 수 있다. 실체의 개념 정의가 철학자마다 다르기는 하다. 데카르트의 사유 실체도 실체라고 불리지만 물질적 기반을 의미하는 것은 아니며 후설의 순수 자아 역시 물질적인 것은 아니다. 후설의 순수 자아, 즉 선험적 자아는 만인에게 동일한 것으로서 나이나 환경조건의 변화에도 불변하게 남아 있는 것인데, 과연 셸러의 논의에서 인격이 만인에게 동일한 불변적 실체인지는 불분명하다. 인격이 인간 속의 신적인 부분이라 해도 인격은 여전히 개성적이며 유일무이한 성질임에는 변함이 없다. 개인적 인격의 개성과 유일성은 가치 감각 및 가치 선호에서 드러난다고 할 수 있다. 무엇을 좋아하며 어떤 가치를 선호하는가를 모두 종합한 가치 감각 구조가 바로 한 인간의 인격의 중요한 특성이라고 할 수 있다.

인격(Person)

정신적 작용의 중심이 바로 인격이다. 개개인의 인격은 무엇을 사랑하고 선호하는가에 따라 달라지므로 인격은 가치 선호의 복합체라고도 할 수 있다. 인간의 인격은 신의 인격과 본질적으로 동일하다. 인간의 인격은 신적인 부분이라고도 할 수 있다. 광의의 인격은 생명적 신체를 포함하는 것으로 볼 수 있다. 인간 속에는 두 개의 중심이 있는데 그것은 인격, 즉 정신적 중심과 생(生)적 중심이다.

셸러는 인간의 인격뿐만 아니라 우주의 근원적 존재자로서의 신의 인격이 있다고 본다. 셸러 중기의 윤리학에서는 신과 인간의 인격이 닮음을 강조하고 신을 명시적으로 인격이라 불렀다. 가치에 대한 논의에서도 신성함의 종교적 가치를 진선미 등의 정신적 가치보다 한 단계 우위에 있는 최고 가치라고 생각했다. 그러나 철학적 인간학이 등장하는 셸러 후기에는 '신'이라는 용어 대신에 '우주의 근원적 존재'

라는 표현을 사용한다. 우주의 근원이라는 용어에서 우주의 제일원인이라는 고풍스러운 뉘앙스가 다소 풍긴다. 셸러는 중기에 신적 인격을 정통 기독교적인 의미에서 전지전능의 '창조주'로 이해한 반면에, 후기 철학적 인간학에는 헤겔적 뉘앙스를 띠면서 완성되어 가는 '생성 중인 신'으로 보고 있다. 우주의 근원적 존재자는 인간과 마찬가지로 생명과 정신으로 이루어져 있고, 정신적 이념과 가치를 우주 안에 실현하기 위해서는 우주 안의 생명, 즉 자기 안의 생명이 가진 에너지를 빌려서 쓸 수밖에 없다. 인격은 인간 속의 신적인 부분이며 신적인 본질과 동질적인 것을 나누어 가지고 있다. 인격은 단순히 신적인 본질과 유사한 것이 아니라 신적 본질과 동질적인 본질을 실제적으로 가지고 있는 것이다. 후기 철학, 즉 철학적 인간학에서 신적인 인격은 정신적 존재로서 에너지나 힘이 전혀 없는 존재이다. 신적인 인격은 자기 목표를 설정하는 것은 가능하지만 그 목표의 실현을 위해서 스스로의 에너지를 사용할 수 없으므로 우주 전체의 생명적 에너지, 특히 인간의 에너지를 빌려야만 한다. 한 인간이 생명과 정신으로 구성되어 있다면 신적 인격 역시 생명과 정신으로 구성되어 있다. 신적 인격의 생명은 바로 인간을 포함한 우주 전체가 되는 것이다. 인간 정신은 물론이고 신적인 정신 역시 에너지, 즉 힘이 없기는 마찬가지이다. 이는 높을수록 약하다는 니콜라이 하르트만(Nicolai Hartmann)의 존재 원리를 셸러가 받아들인 결과로 나타난 주장이다. 셸러에서 정신의 물리적 에너지 유무는 정신적 사고 능력과는 별개로서 구분된다. 셸러가 말하는 인간 정신의 본질은 정신적 작용의 특성에서 잘 드러난다. 인간 정신은 우주의 보편적 본질을 직관하며 이러한 본질 직관의 필수적 전제인 충동 절제 능력을 갖고 있다.

현대 독일철학자로 추상적 원리로부터의 존재론이 아니라 누구나 경험할 수 있는 자명한 사실로부터 출발하는 아래로부터의 존재론을 시도했다.

정신은 이 세상에서 대상화가 불가능한 유일한 존재이다. 정신은 순수 작용성으로서 작용을 통해서만 존재하기 때문이다. 정신적 중심으로서의 인격은 대상도, 사물도, 대상적 존재도, 사물적 존재도 아니다. 정신의 지향성, 지향 작용은 대상화가 불가능하며 객관화도 불가능하다. 타인의 인격의 자유로운 작용에 참여하는 것은 그 작용을 '뒤따라 수행'하고 '함께 수행함'으로써, 즉 자유로운 작용에 동참함으로써만 가능하다. 타인의 정신은 정신적 사랑을 통해서 이해가 가능한데, 이해란 대상에 대한 자연과학적 인과관계를 통해 설명하는 대상화와는 극단으로 대립적인 것이다. 사랑만이 인격 이해의 길이고, 사랑이 끝나는 순간 인격에 대한 이해의 문이 닫히며 이해도 끝난다고 할 수 있다. 오직 사랑하는 동안만 타인의 이해가 가능하다. 초개별적 정신, 즉 근원적 존재가 수행하는 정신 작용 역시 오직 함께 수행하는 것을 통해서만 참여가 가능하다. 정신에 의한 인식, 즉 본질 직관에 의해서는 본질이 인식되고 사랑 작용에서는 객관적 가치 높낮이가 작용하며 의지 작용은 목표와 연관되는 작용이다.

셸러의 논의에서 이상적 인간상은 최고로 발전된 정신과 충동 간에 최대로 긴장이 완화되고, 정신과 충동이 최대로 조화를 이루는 인간이며 문화적으로 볼 때는 아시아 문화와 유럽 문화의 조화가 이상적이다. 셸러의 관점에서 철학의 두 측면은 정신의 본질 직관과 충동의 디오니소스적 사랑으로서 충동 역시 철학적 정신 작용에서 막대한 중요성을 가진다. 그리고 셸러에 따르면 "모든 종류의 새로운 발전 —동물에서 인간으로, 원시인에서 문명인으로, 아이에서 어른으로의 발전— 과 더불어 과거(앞 단계)를 보존하고 새로운 것에 종합되는 것이 이상적이다."[4]

2. 우주에서 인간 정신의 특징

셸러에 의하면 육체와 영혼은 동전의 앞뒷면과 같은 단일체이다. 심리적·물리적 생명은 하나며 이 단일성은 모든 생명체를 아우른다. 그래서 인간에게도 타당하다. 인간에게서 두뇌와 영혼 또는 영혼과 육체는 불가분리며 더군다나 대립관계에 있는 것이 아니다. 인간에게서 보다 높고, 보다 깊은 질서의 대립은 정신과 생명 또는 정신과 영혼의 대립이다. 생명은 비공간적이나 시간적 존재인 반면에, 정신은 초공간적일 뿐만 아니라 초시간적 존재다. 정신의 지향 작용[5]은 생명의 시간적 과정을 초월하며, 정신은 단지 간접적으로만 생명적 과정에 의존하는 동시에 그 속에 들어 있다. 즉 생명과 정신이라는

---

4 셸러는 또한 아시아와 유럽 사이의 에토스의 균형을 권유한다. "아시아인들은 신 안에서의 서구적인 무(無)우주적 인격 사랑을 기르고, 반대로 서구인들은 우주생(生)적인 감정 합일을 기를 수 있어야 한다." 셸러(2006), 『동감의 본질과 형태들』, 232-233쪽 참조.

5 인간의 의식과 정신의 본질은 대상을 지향한다는 것, 즉 지향성은 현상학의 용어이다.

두 원리는 본질적으로 이질적인 것이다. 생명은 자연에 속하는 반면에 정신은 자연과 대립하며 자연을 초월한 존재다.

셸러는 우주 속에 존재할 수 있는 모든 영혼을 네 단계로 분류한다. 가장 낮은 단계의 영혼은 식물의 영혼으로 감지적 충동이고,[6] 감지적 충동에서 파생된 두 번째 단계의 영혼이 본능이다.[7] 본능에서 고등 동물의 특징인 연상 기억과 실천적 지성이 파생된다.[8] 실천적 지성은 연상 기억에 비해 본능에서 보다 자유로운 단계의 영혼이다.[9] 잠자는 의식에 비유될 수 있는 가장 낮은 단계의 영혼인 감지적 충동은 식물뿐만 아니라 동물과 인간에게도 내재하는 것이다. 무기체적 물질과 식물의 감지적 충동 그리고 동물의 본능과 연상 기억, 실천적 지성은 인격적 정신층 아래에 놓인 것이자 정신 작용이 일어나기 위한 전제이다. 정신층만 따로 유령처럼 허공에 떠 있을 수는 없는 것이다. 또는 넓게 보면 인격의 구성 요소라고도 볼 수 있다.

인간에게는 두 개의 중심이 있다. 그것은 생명 중심과 정신적 중심이다. 정신적 중심이 바로 인격이다. 생명 중심은 충동, 갈망, 본능의 근원인 반면에 정신적 중심은 정신적 작용의 중심이다. 정신적 작

---

6 Scheler(1983), *Die Stellung des Menschen im Kosmos*, pp. 12-17; 셸러(2001), 『우주에서 인간의 지위』, 21-22쪽. 셸러는 식물도 영혼을 갖는다는 입장이고 식물이 갖는 영혼의 형태를 감각과 충동의 혼합인 감지적 충동이라고 불렀다.

7 Scheler(1983), *Die Stellung des Menschen im Kosmos*, p. 17; 셸러(2001), 『우주에서 인간의 지위』, 30-31쪽.

8 Scheler(1983), *Die Stellung des Menschen im Kosmos*, p. 24; 셸러(2001), 『우주에서 인간의 지위』, 41쪽.

9 Scheler(1983), *Die Stellung des Menschen im Kosmos*, p. 33; 셸러(2001), 『우주에서 인간의 지위』, 51-52쪽.

용에는 이성과 감정이 있다. 이성과 감정은 서로 다른 것을 인식하는 대등한 작용들이다. 영혼의 단계들 가운데 정신을 제외한 나머지 네 가지 단계들, 즉 감지적 충동, 본능, 연상 기억, 실천적 지성은 실제 작용과 실질적 삶 속에서 인격과 상호작용할 수는 있지만 최소한 본질적으로 무관하다고 할 수 있다. 영혼은 자연이며 동물적인 부분인 반면에, 정신은 본질적으로 반(反)자연, 비(非)자연, 자연 독립적, 자연 초월적인 부분이므로 영혼과 대립적이며 독립적이다. 과연 그럴 수 있는지를 알기 위해 네 가지 영혼 층을 요약해 보겠다.

① 감지적 충동

식물에 존재하는 영혼은 감지적 충동일 뿐이기에 가장 기본적인 감각조차 결여되어 있다. 감각이란 신경체계를 통해서 생명체의 순간적 기관상태와 운동상태를 하나의 중심에 전달하는 것이며 이 전달을 통해서 다음 순간의 운동이 변화 가능하다. 식물은 이런 의미의 감각, 특수기억, 학습 능력이 없다. 따라서 식물에 대한 훈련 가능성은 없다.

동물의 충동에 해당하는 것, 즉 식물의 성장 및 번식에의 충동은 감지적 충동 속에 포함된다. 식물은 자발적으로 양분을 선택하지도 않고 능동적으로 수정하지도 않는다. 어디에나 있는 무기물에서 영양을 섭취한다. 그러므로 장소 이동이 불필요하다. 감지적 충동은 의식 없는, 감각 없는, 표상 없는 충동으로서 느낌과 충동의 미분리 상태이다. 영양, 성적 만족 등의 목표 방향을 소유하며 빛을 향한 단순한 지향과 회피 대상 없는 쾌락과 고통이 유일한 두 상태이다.[10]

셸러는 감지적 충동이 동물이나 인간 속에서도 작용한다고 본다.

최저 단계의 심적인 것은 정신 활동에 이르기까지 모든 것을 움직이는 증기이며 순수 사고 작용에 에너지를 제공한다. 감지적 충동은 인간 정신에 에너지를 제공할 뿐만 아니라 사물의 실재성을 체험하는 주체이기도 하다. 진선미의 가치를 감정이 인식한다면 사물의 실재성은 충동과 의지의 저항에 의해 감지된다. 저급한 단계의 의지가 바로 식물 속에 있던 감지적 충동인 것이다. 사물의 가치와 사물의 실재성을 인지하는 주체가 제각각 한쪽은 정신이고 다른 한쪽은 충동, 즉 영혼이라면 결국 한쪽은 초자연적인 주체이고 다른 한쪽은 자연적 주체라는 말이 된다.

② 본능

코스타리카의 딸기독화살개구리는 먹이를 섭취하여 몸 안에 독을 만든다. 이것은 하나의 자동적인 과정이며 본능이라고 할 수 있다. 동물의 보호색이나 변색도 본능이며 박쥐가 소리를 듣고 나방을 잡는 것도 본능이다. 본능은 자기 종족뿐만 아니라 공생적인 것도 많다. 아프리카 흑돼지 몸의 벌레를 쪼는 새들의 행위도 본능이라고 할 수 있고 청소물고기의 청소 행위도 마찬가지다. 얼핏 본능인 것처럼 보이는 행위들 가운데에는 실제로 학습이 매개된 행위들도 있다. 독수리를 보고 숨는 것은 병아리의 본능이라기보다는 학습에 의한 것이다. 병아리가 갓 태어났을 때에는 날아다니는 모든 것에 숨는 반응을 하지만 차츰 낙엽이나 목이 긴 새들은 안전하다는 것을 알고서 숨

---

10 Scheler(1983), *Die Stellung des Menschen im Kosmos*, pp. 12-17; 셸러(2001), 『우주에서 인간의 지위』, 22쪽.

지 않게 되고, 독수리에 대해서만 숨는 반응을 하게 된다.[11]

셸러에 따르면 본능은 개별자가 아닌 종을 위해 중요한 전형적 반복 상황에 대응한다. 본능은 계속적으로 종에 기여한다. 같은 종뿐만 아니라 곤충과 식물처럼 다른 종에도 기여할 수 있다. 본능은 개체에 기여하는 시행착오를 통한 자기 훈련이나 학습 그리고 모든 오성(지성) 사용과 명확히 구분된다. 본능적 행위는 개체마다 달라지는 환계(Umwelt, 각 생물종이 반응하며 살아가는 생물학적 환경)의 내용에 대한 반응이 아니라 환계 부분에서 종의 전형적 구조나 질서와 연관된 반응이다. 특수한 내용이 크게 변해도 본능은 착오 없이 진행되나 구조의 미세한 변화라도 생기면 오류를 초래한다. 훈련과 지성에서 나오는 행동은 유연한 반면에 본능은 선천적, 유전적인 것으로, 이는 행동 방식을 습득하는 능력으로서 경직되어 있고 신체 기관처럼 고정불변하다. 본능은 반드시 탄생 직후에 작동하는 것은 아니며 성장과 성숙기가 필요하기도 하다.

셸러는 감지적 충동에 이어서 동물의 본능을 두 번째 영혼의 형태로 제시하고 있다. 본능은 마치 신체 기관처럼 상황에 대처하고 시도한 횟수에 무관하게 애초부터 완성되어 있다. 본능은 고정불변한 것이므로 본능보다 윗단계의 영혼인 연상 기억이나 실천적 지성에 비해 경직되어 있다. 어찌 보면 유연성과 자유가 상대적으로 결여된 경직성으로 인해 셸러가 본능을 저급한 단계의 영혼으로 설정한 것인지도 모른다. 이 본능은 확고하고 불변적인 리듬을 따르고 있으며 개별 또는 연쇄 반응의 복합에 기인하는 것이 아니라 자동적으로 일어

---

11 최재천(2007), 『최재천의 인간과 동물』, 75-78쪽.

난다. 현재 상황뿐만 아니라 시공적으로 멀리 떨어진 것을 목표로 할수 있다. 겨울나기 준비, 알을 낳기 위한 준비가 그 예이다. 개체가 그와 비슷한 상황을 전혀 겪지 않았더라도, 그리고 정보의 전달, 전수, 모방이 배제되더라도 마치 양자 이론에서 전자들이 움직이듯, 또 마치 미래를 예견하듯 일어난다. 본능은 개별자가 아닌 종을 위해 중요한, 전형적인 반복 상황에 대응한다. 즉 본능은 계속적으로 종에 기여하는(artdienlich) 것이다. 또 같은 종뿐만 아니라 곤충과 식물의 관계처럼 다른 종에도 기여할 수 있다.[12]

③ 연상 기억

파블로프의 개 실험에서 음식을 보고 개가 침을 흘리는 것은 본능인 반면에, 종소리에 의해 침을 흘리는 것은 연상 기억에 따른 조건 반응이다. 셀러는 본능에서 연상 기억과 실천적 지성이 파생되었다고 본다. 여기서 파생의 의미는 논리적인 것도, 존재론적인 것도 아니며 정확하지 않다. 다만 높은 기능이 낮은 기능에서 파생되었다는 설명은 어딘가 모르게 진화론을 연상시킨다. 낮은 존재의 힘을 강조한 듯한 것은 니콜라이 하르트만의 영향을 감지하게 만든다. 연상 기억의 토대가 조건 반사다. 연상 기억은 내적이고 조건 반사는 외적이다. 시행착오와 시도 횟수에 엄격히 의존하며 충동 만족이 효과적이었던 행동이 실패했던 행동보다 빈번이 반복되고 고정되어 습관과 훈련이 된다.

---

12 Scheler(1983), *Die Stellung des Menschen im Kosmos*, pp. 17-24; 셸러(2001), 『우주에서 인간의 지위』, 33쪽.

앞서 언급했듯이 개가 음식물을 보고 침 흘리는 반응은 무조건적 자극에 의한 무조건적인 반응, 즉 본능인 반면에 종소리에 침을 흘리는 것은 조건 자극에 의한 조건 반응, 즉 조건 반사이다. 실험 전 일반 상황에서 종소리는 아무 반응도 일으키지 않는 중립 자극이었지만 실험 속에서 반복된 습관으로 인해 종소리가 조건 자극으로 변화한 것이다. 종과는 별개로 개개의 개체가 살아가면서 겪는 개체적 경험과 습관에 따라 영혼은 개성적인 변화를 겪게 되는데 연상 기억은 변화를 일으키는 요인 가운데 한 가지다.[13] 파블로프나 그를 바탕으로 한 셸러의 연상 기억 이론은 기억 가운데서도 종소리 같은 경험 내용에 국한되어 있다. 실제로 영혼을 변화시키는 것에는 개체가 경험으로 인해 획득하고 축적한 내용의 기억뿐만 아니라 새끼 꼬는 동작의 기억처럼 작동을 기억하는 무의식적이고 내재적인 기억도 있다.

이 점을 여기서 좀 더 상세히 부연 설명하고자 한다. 셸러의 철학적 인간학에서 본능의 틀은 종의 구성원에게 공통적인 운명이며 마치 육체처럼 변경될 수 없는 것인 반면에, 연상 기억은 개인적인 기억에 의해서 개성적인 영혼을 만든다. 먹이와 종소리를 자주 동시에 접하게 되면 종소리에 침이 분비되고, 먹이와 피아노 소리를 자주 동시에 접하게 되면 피아노 소리에 침이 분비될 것이다. 여기서 셸러가 말하는 기억이란 사건 내용에 대한 기억, 즉 외적 기억에 국한되어 있고, 운동화 끈 매는 법을 배우고 기억하는 작업 기억, 즉 내적 기억은 지나치고 있다. 토머스 루이스의 『사랑을 위한 과학』을 참고해 보면, 기

---

13 Scheler(1983), *Die Stellung des Menschen im Kosmos*, pp. 30-31; 셸러(2001), 『우주에서 인간의 지위』, 41-51쪽.

억은 삶의 무수한 현상들을 수집하여 통일적 전체로 만드는 작용을 하는 것이며 내가 누구인가라는 개인의 정체성을 형성하고 유지해 준다.

루이스에 따르면 기억에는 두 가지가 있다. 하나는 언제, 누가, 무슨 옷을 입고 어떤 말을 했다는 등의 외적 기억이고, 다른 하나는 자전거 타는 법을 배울 수 있게 해 주는 등의 내적 기억이 있다. 외적 기억은 아기의 경우 미완성이고 신경 발달 과정을 거쳐서 완성되는 반면에, 내적 기억은 어떤 준비 과정도 필요 없이 이미 태어나기 전부터 제 역할을 한다. 또한 외적 기억의 구조는 나이에 따라 서서히 쇠퇴하는 반면에, 내적 기억은 건강함을 그대로 유지한다.[14] 내적 기억은 지성적·의식적·개념적인 통로나 단계와는 독립적인 것으로, 직관과 느낌에 의존한다. 아무리 지적으로 이해를 하고 교육을 받더라도 감정이 변하지 않는 일이 많다. 이해, 생각, 개념, 추상화는 감정을 담당하는 변연계나 파충류의 뇌 앞에서는 무력하다. 비합리적 감정과 정서는 논리 속에서 구원을 얻을 수 없다. 이성이 위험하다, 피하라고 아무리 크게 외쳐도 감정과 의지는 그대로 앞으로 내달린다.

외적 기억을 창조하는 하드웨어는 뇌의 측두부에 있는 해마이다. 해마가 고장 나면 보거나 행동한 어떤 것도 기억하지 못하고 불변하는 현재 시점에 갇히게 된다. 건강한 정신은 매 순간 과거로 날아간다. '저 사람이 누구지?', '자동차 열쇠를 어디에 두었지?' 그러나 정밀 조사 결과 외적 기억이 없는 상태에서도 학습 능력이 잔존한다는 것이 밝혀졌다. 그것은 바로 내적 기억 때문이다. 외적 기억을 잃은 환

---

14 루이스 외(2001), 『사랑을 위한 과학』, 151-173쪽.

자가 새끼 꼬는 법을 배우고 익힌 다음 새끼 꼬는 법을 아느냐고 묻자 모른다고 답했다. 그러나 그에게 세 가닥의 천을 쥐어 주자 그는 주저 없이 새끼를 꼬기 시작했다. 외적 기억은 의식에 반영되는 반면, 내적 기억은 그렇지 않다. 우리 인식에 포착되지 않는다. 내적 기억은 우리가 동작을 알면서도(할 수 있으면서도) 묘사와 설명이 불가능하다. 작동과 원인을 알진 못하지만 어떤 느낌을 발전시켜 논리적인 뇌로서 해결할 수 없었던 복잡한 문제의 핵심을 직관적으로 파악하는 것이 가능하다.

내적 기억은 무의식적 해답과 해결, 즉 직관의 영역으로 보이기도 한다. 내적 기억은 직관 내면의 감각, 육감의 영역이다. 직관은 발전하고 있으면서도 어떤 말로도 표현이 불가능하다. 내적 기억은 보이지 않는 학습 능력의 영역이다. 원어민들은 언어를 알고 사용하면서도 설명하지 못하고, 규칙을 인식하거나 설명하지 못한다.

"아이들은 가르침이 없어도 언어를 습득한다. 그들이 언어적 규칙을 습득하는 것은 스펀지가 물을 흡수하는 것과 같다. 모든 언어는 복잡하지만 혼란스러운 것은 없다. 우리의 신경계는 그 밑에 놓은 규칙성을 간파하여 경험의 바다로부터 되풀이되는 유형들을 건져 올린다."

의식이라는 친숙하고 분명한 분석장치 이면에는 조용하고 어두운 힘이 작용한다. 이로부터 무의식적 행동, 비합리적 확신의 이유가 나중에 밝혀지거나 끝내 밝혀지지 않는 육감들이 생겨난다.

내적 기억은 세상을 바라보는 우리의 창을 휘게 만든다. 안으로 들어오는 모든 감각적 인상은 복잡하고 거친 모서리를 연마하는 과정,

곧 여과 과정을 거쳐서 우리 안으로 들어온다. 우리에게 들어오는 모든 경험은 눈에 보이지 않고 때로는 믿지 못할 (무의식적·감정적) 추론의 층들을 거친다. 내적 기억은 우리에게 지각되거나 의식되지 않는다. 우리는 우리 자신도 알 수 없고 의식할 수도 없는 내적 기억에 의해서 사건들을 해석하고 받아들인 뒤 해석된 것을 진실이라고 믿고 사는 것이다. 이 세계가 보이는 대로 존재한다고 생각하는 것은 신경의 자극에 따른 순진한 현실주의다. 대개의 사람은 그렇게 믿으며 살아간다.

"세계의 모든 것들은 우리 눈에 보이는 대로 존재하는 것처럼 보인다. 그렇지 않은 것처럼 보이는 것은 불가능하다."

— 움베르토 에코

비슷한 사건에 대해서도 현실은 개인적인 것이며 개개인에 따라 다르다. 그러나 사람들은 자신의 감각을 믿으며 그 결과, 자신만의 가상 세계로 구축된 각자의 종교를 열렬히 신봉한다. 마음의 눈앞에 있는 모든 것이 정교한 꿈이자 몽상의 세계라는 것을 아는 사람은 대단히 드물다. 뛰어난 지혜를 가진 사람만이 자기 자신의 정신을 의심할 줄 안다.

셸러의 연상 기억으로 되돌아가 보면 본능을 벗어나서 개인적 영혼을 변화시키고 개성적으로 만드는 것에는 외적 기억인 셸러의 연상 기억뿐만 아니라 셸러가 언급하지 않은 무의식적인 내적 기억도 있다. 트라우마처럼 외적 기억도 내적 기억, 내적 메커니즘을 변하게 하지만 내적 기억도 외적 기억에 영향을 미쳐 자기도 모르는 사이에 세상을 경험하는 렌즈를 휘게 만든다. 외적 기억이든 내적 기억이든 세상에 대한 정확한 표상을 주는 것이 아니다. 다만 개인의 영혼을 서로 다르게 형성해서 각자의 세계상을 만들고 변화시키는 것이다. 기억은 어찌 보면 생존 도구이며 따라서 정확성이 요구되는 것은 아니다. 어느 정도 살아 나갈 수 있다면 대강의 기억으로도 충분하다. 시간에 따라서 다른 기억이 유용하다면 이전의 기억은 사라지게 마련이다. 인간 기억의 황당한 부정확성은 많은 실험으로 입증되었다. 시험을 치르기 위해서 어떤 내용을 정확히 기억하려는 것은 어찌 보면 뇌의 존재 목적에 맞지 않는 부자연스러운 것이다.

④ 실천적 지성

연상 기억보다 좀 더 개인적이고 유연한 영혼의 형태가 실천적 지성이다. 풀리지 않는 해결의 실마리가 생존의 상황에서 갑자기 직관되는 것은 바로 실천적 지성의 작용이다. 문제의 해결은 종뿐만 아니라 개체에게도 혁신적인 사건이다. 쾰러(Wolfgang Köhler)의 실험으로 침팬지가 도구를 사용하여 먹이를 획득할 수 있음이 입증되었다. 이것으로 실험 동물이 지닌, 가장 단순하지만 여전히 지성에 속하는 행위, 즉 동물의 지적 행위를 인정하게 되었다. 동물의 모든 행동이 본능이나 연상이라 볼 수는 없고 순수 지능, 지성적 행동이 있다는 결론이 내려졌다. 연상 기억에서 생성된 또 하나의 새로운 심적 형태가 실천적 지성이다. 이것은 선택 능력이나 선택 행위에서 확인할 수 있는데, 재화 사이에서의 선호 능력, 번식에서 단순한 성충동을 초월한 동족 및 동료의 선호 능력이 된다. 지성적 행위란 종이나 개체에 전혀 새로운 상황에서 시험도 없이 행하는 유의미한 행위이며 과거에 이미 했던 충동 과제를 해결하려는 시도 횟수와 무관하게 갑작스럽게 떠올려 행하는 해결 행위이다. 지성이란 환계 내의 연관 사태, 가치 사태에 대한 갑작스러운 통찰로서, 재생산적이 아니라 생산적인 사고이며 새로운 사태의 예감이다.[15] 데카르트에게는 동물의 영혼조차 인정되지 않았으며 동물에게 지성이 있다는 것도 오랫동안 거부되어 온 반면, 쾰러 그리고 셸러에 의해서 동물의 지성이 인정된 것이다. 그러나 셸러는 지성 이상의 것을 동물에게 인정하기를 거부한다. 지성 이상의 것이란 셸러가 인간 특유의 본질이라고 생각한 정신을 의미한다.

⑤ 정신

감지적 충동, 본능, 연상 기억, 실천적 지성은 정신적 인격과 대립을 이루는 동물적인 자연적 영혼에 속한다. 물론 광의로 보자면 이들 모두가 인격 작용을 가능케 하므로 인격의 토대이며 인격의 구성 요소라고 할 수 있다. 동물적 지성을 초월하는 인간 정신의 특징은 셸러의 철학적 인간학의 최고 정점을 이룬다. 동물에게도 지능이 있다면 인간과 동물 간에는 양적인 차이만 있을까 아니면 그 이상의 차이가 있을까? 그 차이는 본질적인 차이일까? 셸러에 따르면 인간과 동물의 차이를 결정짓는 새로운 원리가 있으며, 이것은 양적인 차이가 아니라 본질적 차이를 만든다. 이 원리는 생명을 벗어나 있고 심지어 인간이 가진 생명으로부터도 벗어나 있다. 이것이 바로 정신이다. 정

---

15 Scheler(1983), *Die Stellung des Menschen im Kosmos*, pp. 30-33; 셸러(2001), 『우주에서 인간의 지위』, 54쪽.

신적 작용의 중심이 인격이므로 이것은 인격이기도 하다.

인간의 본질, 즉 인간의 특수 지위는 지성과 선택 능력보다 더 높은 곳에 위치해 있다. 그것은 곧 정신으로서 생명의 바깥에 놓여 있으며 모든 생명 그리고 인간 속의 생명과 대립된 원리다. 정신은 이성을 포괄하며 이념에 대한 사고 이외에 본질 직관, 선의, 사랑, 후회, 경외, 놀라움, 행복, 절망, 자유 결단과 같은 의지적, 감정적 작용을 포괄한다. 정신은 자연에 속한 것이 아닌 반자연적, 비자연적, 자연 독립적, 자연 초월적인 것이다. 인격은 정신이 출현하는 작용 중심으로 생의 중심(혼의 중심)과는 대비된다. 정신적 존재의 근본적 본질은 유기적 영역에서 벗어남, 유기적인 것의 압력과 회로에서부터 자유, 그리고 충동적 지성에서도 벗어남, 환계로부터의 자유(umweltfrei), 세계 개방성(weltoffen), 세계 소유성(welthaben)이다.[16]

인식이란 인간을 둘러싼 세계의 사물(저항 중심, 반작용 중심)에 대한 대상화와 그 대상의 속성 파악이다. 합(合)사상성(Sachlichkeit)이란 대상의 성질 자체를 파악하는 것이다. 이것은 생의 충동 체계와 감각 기능에 의해 대상 세계의 경험이 제한되지 않는 상태를 말한다. 합사상적 존재만이 동물과 반대되는 태도로 현실을 대할 수 있고 정신을 가질 수 있다. 인간 또는 정신적 인격은 충동에 따라서가 아니라 충동을 부정하고 순수한 사태 연관과 가치 연관, 즉 순수히 속성에 따라서 행동할 수 있다. 인간은 부정할 수 있는 자, 금욕하는 존재, 단순 현실에 대한 영원한 저항자이다.

---

16 Scheler(1983), *Die Stellung des Menschen im Kosmos*, p. 38; 셸러(2001), 『우주에서 인간의 지위』, 64-65쪽.

세계 개방성(weltoffenheit)

동물이 생물학적 자극과 반응의 세계인 환계에 갇혀 있는 반면에 인간은 충동 절제 능력이 있으며, 따라서 환계에서 벗어나서 세계를 갖는 존재이다. 세계 개방성의 의미는 '세계를 가짐', '세계가 열려 있음'이다. 세계란 생물학적 의미를 초월한 인간만의 정신적 의미 세계라고 할 수 있다.

세계 소유성(welthaben)

셸러에 따르면 동물은 생물학적 반응과 적응 세계인 환계를 갖는 반면에, 인간은 환계를 초월하는 의미 세계를 갖는다. 인간만이 세계를 소유한다.

합사상성(Sachlichkeit)

셸러에 따르면, 동물은 생존적 이해에 따라 사물을 파악하는 반면에 인간은 사물의 속성을 있는 그대로, 즉 사태 그대로 볼 수 있다. 그는 이런 인간의 특징을 합사상성이라 불렀다. 이 합사상성을 헹스텐베르크(Ernst Hengstenberg)가 받아들이면서 '사물의 존재 의미에 적합하게 사물을 존중하고 대접한다'는 다소 윤리적인 의미로 전환시켰다.

헹스텐베르크는 셸러의 합사상성을 받아들여 그 범위를 우주 또는 타자의 존재에 대한 배려에 이르기까지 확장시킨다. 그의 합사상성 개념을 보면 사물을 소유의 목적 없이 인간 자신의 생명 보존과 무관하게 순수히 다루는 태도, 우리가 만나는 존재자 자체를 위해 그에게로 향하는 태도, 단순한 소유를 향하지 않는 태도, 즐거워하며 호의로 동식물을 대하는 태도, 그들을 위해 사용 목적 따위는 생각지 않고 자신의 호흡을 사물의 호흡과 하나로 일치시키는 태도, 인격적 참여를 통한 참된 헌신의 태도 등이다. 헹스텐베르크에 따르면 눈은 반사된 빛을 볼 수 있을 뿐 아니라, 학문 연구 활동을 위해 논문을 읽는 등 합사상적 탐구에도 쓰일 수 있다. 허파는 생명 유지에 기여하지만, 말하거나 노래를 부르기 위해서도 달려 있다. 하나의 동일한 기관이 동시에 생물학적 기능과 합사상적 기능을 하면서 생존뿐만 아니라 합사상성에도 기여하는 것이다.

ⓐ 정신의 세계 개방성

셸러에 따르면 동물은 대상을 갖지 못한다. 동물은 생물학적인 자극과 반응의 세계인 환계 속에 탈자적(자기를 망각하고 초탈함)으로 들어가서 산다. 동물은 환계를 달팽이집처럼 어디에나 지고 다닌다. 그러나 이 환계를 대상화할 수는 없다. 환계를 세계로 만드는 일을 할 수 없으며 환계로부터 해방될 수 없다. 인간은 정신의 힘으로 환계를 세계 존재라는 차원으로 확장하고 사물의 저항을 대상화한다.[17] 그뿐만 아니라 자기 자신의 생리적·심리적 특성, 심적 체험을 대상화한다. 동물은 보거나 듣지만 자신이 보거나 듣는다는 것을 알지 못한다. 동물에도 심리가 작용하지만 동물은 심리학자나 생리학자가 아니다.[18]

---

17 사물의 실체는 우리에게 저항으로 다가온다. 즉 우리의 무의식 속에서 저항체로서 인식되는 것이다. 사물을 대상화하는 것은 곧 저항체를 대상화하는 것이다.

18 Scheler(1983), *Die Stellung des Menschen im Kosmos*, pp. 40-42; 셸러(2001), 『우주에서 인간의 지위』, 69-70쪽.

셀러에 의하면 동물은 철두철미하게 충동과 환계에 구속되어 있는 반면에 정신적 존재는 이 환계로부터 자유롭고 세계를 향해 개방되어 있다. 그러한 정신적 존재는 스스로가 환경에 대립할 수 있으며 환계 내의 저항 중심들을 대상화할 수가 있다. 그렇게 함으로써 환계가 세계(Welt)로 되고, 환경 내의 저항 중심들이 대상으로 된다. 정신은 대상의 속성을 파악할 뿐 아니라 본질 직관에 의해서 본질도 파악한다. 정신은 외부 세계를 대상화할 뿐만 아니라 자기 자신도 대상화할 수 있다. 이것이 자기의식이다.

셀러와 유사한 이론을 전개하는 헬무트 플레스너(Helmuth Plessner)는 인간을 탈중심적 존재로 정의하고 있다. 플레스너에 따르면 동물은 자기를 중심으로 하여 살아가나, 중심으로서는 살아가지 못한다. 동물에게는 자기 존재가 자신에게 은폐되어 있다. 지금-여기라는 위상적 중심에서 한 발짝도 멀어지지 못한다. 이 중심은 절대적인 지금-여기(das absolute Hier-Jetzt)가 된 것이다. 반면에 인간은 완전한 반성성으로서 자기 존재가 명백히 주어지고 의식된다. 동물의 삶이 '중심적'이라면 인간은 이 위상적 중심에서 거리를 벌릴 수 있으며, 중심성을 깨뜨리지 않으면서 동시에 탈중심적이다. 한편, 겔렌(Arnold Gehlen)은 셀러나 플레스너와는 반대로 세계 개방성이나 탈중심성은 날개, 털가죽, 지느러미 등 인간의 신체적 결핍에 기인한 또 다른 생존 전략에 불과한 것이지 우월성은 아니라고 본다.

ⓑ 사물 범주와 시공간 형식을 갖는 정신

인간만이 구체적인 사물 범주와 실체 범주를 갖는다. 동물은 시각, 청각, 촉각, 후각에 주어지는 사물을 하나의 동일한 구체적 사물에 연

셸러와 동시대에 철학적 인간학을 전개한 플레스너는 인간의 본질을 탈중심성이라고 본다. 동물이 자기 중심에 갇혀 있는 반면에 인간은 자기 중심으로부터 빠져나와 자기를 들여다볼 수 있는 존재이다. 플레스너는 셸러와 독립적으로 자기 사상을 전개했음에도 이는 셸러의 세계 개방성을 가리키는 다른 표현인 듯한 인상을 준다.

관시킬 능력이 없다. 그러나 인간은 형식으로서의 공간을 갖는다. 동물은 개별적 사물 이전에 있는 고정된 형식으로서의 공간을 떠올릴 수 없다. 동물에게는 시간과 공간이라는 빈 형식(내용이 없는 채로 존재하는 공허한 형식 그 자체)이 없다. 빈 형식이란 충동적 기대가 늘 채워지지 않는 존재에게 있을 수 있다. 동물은 시간 공간의 공허한 형식을 환계 사물의 내용과 분리하지 않는다. 그때그때 현재의 구체적 현실 속에 빠져들어 산다. 반면에 인간은 자기 자신이 느끼는 가슴의 공허를 시공의 무한한 공허로 간주한다. 동물은 둘레 공간을 가지나, 세계 공간은 갖지 못한다. 정원 전체와 같은 전체 공간을 떠올릴 수 없다.[19] 인간만이 생명체로서의 자신을 뛰어넘어 마치 시공 세계의 피안에 있는 듯이 모든 것을 인식의 대상으로 삼을 수 있다. 그래서 인간은 생명체로서의 자신 그리고 세계보다 우월한 존재로서 아이러니나 유머의 능력을 가진다. 이는 자신의 존재를 뛰어넘는 것이다.

---

[19] Scheler(1983), *Die Stellung des Menschen im Kosmos*, pp. 44-46; 셸러(2001), 『우주에서 인간의 지위』, 74-76쪽.

ⓒ 정신의 본질 직관(이념화 능력)

셀러에 따르면 이념화란 본질 직관으로서 관찰 횟수에 무관하게, 귀납 추리와는 독립적으로 본질을 파악하는 것이다. 석가가 단 한 사람의 병자를 보고 인생이 고통임을 직관했듯이. 직관이란 추리처럼 단계적인 것이 아니라 비약적인 것이며 논리적 절차를 통해서 설명하거나 해명할 수 없는 것이다. 바로 이러한 이념화로부터 학문이 형성되는 것이다. 선천적 지식을 소유하며 본질과 존재를 분리하는 능력이 인간 정신의 특징이다.

사물의 현실적인 성격을 지양하고 부정하여 탈현실화하는 것이 본질 포착의 전제이다. 즉 본질의 포착을 위해서는 탈현실화가 필요하고 실재 인상을 없애며 속세적 불안[20]을 제거하는 것이 필요하다. 본질 인식을 위해서는 후설식의 단순한 존재 판단의 에포케, 즉 판단 중지뿐만 아니라 충동의 지양, 즉 금욕 작용도 필요한 것이다. 인간은 충동에 대해 아니라고 말할 수 있는 존재다. 부정이란 세계의 탈현실화이다. 모든 실재는 생명체에게 압력을 가하고 방해하는 힘을 행사한다. 이로부터 우리 안에 순수한(대상 없는) 불안이 발생하는 것이다. 생(生)충동의 지양에서 탈현실화의 금욕 작용이 성립한다. 이것은 정신만이 할 수 있다. 반면에 동물은 현실에 대해 항상 긍정한다. 인간은 아니라고 말할 수 있는 자, 생충동의 금욕자, 모든 현실에 대항하는 영원한 반항자, 영원한 파우스트, 항상 여기-지금 존재의 한계를 부수고 현실을 초월하려고 욕구한다.[21]

---

20 불교적 의미의 속세, 즉 일상에서 일어나는 불안이다.

21 Scheler(1983), *Die Stellung des Menschen im Kosmos*, pp. 50-56; 셀러(2001), 『우주에서 인

셀러에 의한 본질 인식의 두 가지 기능이란, 실증 과학에서는 공리의 최고 전제를 형성하는 것이며, 철학적 형이상학에서는 절대자를 들여다보는 창이 되는 것이다. 본질과 실존 그리고 존재와 현존재(Dasein)의 분리 능력이 인간 정신의 근본적인 징표이며 단순한 지식이 아니라 선천적 지식을 가졌다는 것이 인간의 본질이다. 이성은 역사적으로 변화한다. 단지 소질과 능력으로서의 이성 자체만이 고정불변하다. 동물은 온전히 구체성과 현실 속에 들어가 산다.

3. 동물의 인격을 생각함: 비판적 고찰

"데카르트는 실제로 동물들에게는 인간과 같은 느낌이 없다고 주장했다. 영혼을 갖고 있지 않은 복잡한 기계일 뿐이라는 이유 때문이다. 데카르트는 숨길 수 없는 고통으로 비명을 지를 때조차 동물들은 단지 그들의 내적 메커니즘의 명령을 따르고 있을 뿐이라 생각했다. 그러나 인간의 고통 메커니즘이 동물의 고통 메커니즘과 크게 다르지 않다는 사실이 밝혀진 오늘날에는 감각적인 인간과 기계 같은 동물 사이의 데카르트식 구분은 큰 의미를 갖지 못한다."[22]

동물에 대해 잘 알지 못하면서 감정이입을 잘못시켜 동물도 감정을 느낀다고 하는 것은 오해라는 철학자도 종종 있다. 거기에 대해서

간의 지위』, 93쪽.
[22] 에번스(1966), 『감정: 감정의 과학으로 가는 가장 사랑스런 지름길』, 166쪽.

우리는 반문할 수 있다.

"당신도 타인에 대해 잘 알지 못하면서 감정이입을 잘못시켜 타인이 감정을 느끼며 영혼도 가지고 있다고 잘못 생각하는 것이 아닌가?"

타인의 몸을 보고 그 안에 영혼이 있음을 유추하는 것이 아니라 영혼의 유무는 직접적으로 직관될 수 있다. 이것은 셸러의 주장이기도 하다. 그렇다면 우리는 마찬가지로 동물의 영혼 역시 직접 직관된다고 할 수 있다. 자연과학 분과에서는 과거 시대의 오류적 이론은 폐기되어 누구도 거론하지 않는다. 예를 들면 프톨레마이오스의 천동설은 박물관에서나 찾아볼 수 있다. 반면에 철학 분야에서는 과거 오류를 품은 이론의 유령들이 완전한 증명이 불가능한 철학의 성격상 퇴치되지 않고 있다. 무엇보다도 막연한 철학 숭배 때문이다. 바로 데카르트의 동물 기계설이 그런 예이다. 아직도 데카르트를 숭배하고 동물 기계설을 믿는 자들이 많은 것은 부끄러운 일이다. 다행히도 셸러는 동물에게 영혼뿐만 아니라 실천적 지성까지도 부여했다.

그러나 셸러는 인간과 동물이 감지적 충동, 본능, 연상 기억, 그리고 실천적 지성을 공집합으로 가지고 있음을 인정하는 반면, 돌연히 인간과 동물 사이에 절벽을 설정하고 인간만이 동물이 가지지 못하는 정신을 가진다고 제시하였다. 여러 개의 영혼 지반층이 동물에게 모두 존재하는 반면에 유독 그 위에 한 개의 층, 즉 정신적 인격층만이 제로로 설정되어 있다. 동물과 인간 간의 간격이 갑자기 넘을 수 없을 정도로 벌어지게 되었는데 과연 이것이 정당한지를 현대의 발달된 동물 행동 연구를 통해 검토해야 한다. 인간 중심주의, 인간 우월주의의 전통 철학적 전제가 부활한 것은 아닌지, 그것을 뒷받침해 주는 논거가 충분한지를 살펴보아야 한다. 셸러의 생존 당시 동물 행동학이 충분히 발달되지 않은 탓으로 셸러가 동물의 정신을 거부했을 가능성도 배제할 수 없다.

동물에게 확실히 존재하는 것은 희로애락의 느낌이다. 셸러도 동물은 지능보다도 감정적인 면에서 인간에 더 가깝다고 보고, 동물에게서도 화해, 선물, 돕기와 유사한 것을 찾아볼 수 있다고 주장한다. 그러나 셸러는 동물이 가치 선호를 가지고 있지 않다고 봤다.[23] 이것이 과연 사실인가? 누가 보아도 동물 역시 기쁨, 슬픔, 분노, 외로움을 느낄 뿐만 아니라 셸러의 관점과는 반대로 동물도 가치 선택을 할 수 있다. 예를 들면 동물도 짝을 선택할 때 종에 고유한 기준과 더불어 개체에 고유한 선택 기준이 있다.[24] 동물에게는 희로애락의 감정이 있으며 트라우마도 겪는다. 동물에게 부족해 보이는 것은 이성적·개념적·논리적 사고이다. 그러나 셸러의 기준에 따르면 감정이 이성보다 우선적으로 작용하는 것이며, 인식에서 보다 근원적 위치에 있다. 또한 현대 심리학 연구에 따르면 빠르고 거친 판단 방식은 감정의 작용이고 이성은 단지 느리고 세밀한 판단 방식일 뿐이다.[25] 그렇다면 동물에게 이성의 부족은 사실이라고 해도 그다지 큰 약점이 아니며,

---

23 Scheler(1983), *Die Stellung des Menschen im Kosmos*, p. 36; 셸러(2001), 『우주에서 인간의 지위』, 58-59쪽.

24 암컷 까치들은 꼬리가 긴 수컷을 선호하지만 꼬리가 짧은 수컷을 좋아하는 암컷도 종종 나타난다.

25 "이성과 감정은 판단을 내리는 데 필요한 인간의 뇌 안에 있는 두 가지 상호보완적인 체계라 할 수 있다." 에번스(1966), 『감정: 감정의 과학으로 가는 가장 사랑스런 지름길』, 141쪽.

동물이 최소한 감정이라는 인간적 정신의 중요한 일부분을 가지고 있음은 인정되어야 한다. 셸러는 자연과학이 침팬지가 바나나를 따기 위해 사용한 막대기의 연장선상에 있다고 보았다. 이렇게 동물이 소유한 실천적 지성이 인간에게는 높은 단계의 작용으로 이루어지는 자연과학 분야에 해당한다면 동물이 가진 실천적 지성의 수준은 상당한 정도라고 평가할 수 있다.

셸러는 동물이 결코 가질 수 없는 부분인 인간의 인격이 자연과 동물을 절대적으로 초월한다고 여겨 신적 인격과 동질적이라 보고, 인격만이 가질 수 있는 여러 가지 능력과 본질을 제시하고 있다. 본질 직관, 자기 반성, 충동 절제, 전체적인 시공간의 관점 소유가 그것이다. 그런데 최근에 진보된 생물 행동학의 관찰 결과에 따르면, 동물역시 발달된 인식과 직관을 가지며 윤리적으로 볼 때도 자기 절제를전제로 하는 종족 배려 또는 종초월적 타자 배려, 과거와 미래에 대한 직관, 사물의 본질 직관이 드러나는 행동들이 관찰되고 있다. '코코'라는 침팬지가 수화를 통해 '죽음'이란 '영원한 잠'이라고 정의를 내린다. 정의를 내린다는 것은 본질 직관을 전제로 하는 것이며, 더군다나 눈에 보이지 않는 추상 개념인 죽음에 대한 정의를 내리는 것은 보다 발달된 본질 직관의 능력이라고 할 수 있다. 꿀벌, 돌고래 등의 동물이 언어를 사용하는 예가 아주 많다. 언어 사용은 사물의 종류에 대한 인식이 없이는 불가능하다. 장르 인식은 곧바로 본질 직관과 연결된다. 코끼리는 음파나 지진파를 이용해서 5킬로미터 바깥의 동료와 생존 정보를 공유하고 위험을 알리며 의사소통을 할 수 있다. 코끼리는 사람에 의해 죽임을 당한 동료의 시체를 훼손되지 않게 감춰 둔다. 하루 종일 한자리에 서서 죽은 동료를 코로 만지며 애도하는 장면도 목격되었다. 돌고래는 초음파를 통해 언어를 사용하고 문장을 구성할 수 있다. 돌고래끼리 서로에게 이름을 부여한다. 해파리로 공놀이를 하고 해초로 줄다리기를 하기도 한다. 생존과 무관한 유희를 하는 것이다. 해파리를 사냥할 때 독이 있는 촉수를 피하고자 산호를 주둥이에 끼고 사냥한다. 고래, 돌고래 그리고 혹등고래 등은 종을 불문하고 약자를 상어로부터 자주 보호하는 것으로 알려져 있다.[26] 범고래는 장애가 있는 동료 및 다른 종까지 보살핀다. 새의 어미가 포식자 앞에서 자기 새끼를 위해 다친듯한 연기를 하며 다른 종의 새끼에게 젖을 먹이는 예는 아주 흔하다. 타자를 배려한다는 것은 자신의 생존 본능을 절제하지 않고서는 불가능하다. 이것은 셸러가 인간에게만 부여한 '아니다'라고 말할 수 있는 능력을 전제로 한다.

셸러는 인간이 생존과 실존으로부터 초월적일 수 있는 정신을 가짐으로써 동물과 명확한 차이를 갖는다고 본다. 그러나 생존 초월적인 행동들이 동물에게도 존재하며 "인간 특유의 그런 (생존 관심에서) 초탈한 사유 역시 각 생물 특유의 개성 옆에 나란히 서 있는 또 하나의 개성으로 보는 것이 공평하다. 겔렌은 세계 개방성이란 인간이 신체적 결핍으로 인해 동식물처럼 자신의 생물학적 환경에 꼭 맞게 적응하지 못한 상태라고 보며 정신과 문화 역시 신체 결핍을 보완하여 생존하기 위한 자구책일 뿐이라고 보았다. 겔렌은 세계 개방성(생

---

26 돌고래가 유독 사람에게만 우호적인 태도를 보이는 이유(https://www.youtube.com/watch?v=gt8FWnrWQ44); 혹등고래가 물속에서 다이버를 새끼처럼 지느러미 밑에 두고 위로 던지는 이상한 행동을 했는데 영상 분석을 통해 추정해 보니 주변에 상어가 도사리고 있었고 상어로부터 다이버를 보호하기 위한 행동을 취한 것이었다(https://www.youtube.com/watch?v=AxQ2g4zcC0A).

물학적 환경 조건에 구속되지 않는 특성)은 탁월성이 아니라 본능의 퇴화로 얻은 보상에 불과하며 인간의 '환경 부적응성'을 초래한다고 말한다. 겔렌을 따를 경우, 과연 인간의 정신이 인간을 진정한 의미에서 우월한 존재로 만들어 주는가를 물을 수 있겠다."[27] 더불어 동물의 자기 희생 행위는 자주 관찰되는 것으로서 일종의 초월적이며 초탈한 행위라고 할 수 있다.

인간과 동물의 비교에서 양적인 다름과 질적인 다름을 구분해야 한다면 혹자는 동물이 가지는 인간과 유사한 정신적 능력이 양적으로 미미하여 인간과 대적하기 힘들다고도 말할 수도 있을 것이다. 어마어마한 양적인 차이는 곧 질적인 차이로 전도된다고 말할 수도 있다. 그러나 같은 인간들 간에도 엄청난 양적인 차이가 관찰되며 그러한 차이로 인해서 자신과 다른 인간들을 인간이나 인격이 아니라고 말하지는 않는다. 동물들을 인격이라고 부르지 못할 근거는 충분하

결핍 존재(Mangelwesen)

셸러와 마찬가지로 철학적 인간학을 전개한 주요 철학자에는 겔렌이 있다. 겔렌은 셸러가 인간의 우월성이라고 평가한 세계 개방성을 인간의 생물학적 결핍에서 비롯된 것이라고 본다. 인간은 환계에 적응하지 못한 결과 환계와는 동떨어진 헐거운 세계 개방성을 가지게 된 것이다. 인간은 모피나 가죽, 날개, 발톱, 그 어느 생물학적 장비도 가지고 있지 않은 결핍 존재다. 인간은 자연 속에서 생존하고자 두뇌를 발달시켰고 자연을 개조하여 살아남았다. 세계 개방성은 겔렌에 따르면 환계 부적응성이다.

---

27 조정옥(2016), 『청소년을 위한 행복철학』, 294-295쪽.

지 않다. 동물이 인간의 언어와 개념을 사용하지는 않지만 언어와 개념이라는 우회로를 생략한 직접적인 인식을 수행하며 선(善)의 개념 없이도 선한 행위로 돌입한다고 할 수 있다. 다소 부족해 보이지만 동물에게 어느 정도의 본질 직관의 능력과 자기 절제 및 타자 배려의 능력이 있다면 그들의 인격성은 인정되어야만 한다. 채도가 낮아도 동일한 파란색이라면 여전히 파란색이듯, 정도는 약하지만 동일 계열의 능력을 소유하고 있다면, 동물도 인간처럼 정신이 있다면 결국 인격이라고 불릴 수밖에 없을 것이다.

참고
문헌

1. 막스 셸러의 저서

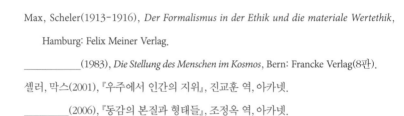

Max, Scheler(1913~1916), *Der Formalismus in der Ethik und die materiale Wertethik*, Hamburg: Felix Meiner Verlag.

_____(1983), *Die Stellung des Menschen im Kosmos*, Bern: Francke Verlag(8판).

셸러, 막스(2001), 『우주에서 인간의 지위』, 진교훈 역, 아카넷.

_____(2006), 『동감의 본질과 형태들』, 조정옥 역, 아카넷.

2. 관련 참고문헌

루이스, 토머스 외(2001), 『사랑을 위한 과학』, 김한영 역, 사이언스북스.

에번스, 딜런(1966), 『감정: 감정의 과학으로 가는 가장 사랑스런 지름길』, 임건태 역, 이소출판사.

조정옥(1999), 『감정과 에로스의 철학』, 철학과현실사.

_____(2016), 『청소년을 위한 행복철학』, 사람의무늬.

최재천(2007), 『최재천의 인간과 동물』, 궁리출판.

막스 셸러(1874-1928)

후설의 제자로서 그의 영향을 많이 받은 현대 독일 현상학자이다. 하지만 현상학의 전개에서 후설의 기대와는 다른 방향으로, 즉 인간 선악 등 구체적인 존재를 주제화하여 후설과 갈라섰다. 중기에는 본질직관으로 신을 직관할 수 있다는 등의 낙관주의로 종교 문제를 풀어 갔으나, 후기에는 '전지전능'이 아니라 생성하고 있는, '발전 중의 신'이라는 범신론적 입장으로 돌아갔다. 이성이 아니라 감정으로 진리를 직관하고, 선이 무엇인지도 알 수 있다는 감정 중심의 반(反)칸트적인 윤리학을 주장했다. 동감과 사랑의 차이에 대한 저술 그리고 인간의 본질을 탐구하는 철학적 인간학에 대한 저술을 남겼다.

2장

에디트 슈타인,

감정이입의 현상학

이은영

부산가톨릭대학교 인성교양학부

'통-찰(Ein-Sicht)'이 개념, 이론, 논증 등에 향해 있다면,
'감정-이입(Ein-Fühlung)'은
다른 사람의 주관적인 느낌, 다른 사람의 내적 체험,
더 나아가 다른 사람의 인격 그 자체에 향해 있는
인식 행위라 할 수 있다.
타인의 기쁨과 슬픔, 사랑과 미움,
고통과 불안 그리고 행복과 불행 등은
오직 감정이입을 통해서만 다가갈 수 있다는 것이다.

1. 왜 에디트 슈타인인가?

에디트 슈타인은 1891년 10월 12일 아버지 지크프리트 슈타인 (Siegfried Stein)과 어머니 아우구스테 슈타인(Auguste Stein)의 7자녀 중 막 내딸로 유대인 가정에서 출생하였다. 유대인 가정에서 자란 슈타인 은 진리에 대한 열망을 구체적으로 실현하기 위해 대학에 입학하여 자신의 학문의 길을 시작한다. 잘 알려져 있듯이, 슈타인은 괴팅겐 현상학파의 한 사람으로서 그 당시 라이나흐(Adolf Reinach)와 다우베 르트(Johannes Daubert), 가이거(Moritz Geiger), 콘라트(Theodor Conrad), 잉가 르덴(Roman Ingarden) 등과 활발한 학문 교류를 했던 현상학자이다. 또 한 1916년 프라이부르크대학에서 후설로부터 『감정이입의 문제(*Zum Problem der Einfühlung*)』로 박사학위를 취득했던 철학자이기도 하다. 슈타 인은 1916년 10월부터 후설의 요청을 받아들여 그의 조교로 취임하 였으며, 처음 맡았던 일은 원고의 정리와 편집이었다. 프라이부르크 에서 슈타인이 맡은 첫 번째 일은 후설의 『이념들(*Ideen*) II』(1952) 원고 를 정리하는 일이었고, 두 번째 작업은 미정리 상태로 있었던 『내적 시간의식의 현상학에 대한 연구』 원고를 정리하는 일이었다. 이 작업 은 슈타인이 정리했던 형식 그대로 1928년 하이데거에 의해서 『내적 시간의식의 현상학을 위한 강의』로 출판되었다. 그리고 세 번째 작업 은 『논리 연구』의 제6장을 새로 작업해 내는 일이었다.[1]

---

1 Stein(1991), *Briefe an Roman Ingarden 1917-1938*, pp. 20-21.

이와 같은 후설과의 긴밀한 연구에도 불구하고 슈타인은 괴팅겐 현상학파가 대부분 그러했듯이 후설의 『이념들 I』(1913) 출간 이후, 후설의 선험적 현상학을 관념론적 현상학에 대한 최초의 진술로 받아들이며 그의 뒤를 따를 수 없었음을 밝히고 있다.[2] 그녀에 의하면, 철학적 물음에 접근하는 정당한 방법은 우리 자신의 경험으로 시작한다는 점은 분명하다. 하지만, 그렇게 할 때 우리는 의식을 멈추지 않아야 하며 관념론 안에서 결말을 지어서는 안 된다. 오히려 우리의 경험을 통하여 존재에 접근해야 하며 우리가 구성하거나 만들어 낼 수 없는 구조를 발견해야 한다는 점을 강조함으로써 슈타인은 현상학적 인식론에서 존재론적 형이상학으로 나아가는 토대를 마련한다. 그리고 이 지점이 바로 슈타인이 후설의 현상학을 '주체로의 전회(Wende zum Subjekt)'로 비판하며 자신의 존재 분석의 출발점으로 삼는 지점이기도 하다. 후설에 대한 비판은 1925년 이후 토마스 아퀴나스(Thomas Aquinas)의 『진리론(Des hl. Thomas v. Aquino Untersuchungen über die Wahrheit) I, II』(1931-1932)을 라틴어에서 독일어로 번역하면서 좀 더 확연하게 진행된다. 그리고 이에 대한 그녀의 심정을 잉가르덴에게 보낸 편지에서도 쉽게 확인할 수 있다. 슈타인은 다음과 같이 말하고 있다.[3]

"Newmann의 번역(J. H. Newmann, *Briefe und Tagebücher bis zum Übertritt zur Kirche 1801-1845*, Übertragen von Dr. Edith Stein, München 1928)을 끝내고, 토

2　Stein(1991), *Einführung in die Philosophie*, p. 267.

3　Stein(1991), *Briefe an Roman Ingarden 1917-1938*, pp. 158-160.

마스 아퀴나스의 『진리론』을 독일어로 번역하면서 아주 소박하게 현상학적 방법을 비판적인 관점으로 관찰할 수 있게 되었다"

중세의 스콜라 철학이나 현대 현상학의 일반적 특성만 살펴보아도 양자는 분명 양립 불가능한 체계로서 나타난다. 우선 후설과 아퀴나스 사이에는 데카르트(René Descartes)와 칸트(Immanuel Kant)로 대표되는 근대 철학을 넘어 700년이라는 간격이 있다. 또한 아퀴나스는 존재를 강조하는 반면에 후설은 본질을 강조한다는 점에서도 두 사람의 관심사가 다르다는 것이 드러난다. 그럼에도 슈타인은 후설의 현상학을 토대로 삼아 아퀴나스의 진리론을 번역하면서, 후설과 아퀴나스 양자의 사상적 차이를 인지하는 것에 머물지 않고, 후설 현상학과 아퀴나스의 스콜라 철학을 비교, 검토하는 과정을 보여 주었다. 이 지점이 이 글에서 말하는 '왜 에디트 슈타인인가?'에 대한 충분한 답변이 될 수 있다고 판단된다.[4] 물론 슈타인 스스로도 1925년 이후의 연구가 줄곧 후설과 아퀴나스의 연관성과 차이성을 밝히는 데 주력하고 있다는 점을 자신의 논문과 저서를 통하여 확인시키고 있다. 1925년 이후 슈타인이 진행했던 현상학과 스콜라 철학의 비교, 검토에 연관된 주요 글로는 「철학이란 무엇인가? — 후설과 아퀴나스의 대화(Was ist Philosophie? — Ein Gespräch zwischen Edmund Husserl und Thomas von Aquino in: Jahrbuch für Philosophie und phänomenologische Forschung, Husserl Festschrift)」(1929)가 대표적이다. 특히 후설을 기념하기 위한 논문집에 후설의 현

4　이은영(2019), 「에디트 슈타인과 감정이입(I): 에디트 슈타인의 감정이입의 인간학 — 박사학위 논문 《감정이입의 문제(Zum Problem der Einfühlung)》를 중심으로」, 110-115쪽.

상학과 아퀴나스의 철학을 비교하면서 자신의 생각을 이끌어 내는 논문을 제출하기도 했다.

이러한 학문적 행보에도 불구하고 슈타인은 우리나라에서 학계보다 가톨릭교회에서 더 알려져 있는 인물이다. 교황 요한 바오로 2세가 지난 1998년 성인(聖人)으로 시성하였고 그 후 가톨릭교회에서 공식적인 존경의 대상으로 지정하였기 때문이다. 하지만 이미 서양학계에서는 한나 아렌트(Hannah Arendt), 로자 룩셈부르크(Rosa Luxemburg), 시몬 베유(Simon Weil)와 함께 4대 유대인 여성 철학자로 평가된다. 필자는 본 글에서 그녀의 종교적인 측면보다는 철학 사상을 일반적으로 서술함으로써 20세기를 치열하게 고민하며 살아갔던 여성 철학자, 여성 현상학자인 슈타인을 독자에게 보다 친근하게 알리는 것을 목표로 한다.

2. 심리학주의와 관념론에 대한 위기의식

19세기 중반에 이르기까지 독일어권에서는 관념론이 시대사상을 주도하고 있었으며, 이는 피히테, 셸링 특히 헤겔에 이르러 그 절정에 달했다. 그 후 계몽적 합리주의와 자연과학의 영향으로 정확한 개념과 엄밀한 법칙 그리고 실천적 유용성을 그 척도로 삼는 새로운 세계관이 등장했는데, 그것은 자연뿐 아니라 인간 개체 그리고 인간의 문화에 이르기까지 모든 것을 자연과학적으로 다루려는 실증주의적 시각이었다. 사상가들은 오직 주어져 있는 것, 실천적인 것, 자연법칙으로 규정된 것, 그리하여 의심할 수 없는 것만이 세계와 인간을 보는 사상적 토대라고 보게 되었다. 이러한 실증주의적 사고방식은 고전 철학이 현대의 학문 영역에서 디딜 자리를 제거하고 말았다. 실증주의의 도전이 특히 폭발적이었던 영역은 인간의 혼(魂)을 다루는 심리학이었다. 오랜 세월 철학자들은 인간의 혼과 정신에 특별한 지위를 부여해 왔다. 그러나 실증주의에 기초한 심리학은 모든 혼적인 것과 정신적인 것을 단순히 물질로 환원시켜 버린다. 혹은 혼적인 것, 정신적인 것을 표상과 충동을 중심으로 하나의 기계론적 과정으로 설명해 버리며, 인간의 정신과 영혼이 물질 현상으로 설명될 수 있는 상황으로 전락시켰다. 이에 따르면 의식의 흐름은 다만 자연법칙에 따라서 생겨나고 지속되며 지나가 버린다. 이렇게 심리학 역시 자연과학이 되고 만다. 따라서 심리학에서는 사회와 문화 현상 그리고 철학이라는 것 역시 자연법칙에 따른 심리적 현상으로 설명하기에 이른다. 그리고 이러한 '심리학주의(Psychologismus)'가 19세기 말과 20세기 초에 하나의 큰 흐름으로 자리 잡는다.[5]

이러한 시대적 흐름 가운데, 슈타인은 철학을 공부하기 위해 1911년 브레슬라우대학(현 브로츠와프대학)에 입학한다. 브레슬라우대학에 입학 당시 그녀는 자신의 중심 주제, 즉 '인간이란 무엇인가?, 인간 인격의 구조는 어떠한가?'에 대한 물음을 해결하기 위해 철학부의 실험심리학과에서 스턴(William Stern)의 4시간짜리 〈심리학 입문〉과 회니그스발트(Richard Hönigswald)의 1시간짜리 강의였던 〈자연철학〉을 수강하였다.[6] 하지만 스턴의 심리학은 경험심리학적이었으며, 이러한 그의 심

---

5 Wuchterl(1995), *Bausteine zu einer Geschichte der Philosophie des 20. Jahrhunderts, Von Husserl zu Heidegger*, pp. 17-18.

리학은 당대의 주도적 흐름이던 심리학주의와 연관된 '영혼이 없는 심리학(Psychologie ohne Seele)'으로 간주되면서 많은 사람의 실망을 얻게 된다.[7] 바로 이 무렵 슈타인은 모스키비치(Georg Moskiewicz) 박사를 통해 후설의 『논리 연구』를 만나게 된다.

후설은 『논리 연구』에서 심리학주의를 '모든 것을 심리학적으로 다루려는 시도', 즉 어떠한 유형의 대상이라도 심리적인 경험으로 전환시키려는 시도로 규정하며 비판한다. 후설에 따르면 심리학주의는 회의적인 상대주의를 논리적으로 함축하고 있는데, 그는 이러한 심리학주의를 경계하였다. 왜냐하면 논리적 법칙을 인간의 심리적인 특성에 의존하게 만들 경우, 그 법칙은 사람에 따라 상대적이 되며 그 결과 불완전한 위치에 놓여 있는 인간이 모든 것의 척도가 될 수 있기 때문이다. 슈타인 역시 후설과 마찬가지로 자연과학의 인과법칙에 따른 행동주의 심리학이나 객관주의적 형태심리학과 같은 '심리학주의'를 경계했다. 슈타인에게 후설의 『논리 연구』는 그녀를 현상학으로 이끈 시발점이었으며, 이로써 슈타인과 후설은 '함께' 학문의 길을 걷는 동지가 되었다.

『논리 연구』를 접하게 된 슈타인은 감성적 경험에 의거하지 않고 엄밀하게 모든 학문의 전제를 음미해 나가는 학문인 현상학을 자신의 철학 과제로 삼게 된다. 그리고 이에 대하여 다음과 같이 기록하고 있다.[8]

---

6   Stein(1985), *Aus dem Leben einer jüdischen Familie*, p. 155.

7   Stein(1985), *Aus dem Leben einer jüdischen Familie*, p. 166.

8   Stein(1985), *Aus dem Leben einer jüdischen Familie*, p. 188.

"나는 『논리 연구』로 우리 시대의 철학자가 바로 에드문트 후설이라는 것을 알게 되었고 확신했다."

그러나 슈타인이 본격적으로 철학에 입문했던 시기는, 그녀가 1913년에 괴팅겐대학으로 옮긴 이후이다. 좀 더 구체적으로 말해서, '괴팅겐 현상학자 모임(Göttinger Kreis, 괴팅겐 학파)'에 가담하면서부터라고 해야 할 것이다. 본래 괴팅겐 현상학자 모임은 뮌헨대학에 있는 테오도르 립스(Theodor Lipps)의 '심리학 연구회'에서 출발한다. 이 연구회의 중심 인물은 팬더(Alexander Pfänder), 다우베르트였으며, 이들 중 다우베르트가 후설의 『논리 연구』에 심취, 그것을 면밀히 연구하였다. 그리고 1905년 여름방학에 이 모임의 학생들이 후설의 특별 강의를 듣게 됨으로써 『논리 연구』가 이 연구회의 표준서가 되었다. 이 연구회의 관심은 현상학으로 기울어져 있었고, 팬더, 다우베르트, 라이나흐, 콘라트, 가이거 등이 그 대표자였다. 그리고 여기에 1906년 셸러가 합류하였다. 결국 이들 중에 중요 인물이 후설이 있었던 괴팅겐으로 옮겨 갔는데, 다우베르트와 라이나흐가 1905년에, 가이거는 1906년에 그리고 콘라트는 1907년에 옮겨 갔다. 그리하여 1907년 쯤부터 이른바 '괴팅겐 학파(Göttinger Kreis)'가 형성되어 매주 정기적인 모임을 갖게 되었으며, 코이레(Alex Koyre), 한스 립스(Hans Lipps), 잉가르텐, 슈타인이 구성원으로 합류하는 등 괴팅겐 학파는 매우 활발한 활동을 하게 되었다. 따라서 괴팅겐에서 현상학을 공부한다는 것은, 당연히 일차적으로 후설에게서 배운다는 것을 말했다. 슈타인이 브레슬라우에서 괴팅겐으로 대학을 옮긴 것도 바로 그러한 이유에서였다.

3. 슈타인의 실재론적 현상학: 전적으로 열려 있는 눈 ──────

그 당시 후설은 엄밀한 학(學)으로서의 철학의 이념을 추구했으며, '엄밀한 학' 또는 '학의 엄밀성'이라는 표현에서 잘 나타나듯이, 자연과학까지 비판적으로 포괄, 정초하는 보편적인 학문을 목표로 삼았다. 이러한 현상학을 철학의 과제로서 탐구하기 위한 전제조건으로 슈타인은 후설에 의지해 세계를 대하는 태도를 자연적 태도와 이론적 태도로 나누고 우리가 이론적 태도를 취할 때, 엄밀한 학으로서의 현상학에 이를 수 있다고 보았다.

슈타인에 의하면, 세계를 대하는 태도에는 우선 '자연적 태도(natürliche Einstellung)' 또는 '소박한 태도(naive Einstellung)'가 있다. 우리가 눈을 뜨고 우리 주위를 살펴볼 때, 우리는 여러 가지 다양한 사물과 인물을 만나게 된다. 그리고 우리는 그들과 상호관계를 맺고 살아가며, 다양한 사물과 인물은 우리에게 커다란 관심거리가 된다. 그리하여 우리는 이들 중 어떤 것은 받아들이고, 어떤 것은 거부한다. 이것이 우리 일상생활이고, 이러한 일상생활을 하고 있는 소박하고 일상적 인간이 자기 환경 세계의 중심점이다. 여기에서 의미하는 환경 세계란 일상의 인간을 둘러싸고 있는, 그리고 일상 속 인간의 입장을 토대로 하여 드러나는 사물들의 세계이다. 이 환경 세계의 중심점이 일상의 인간이며 일상생활을 하는 일상의 인간은 세계에 대하여 자연적 태도를 취하게 된다.[9]

그런데 이러한 일상적 삶 가운데서 갑자기 어떤 사물이 새롭게 자

---

9 Stein(1991), *Einführung in die Philosophie*, p. 21.

기 모습을 드러내면 우리는 놀라워하며 그 앞에 서게 되는 경우가 있다. 이때 우리는 그 사물 자체가 우리 관심과는 전혀 상관없이 '사물 자체의 존재와 본질'을 갖고 있다는 사실을 알게 된다. 또한, 그 사물이 일상생활 속에서 우리에게 보여 주고 있는 측면은, 다만 그 사물이 가진 여러 가지 측면 중에서 하나의 측면에 지나지 않는다는 사실을 알게 된다. 이러한 사실의 인식은 우리가 자연적 태도에서 얻을 수 있는 것이 아니라 새로운 태도, 즉 '이론적 태도(theoretische Einstellung)' 또는 '객관적 태도(objektive Einstellung)'를 취할 때 얻게 된다고 슈타인은 밝히고 있다. 이처럼 이론적 태도를 취할 때, 우리의 시선은 있는 그대로의 사물 그 자체에 머물게 되며 우리의 시선을 우리 자신에게 향할 때, 우리는 우리의 중심점으로부터 벗어나 우리 자신을 하나의 대상으로 보게 된다, 즉 우리 자신을 대상 세계에 속해 있는 하나의 대상으로 보게 되는 것이다.

이로써 지금까지 대상들을 우리 관심에만 의존하게 만들었던 우리를 차단해 버리고, 대상 세계로 향하는 우리의 자유로운 시선을 방해했던 장애물을 차단해 버리게 된다. 슈타인은 자연적 태도를 취하는 주체가 '일상적 인간'이라 할 경우, 이론적 태도를 취하는 주체는 '전적으로 열려 있는 눈(ganz geöffnete Auge)'[10]을 가진 인간이라고 주장한다. 슈타인에 따르면 '전적으로 열려 있는 눈'으로 이론적 태도를 취할 때 우리는 사물 그 자체가 '자기 자신의 존재와 본질'을 갖고 있다는 사실을 알게 된다. 그런 한에서 본질은 대상에 필연적으로 속해 있으며 본질이 없는 대상은 존재할 수 없다는 것이 그녀의

---

10 Stein(1991), *Einführung in die Philosophie*, pp. 21, 265.

생각이다. 이러한 슈타인의 시각은 바로 후설의 『논리 연구』에서 근원을 찾아볼 수 있다. 후설은 『논리 연구』에서 논리학적 기본 개념을 규명하기 위해, 우선 사태 그 자체로 다가간다. 이때 사태 그 자체는 경험되는 개별 사물이 아니라 사물의 본질이다. 후설은 우리에게는 이러한 본질을 볼 수 있는 능력이 있다고 하며 이를 '본질 직관(Wesensanschauung)'이라 칭한다. 이렇게 사물의 본질을 탐구할 수 있는 길을 열어 줌으로써, 슈타인에게 현상학은 현대에 큰 영향력을 행사하는 철학 노선이자, 자신이 이루어야 할 참된 철학의 방향을 제시해 준 것이었다.[11]

이제 슈타인을 참된 철학으로 이끌고 있는 이론적 태도인 '전적으로 열려 있는 눈'이 의미하는 바를 좀 더 자세하게 조명해 보고자 한다. 슈타인이 자신의 저서 『철학 입문』에서 밝히고 있듯이, '전적으로 열려 있는 눈'으로 이루고자 하는 목표는 직관을 통해 사태 자체의 본질을 나타내는 것이었다. 그러기 위해서 그녀는 주관적 선입견을 판단 중지 하고, 이론들이 제시하고 있는 현상에 대한 기술도 괄호 속에 묶으며, 존재하는 것에 대한 모든 기억과 전통도 괄호 속에 묶는다. 그리고 대상 그 자체에 대한 자신의 존재, 모든 우연적인 것들, 개체성까지도 제외시킨다. 그러고 나서 마침내 주어져 있는 것, 그것을 직접 보고 순수하게 서술하는 것이야말로 철학이 할 일이라고 본다. 슈타인의 저서 『철학 입문』의 후기를 쓴 한나 바바라 게를(Hanna-Barbara Gerl)에 의하면, 바로 이러한 점에서 그녀의 『철학 입문』이 현상학적인 방법으로 쓰인 일종의 교과서라 할 수 있으며 '전적으로 열려

---

11 Stein(1962), *Welt und Person*, p. 9.

있는 눈'이란 바로 슈타인의 철학 방법인 '실재론적 현상학(realistische Phänomenologie)'을 표현하는 문구라고 밝히고 있다.

4. 『논리 연구』와 괴팅겐학파

당시 후설의 추종자 내지는 제자들의 마음을 끌어당기는 힘은 후설의 『논리 연구』에서 나오는 것이었다. 1902년, 당시 뮌헨에서 철학을 공부하고 있던 다우베르트가 후설의 이 저서를 발견하고 탐독했다. 다우베르트는 이 저서가 갖고 있는 실재론적 성격에 깊이 공감했다. 이러한 『논리 연구』에 대한 실재론적 해석을 다우베르트의 동료 철학도들이 받아들이면서, 이제 『논리 연구』는 그들이 철학하는 데 있어서 공통적인 출발점이 되기 시작했다. 슈타인은 자서전에서 후설의 『논리 연구』에 대해 다음과 같이 기록하고 있다.[12]

"『논리 연구 I』은 1900년에 출판되었고 후설은 그 당시 지배적인 심리학주의와 그 밖의 다른 상대주의에 대하여 비판하고 있다. 그리고 다음 해 출간된 『논리 연구 II』에서 처음으로 후설은 '현상학적 방법'을 체계적으로 완성했고 이 방법은 철학의 전 영역에 확대되었던 방법으로 논리적 문제들을 취급했다."

그렇다면 괴팅겐학파와 슈타인은 후설의 『논리 연구』의 어떤 점에

---

[12] Stein(1985), *Aus dem Leben einer jüdischen Familie*, p. 219.

열광했는가? 슈타인은 자신의 저서 『세계와 인격(Welt und Person)』에서 다음과 같이 주장하고 있다.[13]

"현상학은 개별 학문의 방법에 대해서 연구하는 것이 아니라 사태 그 자체를 연구한다는 점에서, 이 당시 다양한 신칸트주의 노선이나 비판주의 노선과 구별된다; 사태 자체를 연구하기 위해서 우리는 현상학이 '대상에로의 전회(Wende zum Objekt)'라고 표현되는 하나의 전회를 동반한다. 또한 단순한 감각적 경험에 근거를 두고 있는 경험론에 대하여 현상학은 '본질 학문(Wesenswissenschaft)'으로서 구별되며, '대상에로의 전회'와 '본질 학문'이라는 양자를 통해 현상학은 가장 오랜 전통으로의 전향으로서 나타났다."

후설이 『논리 연구』에서 펼친, 논리학적 기본 개념의 규명을 위해 '사태 그 자체', 곧 보편적인 사물의 본질로 접근한다는 본질 직관의 방법은 처음부터 하나의 완결된 이론으로 도입되지는 않았고 후설 사상의 발달 과정에 따라 변화를 겪으면서 체계화되었다. 후설 사상 초기인 『논리 연구』 시기에는 원시적 모습을 드러내고, 후설 사상의 중기인 『이념들 I』에 이르러서는 나름대로 체계화된 명칭과 이론을 갖추게 된다. 그러나 이 단계까지는 사실과 본질의 구별 그리고 본질 개념 자체에만 강조점을 두고 있다. 본질 직관은 후기의 『경험과 판단』, 『심리학』에서 다음 세 단계의 과정을 거쳐 이루어진다. ① 임의의 한 대상에 대한 다양한 모상들을 자유로운 상상에 의해 무한히 만

---

[13] Stein(1985), *Aus dem Leben einer jüdischen Familie*, p. 219.

2부 원천을 재편한 네 현상학자

들어 나간다. ② 이 모상들이 서로 겹쳐지는 과정 속에서 하나의 통일적 결합이 이루어진다. ③ 이러한 다양한 모상의 차이 속에서도 모든 모상에 공통되게 합치하는 것, 즉 불변적인 본질을 직관적으로 포착해 낸다.[14] 후설은 이러한 본질학으로서의 현상학이 하나의 학이 될 수 있음을 주장한다. 그리고 이러한 본질에 대한 탐구가 괴팅겐 현상학자 모임을 하나로 묶는 기본 노선이었으며, 본질 직관을 통해서 하나의 학이 되는 현상학은 이제 슈타인과 후설이 '더불어' 하는 학문이 된다.

5. 슈타인과 감정이입의 문제

슈타인은 1913년 여름학기 후설의 강의를 청강하면서, '감정이입(Einfühlung)'을 박사학위 논문 주제로 선택하고 1914년 여름부터 박사논문을 쓰기 시작한다. 이후 후설의 제안으로 시작한 1916년부터 1918년까지의 개인 조교 생활 중 1916년 8월 『감정이입의 문제』라는 제목의 논문으로 프라이부르크대학에서 철학박사 학위를 취득한다.[15] 그녀는 이 상황을 다음과 같이 밝히고 있다.

"나는 감정이입이 무엇인지 연구하고 싶다. 그것은 후설에게는 반가운 일이다. 그럼에도 불구하고 받아들이기 어려운 일을 감수해야만 했

---

14 후설(2016), 『경험과 판단』, 419쪽.
15 Körner(1999), "Einfühlung nach Edith Stein", p. 326.

다. […] 후설은 내가 립스와 대결하는 방식으로 박사논문을 완성하기를 요구했고 […] 나는 립스의 상당수 저서들을 연구하기 시작했으며, 이는 신 사과를 깨물어야만 하는(Ich musste in den sauren Apfel beissen…) 상황과 같았다."[16]

위의 인용문에서 볼 수 있듯이 슈타인은 후설의 요구로 테오도르 립스의 감정이입론과 대결하는 방식으로 박사논문을 작성할 수밖에 없었다. 그렇다면 슈타인이 자신의 박사논문에서 주장하는 감정이입이란 무엇을 의미하는가? 먼저, 슈타인은 이 논문에서 감정이입을 "그 속에서 다른 사람의 체험이 파악되는 행위의 기본 양식"[17]이라고 정의한다. 즉 감정이입을 주로 다른 사람과의 관계에서 이루어지는 '지각 행위'로 규정하고 있다. 그리고 이러한 감정이입 개념을 자기 자신에 대해서 사용할 때, 이를 셸러와 마찬가지로 내적 지각(innere Wahrnehmung)이라고 말한다.[18] '통-찰(Ein-Sicht)'이 개념, 이론, 논증 등에 향해 있다면, '감정-이입(Ein-Fühlung)'은 다른 사람의 주관적인 느낌, 다른 사람의 내적 체험, 더 나아가 다른 사람의 인격 그 자체에 향해 있는 인식 행위라 할 수 있다. 타인의 기쁨과 슬픔, 사랑과 미움, 고통과 불안 그리고 행복과 불행 등은 오직 감정이입을 통해서만 다가갈 수 있다는 것이다. 왜냐하면 우리에게 현상으로서 주어져 있는 타인 주체의 체험을[19] 이해하는 데는 '통-찰'만으로 부족하기 때문이

---

16 Fidalgo(1991), "Edith Stein, Theodor Lipps und die Einfühlungsproblematik", p. 90.

17 Stein(1917), *Zum Problem der Einfühlung*, p. 4.

18 Stein(1917), *Zum Problem der Einfühlung*, pp. 38-39.

19 Stein(1917), *Zum Problem der Einfühlung*, p. 1.

다. 슈타인은 통-찰과 더불어 감정-이입을 '인식의 한 가지 양식'으로 내세우며, 감정이입의 행위를 그 일반적 본질에 있어 파악하고 서술하는 것이 현상학적 감정이입 분석의 첫째 과업이라고 규정한다.[20] 슈타인은 감정이입을 다음과 같이 네 단계로 이해한다.

> ① 나와 마주하고 서 있는 대상: 타인은 나와 마주 서 있으며, 주먹을 움켜쥐고 서 있다.

타인은 나와 마주 서서 대상으로 위치해 있다. 하지만 이때 타인은 사물(Ding)이 아니며, 또한 그것(Es)도 아니다. 즉 그 대상으로서 타인은 주먹을 움켜쥐었다. 따라서 감정이입에 있어서는 서로가 다른 두 개의 주체인 자아가 요구된다. 그런데 자아(das Ich)는 육체와 영혼에 묶여 있다. 슈타인은 자아가 자신의 육체를 '끊임없이 침입(개입)하는' 것으로 표현한다. 즉 자아는 육체에 가까이 다가가거나 멀리 떨어질 수 없으며, 다른 대상들의 이면을 볼 수 있으나 자신의 이면을 볼 수는 없다. 내가 만일 나의 위치를 변경한다면 자아는 항상 나의 육체와 함께 변경된다. 하지만 자아는 상상 속에서 나의 피부로부터 나올 수 있으며, 생각 속에서 다른 곳으로 갈 수 있다. 이것이 감정이입의 첫 단계이다. 자아는 상상된 타자의 육체 한구석에서 나의 실제 육체를 바라본다, 마치 방 안에 있는 다른 사람들이나 또는 다른 사물들을 바라보는 것처럼 그렇게 나의 실제 육체를 바라본다.

---

20 Stein(1917), *Zum Problem der Einfühlung*, p. 4.

②나는 나를 타인 안으로 옮겨 놓으며 타인의 기분을 생생하게 그려 낸다: 타인의 움켜쥔 주먹을 이해하기 위해 자신을 타인에게로 옮겨 놓으면서 감정이입 한다, 그리고 지각된 내용과 연관시켜 연상된 것으로 타인의 움켜쥔 주먹을 받아들인다.

육체를 지닌 대상으로서 타인은 나를 자신 안으로 끌어들인다. 나는 상상 속에서 타인의 감정을 생생하게 그려 낸다. 이때 나에게 마주 서 있던 타인이 더 이상 마주 서 있지 않게 된다. 오히려 나는 타인의 육체 안으로 옮겨져 또 다른 나로서 있게 된다. 그리고 감정이입 하면서 지각된 내용과 연관시켜 연상된 것으로 타인을 이해한다. 이때, 연상이 감정이입을 가능하게 하는 토대가 되는가라는 물음을 제기할 수 있다. 하지만 슈타인은 연상은 다만 감정이입 작용을 완성시키는 조력자 역할을 할 뿐, 감정이입의 원리가 아님을 밝힌다. 감정이입의 원리에서는 '다른 나'가 중요하다. 그것은 첫째, 내게 대상으로 있는 타자는 그 자신이 바로 고유한 주체이다. 즉 나의 고유한 자아와 다른 고유한 자아이다. 둘째, 타인의 의식을 감정이입 함에 있어서 결국 타인의 의식 안으로 들어가 있는 나는 지금 감정이입 하는 나와 또 다른 나, 감정이입 되는 나일 수 있다. 셋째, '고유한 나'는 타인에게 감정이입 함으로써 '감정이입 하는 나'를 객관적으로 이해할 수 있다. 따라서 슈타인의 감정이입의 핵심은 "감정이입 하면서 타인에게로 옮겨 놓은 것(einfühlendes Hineinversetzen)"에 있다고 하겠다.

③나는 이 상황을 이해했다: 타인의 움켜쥔 주먹을 분노의 표현
으로 내면화한다.

나는 타인의 움켜쥔 주먹을 분노의 표현으로 내면화하고, 다시 육
체를 지닌 대상으로서의 타인으로부터 걸어 나와서, 다시 대상으로
서 타인의 육체에 마주 서 있다.

④ 위안을 받은 타인: 자아 A가 감정이입을 통해 감정이입 된 자
아 B의 정신생활을 이해한다. 여기서 B는 A가 자신의 상황을
이해했다는 데 위안을 받게 된다, 이때 위안받은 B는 위안받
기 전의 B와 다른 B'가 된다.

슈타인은 이것을 감정이입의 반복성이라고 말한다. 그렇다면 감정
이입의 반복성은 일회적으로 완벽하게 타인을 이해할 수 있는가. 슈
타인은 그렇지 않다고 말한다. 다시 말해서 타인의 정신에 대한 이
해는 결코 감정이입을 통해 한 번에 명확하고 완전하게 얻어질 수 없
다는 것이다. 그렇다면 왜 감정이입을 해야 하는가? 감정이입은 나
와 타인 '사이에서' 발생한다. 그런 한에서 우리 자신을 세계에서 고
립된, 즉 자기 중심적인 존재로 경험하지 않고, 타인과 사물 중심으
로 가득한 세계와 '관련된' 존재로서 경험하기 위해 감정이입이 필요
하다. 다시 말해 감정이입을 함으로써 인간은 '사이 존재'로서 타인과
함께할 수 있는 것이다. 이러한 감정이입의 단계를 그림으로 나타내
면 다음과 같다.

감정이입은 첫째, 그 나름대로 고유한 경험 행위의 한 양식이며, 다

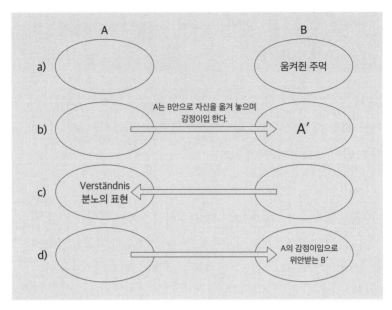

감정이입의 단계

른 사람의 의식에 대한 경험[21]이다. 둘째, 그와 별개의 정신적 주체로서 그의 정신을 경험하며 이해하지만, 더 나아가서 다른 사람의 '고유한 나'의 정신적 주체 작용이 대상으로 주어지게 된다.[22] 이것은 "주관적인 것의 대상화"를 의미하는데, 여기서 주관적인 것이 존재한다는 사실뿐 아니라, 그것이 어떠한 성질을 지녔다라는 점까지 체험한다. 우리가 우리 자신을 세계에서 고립된, 즉 자기 중심적인 존재로만 경험하는 것이 아니라, 타인과 타인 이외에 사물들이 중심에 있는 세계와 '관련된' 존재로서 우리 자신을 이해하고 존재하기 위해 감정이입

21 Stein(1917), *Zum Problem der Einfühlung*, p. 10.

22 Stein(1917), *Zum Problem der Einfühlung*, p. 103.

이 요구된다. 그런 한에서 타자를 경험하는 것이 감정이입의 일차적 목적이라면, 더 나아가서 그것을 통하여 결국 나 자신을 객관적으로 엄밀하게 이해하는 데 또 하나의 목표가 있다. 따라서 셋째, 슈타인의 감정이입은 우리가 타인을 통해서 자아 인식을 얻고 또 자기 가치를 얻는다는 것이 윤리적 영역에 적용되었음을 의미한다.[23] 예컨대, 앞선 그림 〈감정이입의 단계〉에서 내 친구가(A) 나의 슬픔을(B) 감정이입을 통해 이해한다는 것에(A') 나 자신이 위로받을 수도(B') 있다. 이러한 감정이입과 반복된 감정이입을 통해 우리는 하나의 세계를 공유하게 되고 우리 자신의 내적 경험을 실재하는 것으로 인지하게 된다. 그리하여, 슈타인은 내가 나를 이해하는 타인을 경험하기 전까지는, 다시 말해서 타인과 감정이입을 통해 상호작용 하기 이전에 나 자신이나 나만의 경험은 그 세계의 부분으로 볼 수 없다고 주장한다. 이러한 감정이입의 특성으로 슈타인은 다음의 네 가지를 언급한다.

첫째, 대상성(Objektivität)이다. 타인은 사물(Ding) 또는 그것(Es)이 아니다. 그렇기 때문에 물리적 사물이 아니라 물리적 신체로 주어져 있고, 이러한 타인의 신체성(Körperlichkeit)은 나에게 대상으로, 나에게 독립적으로 주어져 있다. 타인의 독립성이 곧 나의 독립성이며 타인과 나의 경계가 된다. 따라서 물리적 신체로서 나와 타인은 각각 대상으로 맞서 있다.

둘째, 육체성(Leiblichkeit)이다. 나와 타인은 감각적인 육체를 지닌 존재다. 감각적인 육체로 주어져 있는 나는 주변을 둘러싸고 있는 사물과의 관계에서 살펴보면 그 사물을 이용하는 자이며, 그 사물들은 나

---

23 Stein(1917), *Zum Problem der Einfühlung*, p. 138.

에게 구속되어 있다. 반면에 감각적 육체를 지닌 나와 타인은 서로 구속하거나 소유하지 않으며, 다만 서로 받아들이며 주어져 있다. 따라서 나와 그것, 또는 사물의 관계에서는 감정이입이 작용할 수 없다. 나는 나와 타인 사이의 인간 본질을 지닌 '관계'를 통해서 타인을 이해할 수 있으며, 그런 한에서 감정이입은 육체성을 전제로 한다. 슈타인은 육체를 나와 세계의 만남의 영점(零點, Null Punkt), 다시 말해 나와 세계가 만나는 가장 기본적 상태로 소개한다. 즉 혼이 있는 육체는 자아의 배달 장소이기 때문에 우리는 감정을 통해서 육체의 본질에 접근한다. 이런 파악은 후기 저서에서도 드러난다.

"'몸짓, 움직임, 표시, 목소리를 통해서 자아 자체는 우리에게 주어진다. 이 자아 소여성(Selbstgegebenheit)은 표현-감각과 자아의 연결을 조정하며, 마침내는 감정이입이 가능해진다'고 언급된다. 그녀에게 있어서 자아 없는 육체는 생각될 수 없지만, 그 반대는 가능하다. 즉 '자아에서 떠난 나의 육체는 더 이상 나의 육체일 수 없고 그것은 물리적 신체(Körper), 나의 시체를 상상하는 것과 같은 것이다.'"[24]

신체성(Körperlichkeit) / 육체성(Leiblichkeit)

슈타인은 인간의 신체성을 물질적인 부분을 차지하는 인간의 몸으로 규정하며, 육체성은 물질적인 부분과 영혼적인 부분이 함께 존재하는, 다시 말해서 영혼이 함께하는 인간의 몸으로 규정한다.

24 Stein(1917), *Zum Problem der Einfühlung*, p. 52.

셋째, 독립성(Unabhängigkeit)이다. 타인은 단지 경험의 대상으로서만 있는 것이 아니다. 나는 타인을 주체로서 경험하며, 동시에 나는 고유한 정신적 삶을 지닌 낯선 자아, 즉 '너(Du)'를 나의 또 다른 자아로 지각하며 감정이입 하는 것이다. 나와 타인은 인간 본질을 지닌 존재인 한에서 참된 관계이며, 이러한 관계에서 나는 타인에게 붙들려 있거나 타인을 소유하지도 않으며, 다만 수용할 수 있고 주어져 있을 뿐이다.

넷째, 사이성(Zwischenheit)이다. 나와 타인은 서로 이웃하며, '사이의 영역(die Sphäre des Zwischen)'이 주어져 있다. 다시 말해서 나는 표상하는 지각과 감정이입에서 고유한 정신적 주체를 가지고 있는 또 다른 나, 즉 너를 경험한다. 이러한 다른 정신적 주체로부터 나는 하나의 다른 것을 이해한다. 다시 말해서 다른 정신적 주체로부터 그의 정신을 경험하며 이해하지만, 더 나아가서 고유한 나로부터 비롯된 정신적 주체의 작용이 대상으로 주어지게 된다. 이것은 "주관적인 것의 대상화"를 의미한다. 그리고 이것은 나와 타인 '사이에서' 발생되며, 그 사이 영역에서 발생되는 것이 바로 감정이입이다. 그리하여 슈타인은 느낀다는 것 속에서, '대상'으로서의 타인의 정신뿐 아니라 '자기 자신'을 체험하며, '자기 자신의 자아 깊은 곳(Tiefe seines Ich)'으로부터 오는 감정이 체험된다는 사실을 규명한다.

그렇다면 나는, 다시 말해서 인간은 물질적 사물에 감정이입 할 수 있는가. 이에 대하여 슈타인은 다음과 같이 언급한다.

"우리는 우리의 경험 세계에서 우리 앞에 맞서 있는 구체적 현상들로부터, 즉 심리·물리적인 개체 현상들로부터 걸어 나올 수 있다. 이

감정이입(Einühlung)

그 속에서 다른 사람의 체험이 파악되는 행위의 기본 양식이다. 슈타인은 감정이입이라는 개념을 다른 사람과의 관계에서 이루어지는 '지각 행위 (Wahrnehmungsakte)'로 규정하면서, 다른 사람의 주관적인 느낌으로, 다른 사람의 내적 체험으로, 그리하여 다른 사람의 인격 그 자체로 향해 있는 인식 행위임을 강조한다. 기쁨과 슬픔, 사랑과 미움, 고통과 불안 그리고 행복과 불행 등은 오직 감정이입을 통해서만 타인에게 다가갈 수 있다는 것이다.

사이성(Zwischenheit)

나와 타인은 서로 이웃하며, '사이의 영역(die Sphäre des Zwischen)'이 주어져 있다. 다시 말해서 나는 표상하는 지각과 감정이입에서 고유한 정신적 주체를 가지고 있는 또 다른 나, 즉 너를 경험한다. 이러한 다른 정신적 주체 로부터 나는 하나의 다른 것을 이해한다. 다시 말해서 다른 정신적 주체로 부터 그의 정신생활을 경험하며 이해하지만, 더 나아가서 고유한 나의 정신적 주체 작용이 대상으로 주어지게 된다. 이것은 '주관적인 것의 대상화 (Objektivierung des Subjektiven)'를 의미한다. 그리고 이것은 나와 타인 '사이에 서' 발생되며, 그 사이 영역에서 발생되는 것이 바로 감정이입임을 슈타인 은 강조한다.

것이 물리적 사물과 구별되는 특징이다. 즉 우리는 물리적 신체로서 (als physischer Körper) 주어져 있는 것이 아니라 감각적인 육체로서(als empfindlicher Leib) 주어져 있으며, 그 감각적 육체에 지각하며, 생각하고, 느끼며 무엇인가를 하고자 하는 자아(Ich)가 속해 있다. 이러한 자아가 속해 있는 육체는 나의 현상 세계 안에만 속해 있는 것이 아니라, 그 자체로 나의 현상 세계의 방향 중심(Orientierung)이 된다. 다시 말해서 나는 영혼을 지닌 낯선 자아의 현상 세계와 맞서 있으며 그 현상 세계는 나와 상호교환 되며 나에게 나타난다."[25]

따라서 물질적 사물에는 감정이입이 될 수 없다. 그러면 물질적 사물이 아닌 감각을 지닌 동물에게도 감정이입을 할 수 있는가? 슈타인은 감정이입이 원칙적으로 사람이라는 유형 안에서만 이루어진다고 보고 있다. 왜냐하면 인간은 육체적인 측면에서 다른 사람의 본질과 유사하기 때문이다. 이에 대하여 슈타인은 하나의 사례를 제시한다. 1906년 그녀는 자신의 학업을 중단하고 함부르크에서 지내던 시기에 우연히 양을 만난다.

"막대기에 묶여 있는 양을 보았다. 우리가 그 양 옆으로 다가갔을 때 양은 불쌍하게 울었고, 양의 맑고 엷은 녹색의 눈은 죽음에 대한 공포와 같은 지옥을 표현하고 있었다. 나는 그 양을 잊을 수 없었다."[26]

양의 눈을 통한 체험이 감지된 것이다. 그렇다면 육체성을 지닌 동물의 고통으로 우리는 감정이입이 가능하다. 하지만 내가 동물의 고통으로 나를 옮겨 놓으며 감정이입 할 수는 있지만, 다시 그것을 통해 나를 객관적으로 이해할 수는 없다(〈감정이입의 단계〉에서 C 단계가 성립될

---

25 Stein(1917), *Zum Problem der Einfühlung*, p. 3.
26 Stein(1985), *Aus dem Leben einer jüdischen Familie*, p. 93.

수 없다). 이에 대하여 슈타인은 다음과 같이 언급한다.

"내가 동물의 눈을 들여다보고 동물이 내 눈을 들여다볼 때, 그 동물의 내면과 그 혼을 들여다본다. 그러나 그 혼[동물의 혼]은 말이 없는, 자기 자신에 속해 있는 혼이다. 그것은 자기 자신에 구속되어 있어 자기 자신으로부터 밖으로 나올 수 없으며, 자기 자신에게로 되돌아갈 수 없고, 자기 자신을 이해할 수도 없다. 그러므로 그것[나와 동물의 감정이입]은 나에게 도달할 수 없다."

따라서 설령 동물이 육체성을 지니고 있어도 감정이입을 통한 자기 이해는 할 수 없다는 것이다. 반면에, 내가 타인의 눈을 볼 때 그의 시선은 내게 응답한다. 그는 내가 그 자신의 내면으로 들어오게 하거나 들어가지 못하게 한다. 내가 들여다보고 있는 그가 자기 혼의 주인이기 때문이다. 그는 자기 자신으로부터 밖으로 나갈 수 있다. 그렇기에 다른 사람 속으로 들어갈 수도 있다. 두 사람의 만남이란 '하나의 나'와 '다른 하나의 나'가 서로 만나는 것인데 이 만남은 감정이입이 되기 전인 '대문 앞에서의 만남'일 수 있고, 감정이입 하면서 하나의 나가 다른 나로 옮겨졌을 때인 '대문 안에서의 만남'일 수 있다. 그것이 대문 안에서의 만남일 때 하나의 나는 나의 또 다른 나, 즉 너(A')가 된다. 그렇게 되면 사람의 시선은 말을 시작한다. 즉 나는(A) 감정이입이 되어 다른 하나의 나를(B) 이해할 수 있게 된다는 것이다. 그리고 집 주인이 깨어 있는 상태인(B가 A를 받아들인 상태. 슈타인 현상학의 세 번째 특징인 열려 있는 현상학 참조)[27] 또 하나의 나(A')가 대문 안에서 (B) 나를(A) 내다보게 된다. 이런 자아를 우리는 하나의 자유로운 정신적 인격이라 한다. 인격이란 하나의 자유롭고 정신적인 존재를 말한다. 인간(Mensch)이 인격(Person)이라는 사실,[28] 이것이 인간을 모든 자연 존재(예컨대 물질적인 것, 식물, 동물)로부터 구별해 낸다. 그 결과 이 인격은 인간의 신체적·생명적·정신적 구조를 하나의 단일체(Einheit)로 통합한다. 또 각자에게 '자기 자신'이 되는 인격으로서 인간은 "자기 자신을 스스로 형성할 수 있고 또한 형성해야만 하는 것(Er kann und soll sich selbst formen)"이다.[29] 이러할 경우 우리는 감정이입을 통하여 타인의 인격을 이해하며 또 그럼으로써 자기 자신의 인격을 형성할 수 있게 된다. 이것이 감정이입을 통해서 지각되는 네 번째 단계이다. 슈타인은 30년대에 기술한 저서에서도 이에 대해 언급하고 있다.

"Ich erkenne mich in allen anderen und durch sie."

"나는 나를 모든 다른 사람 안에서 그리고 모든 다른 사람을 통해서 인식한다."

이처럼 슈타인에게 타인은 우리가 어떤 사람이 되고자 하는지를, 또 우리가 어떻게 행동해야 하는지를 결정하고 평가할 수 있게 해 주는 존재이다. 예컨대 타인이 동료들 앞에서 용감하게 행동하는 것에

---

[27] 슈타인의 현상학을 필자는 다음 세 가지로 규정한다. 1) 본질 현상학, 2) 실재론적 현상학, 3) 열려 있는 현상학이 그것이다. 이은영(2019), 「에디트 슈타인과 감정이입(I): 에디트 슈타인의 감정이입의 인간학 ― 박사학위 논문《감정이입의 문제(Zum Problem der Einfühlung)》를 중심으로」, 219-248쪽 참조.

[28] Stein(1994), *Der Aufbau der menschlichen Person*, p. 125.

[29] Stein(1994), *Der Aufbau der menschlichen Person*, p. 102.

감정이입 한다면 나는 아직 내가 깨닫지 못했던 잠재적 용기가 내 안에 있음을 인식할 수 있다. 따라서 우리는 타인을 통해 나의 발전 가능성과 잠재력을 알 수 있으며, 그렇기 때문에 타인은 때때로 우리가 우리 스스로를 이해하는 것보다 우리 자신을 더 진실하게 드러낼 수 있게 해 준다.

그리하여 우리가 "인간이라는 유형"에서 멀어지면 멀어질수록, 감정이입 행위의 실현 가능성도 점점 사라진다." 그리고 "각 개별 인격은 그 자체로 이미 인간이라는 유형"이기 때문에 "나는 내 자신이 인격이 되어 가는 만큼 다른 인격에까지 감정이입 할 수 있게 된다." 즉 "스스로를 인격으로서, 의미 있는 전체로서 체험하는 사람만이 다른 사람의 인격을 이해할 수 있다"는 것이다. 그렇지 않으면 "우리는 나의 주관성 안에서 나올 수 없게 되고, 다른 사람들이 나를 이해할 수 없게 되거나, 더 나쁜 것은 내가 다른 사람들을 나의 형상에 따라 바꾸며, 그리하여 [...] 진리를 변조하는 데까지 나아"갈 수도 있다.[30] 따라서 "인간이 '자기 자신'을 발견하면 할수록 그는 오히려 '이해의 마이스터(Meister des Verstehen)', 곧 사랑의 마이스터(Meister der Liebe)가 될 수 있다. 감정이입을 통해서 나는 다른 사람의 인격을 만난다. 그리고 이러한 만남은 나를 하나의 '새로운 나(ein neues Ich)'가 되게 하는 것이다.[31] 그런데 슈타인은 왜 감정이입을 통하여 자기 자신을 이해하려고 열망했는가? 이 논의는 슈타인이 언급한 자아의 층을 통해 해결될 수 있을 것이다. 슈타인은 박사학위 논문에서 자아의 층을 해명한

---

30 Stein(1917), *Zum Problem der Einfühlung*, p. 129.

31 Stein(1917), *Zum Problem der Einfühlung*, p. 130.

다. 슈타인에 의하면, 이론적 작용 속에서, 즉 지각, 표상, 사고 등과 같은 작용 속에서는 자아가 어떤 대상으로 향해 있다. 반면, '느낀다는 것' 속에서는, 대상뿐 아니라 자기 자신을 경험하며, 자기 자신의 자아 저 깊은 곳으로부터 오는 '감정'을 체험한다. 그런데 감정 속에서 체험되는 자아는 '여러 다양한 층'을 갖고 있다. 감정이입은 자아 저 깊은 곳으로부터 나오는 이러한 '자아의 층'을 드러나게 하며 따라서 우리가 인격적 존재가 되어 갈수록 다른 사람의 인격도 이해할 수 있고, 마찬가지로 다른 사람의 인격을 통해 내 자신의 깊은 곳까지 이해할 수 있다는 것이다. 그렇다면 자아의 깊은 곳에 자리 잡고 있는 것은 무엇인가?

슈타인은 이것을 하나의 공간, 그 중심에서 인간의 고유성이 발견될 수 있는 공간, 즉 신(神)으로 보고 있다. 이때 자아는 표면과 내면 사이를 왔다갔다하면서 움직일 수 있는 공간으로 간주된다. 자아의 과제는 영혼의 내면인 신에게로 좀 더 가깝게 들어가려는 것이라 할 수 있고, 가장 깊은 내면에 신이 거주하고 있는 사람은 감정이입으로 신에게 헌신할 수 있는 능력을 더 많이 지니고 있는 것이다. 슈타인은 후기 저서에서 이러한 신을 '절대적 타자(der absolute Andere)'로 논증하고, 동시에 인간에게 삶을 제공하며 의미를 부여하는 능력이라고 피력한다. 그렇다면 우리는 신과의 감정이입이 가능하다고 할 수 있다. 그런데 슈타인이 박사학위 논문을 완성했던 시기인 1916년은 슈타인이 가톨릭으로 전회하기 이전의 시기다. 따라서 슈타인이 박사학위 논문에서 언급한 종교적 측면은 바로 '유대교'의 영향으로 생각된다. 유대교 집안에서 태어난 슈타인은 1921년 가톨릭 세례를 받고, 그다음 해인 1922년 2월 2일 슈파이어에서 루트비히 세바스티안(Ludwig Sebastian) 주교에게 견진 세례[32]를 받았다. 여기서 주목해야 할 점은 그녀가 1921년 동료 헤드비히 콘라트 마르티우스(Hedwig Conrad-Martius)의 집에서 발견한 『성녀 데레사의 삶』을 읽고 "이것이 진리다!"라는 말과 함께 가톨릭교회에 입문했다는 것이다. 다시 말해서 유대교의 전통에서 자라난 슈타인이 가톨릭교회에 입문할 수 있게 한 하나의 통로가 바로 성녀 데레사의 삶과 사상이라 할 수 있다. 그중에서도 데레사의 『영혼의 성(Seelenburg)』에 대한 해석과 설명은 1932년 작성된 슈타인의 주저 『세계와 인격』에서 중요하게 언급된다. 우리나라에서 에디트 슈타인은 그녀에게 관심을 갖고 있는 이들에게조차 주로, 교황 요한 바오로 2세가 1998년 성인(聖人)으로 시성한 종교인으로 알려져 있다. 그러나 그녀는 존재와 진리의 문제를 치열하게 고민하며 살아갔던 철학자요, 현상학자이기도 하다. 이글에서는 슈타인이 스승인 후설과 차별되는 지점을 살펴보았고, 그

본질 현상학(Wesen Phänomenologie)

슈타인의 현상학은 존재와 관련하여 본질이 주어져 있다는 사실과 본질이 무엇인가를 드러내 보이려 한다. 다음으로 실재 세계의 감각적 세계를 고찰하면서 이러한 본질을 작업해 내려 하고 있다는 점에서 '본질 현상학'이다. 예컨대, 기쁨의 경우, 우리는 다양한 기쁨을 경험하면서, 이러한 기쁨, 저러한 기쁨이 아닌 '기쁨 그 자체(Freude an sich)', 즉 '기쁨의 본질'을 경험한다는 의미이다.

---

[32] 세례 성사가 사람들 앞에서 신앙을 고백하고 은혜를 받게 하는 성사라면, 견진 성사는 세례 성사를 확인하고 완성하는 것으로, 은혜를 더욱 증가시키고 견고하게 하는 성사다.

열린 현상학(geöffnete Phänomenologie)

슈타인에게 인간은 주체와 대상 중에서 하나를 다른 하나로부터 이끌어 낼 수 없기에 본질상 타인에게 '열려 있음'으로 존재한다. 따라서 인간의 삶은 상호 의존적으로 발전해 나갈 수 있다는 점에서 '열린 현상학'이다. 이때 타인은 인간이라는 본질에서 동일하며 동시에 그만큼 다르게 구별된다. 이 동일성에 대한 차별성을 해결하고 타인을 이해하기 위해 슈타인은 고유한 자아에서 낯선 자아로의 이행을 위한 감정이입을 시도하게 된다.

실재론적 현상학(realistische Phänomenologie)

사고와 대상 사이에 있는 그 관계는 현실적 관계라는 것이다. 슈타인에게 이념, 진리, 존재는 서로 관련되어 있다. 진리는 존재와의 관련에서만 그 의미를 갖게 되며, 두 개의 절대적 영역 중에서 하나를 다른 하나로부터 이끌어 낼 수 없다고 강조한다는 점에서 '실재론적 현상학'이다.

녀의 박사학위 논문 『감정이입의 문제』를 소개하면서 그녀의 현상학적 궤적이 열린 현상학, 실재론적 현상학, 그리고 본질 현상학임을 드러냄으로써 현상학자로서 슈타인을 밝히고자 했다.

에필로그

1950년 네덜란드 관보는 강제 이송된 모든 유대인의 리스트를 공표했다. 그 리스트의 34번에 "번호 44074, 에디트 테레시아 헤드비히 슈타인(Edith Teresia Hedwig Stein), 1891년 10월 2일 브레슬라우에서 출생, 1942년 8월 9일 에히트에서 사망"이라고 공표되었다. 후설과 하이데 거 그리고 셸러와 교류했던 여성 현상학자로서, 교육과 여성 그리고 인간의 문제를 연구하면서 진리의 길을 추구하였던 슈타인이 아우슈 비츠 가스실에서 살해되었다는 사실에 사람들은 놀라움을 금치 못하 였다. 그녀의 사망에 대한 놀라움, 슬픔과 함께 슈타인에 대한 재조 명이 이루어지면서 관련 저서와 논문들이 출판되고 있으며 현재 독 일에서는 슈타인 연보와 함께 전집이 재간행되고 있다. 이러한 슈타 인에 대한 세계적 현상은 우리나라에도 이어져 그녀에 대해 많은 관 심을 갖게 된 것이 사실이다.

하지만 우리나라의 슈타인에 대한 연구는 슈타인의 생애와 순교에 집중되어 있거나 가톨릭교회의 성녀(聖女)로서만 언급되고 있는 실정 이어서 슈타인의 철학적 사상은 본격적으로 다루어지고 있지 않다. 그래서 필자는 철학 영역에서 차지하고 있는 넓은 파급력과 그 사상 적 착상의 중요성에도 불구하고 우리 학계에서 미진하게 다루어지고 있는 슈타인 사상에 대한 의의를 본 글을 통하여 소개하고자 하는 목 표로 출발했다. 철학자 에디트 슈타인, 현상학자 에디트 슈타인에 다 가서고자 하는 독자들에게 도움이 되었으면 하는 마음과 함께 이 글 을 마친다.

1. 에디트 슈타인의 저서

Stein, Edith(1917), *Zum Problem der Einfühlung*, Hinführung von Prof. Dr. Johannes Baptist Lotz SJ, Halle (Reprint, München 1980).

_____(1929), "Husserls Phänomenologie und die Philosophie des hl. Thomas von Aquin", in *Jahrbuch für Philosophie und phänomenologische Forschung, Husserl Festschrift*, Tübingen: Max Niemeyer Verlag.

_____(1962), *Welt und Person*, Louvain: E. Nauwelaerts.

_____(1985), *Aus dem Leben einer jüdischen Familie*, Louvain / Freiburg: De Maas & Waler.

_____(1991), *Briefe an Roman Ingarden 1917-1938*, Freiburg / Basel / Wien: Herder.

_____(1991), *Einführung in die Philosophie*, Freiburg / Basel / Wien: Herder.

_____(1993), "Was ist Philosophie? — Ein Gespräch zwischen Edmund Husserl und Thomas von Aquino", in *Erkenntnis und Glaube*, Freiburg / Basel / Wien: Herder.

_____(1994), *Der Aufbau der menschlichen Person*, Freiburg / Basel / Wien: Herder.

_____(1998), *Selbstbildnis in Briefen, Erster Teil 1916-1933*, 2. Aufl, Freiburg / Basel / Wien: Herder.

2. 관련 참고문헌

Börsig-Hover, Magdalena(2006), *Zur Ontologie und Metaphysik der Wahrheit — Der*

Wahrheitsbegriff Edith Steins in Auseinandersetzung mit Aristoteles, Thomas von Aquin und Edmund Husserl, hrsg. Tadeusz Guz, Peter Lang, Berlin: Peter Lang GmbH Internationaler Verlag der Wissenschaften.

Fidalgo, Antonio(1991), "Edith Stein, Theodor Lipps und die Einfühlungsproblematik", in *Phänomenologische Forschungen 26/27*, Eichstätt: Felix Meiner Verlag.

Jaegerschmid, Adelgundis(1987), "Gespräch mit Edmund Husserl", in *Edith Stein. Wege zur inneren Stille*, Aschaffenburg: Kaffke Verlag.

Körner, Reinhard(1999), "Einfühlung nach Edith Stein", in *Edith Stein Jahrbuch Band 5, Das Christentum, Zweiter Teil*, Würzburg: Echter Verlag.

Schuhmann, Karl(1991/1993), "Edith Stein und Adolf Reinach", in *Studien zur Philosophie von Edith Stein, Internationales Edith-Stein-Symposion(Phänomenologische Forschungen 26-27)*, Eichstätt: Felix Meiner Verlag, Freiburg / Münche: Alber.

Wuchterl, Kurt(1995), *Bausteine zu einer Geschichte der Philosophie des 20. Jahrhunderts, Von Husserl zu Heidegger*, Bern / Stuttgart / Wien: Haupt Verlag.

이은영(2019), 「에디트 슈타인과 감정이입(I): 에디트 슈타인의 감정이입의 인간학 — 박사학위 논문 《감정이입의 문제(Zum Problem der Einfühlung)》를 중심으로」, 『철학연구』 151, 대한철학회.

후설, 에드문트(2016), 『경험과 판단』, 이종훈 역, 민음사.

에디트 슈타인(1891-1942) ─────────

1911년 브레슬라우대학에 입학한 후, 괴팅겐 대학과 프라이부르크대학에서 철학을 공부했다. 1916년 8월 「감정이입의 문제」를 연구함으로써 'summa cum laude(최우수 성적)'로 철학박사학위를 취득했다. 1921년 콘라트 마르티우스의 서재에서 『아빌라의 성녀 데레사의 자서전』을 읽고 1922년 가톨릭으로 개종했다. 1923년 슈파이어에 있는 성 막달레나 여자고등학교에 부임하여 1931년까지 교직에 몸담았고, 그 과정에서 1925년 예수회 신부 치바라의 제안으로 토마스 아퀴나스의 『진리론』을 독일어로 번역 출판했다. 1932년 뮌스터 교육학 연구소에서 교육학과 인간학을 강의했으며, 그 과정에서 주저 『인간 인격의 구조』를 출판했다. 1933년 독일 제3공화국의 직업 관리법에 의해서 강사직에서 해고된 슈타인은, 그해 10월 15일 쾰른의 성 요셉 가르멜 수녀원에 입회했다. 슈타인은 그곳에서 작성 중이던 『현실태와 가능태』를 수정, 보완하여 『유한한 존재와 영원한 존재』를 완성했다. 꾸준히 현상학과 신학에 관한 연구를 멈추지 않던 슈타인은 1942년 8월 2일 오후 5시 나치 친위대에 납치되어, 그해 8월 9일 아우슈비츠 수용소에서 사망했다.

3장

오이겐 핑크, 우주론적 차이의 현상학

김기복

가천대학교 가천리버럴아츠칼리지

66

인간 실존은
일차적으로 이성, 자유, 언어가 아니라
에로스, 죽음, 노동, 지배, 놀이라는
조건 속에서 해석되어야 한다.
인간 실존의 세계 개방성은
태어나고 사랑하며 아이를 낳고
일하고 전쟁하고 놀고 죽는다는
유한한 피조물의 조건 속에서만
생겨날 수 있기 때문이다.

99

1. 생애와 사상의 전개

오이겐 핑크(Eugen Fink)는 독일의 콘스탄츠에서 태어났다. 그는 1925년 김나지움을 졸업한 후 프라이부르크대학에서 공부를 시작했으며, 거기에서 후설(Edmund Husserl)과 하이데거(Martin Heidegger)의 강의를 들었다. 1928년부터는 에디트 슈타인(Edith Stein)과 란트그레베(Ludwig Landgrebe)를 이어, 은퇴를 앞둔 후설의 조교로 일하게 되었다. 핑크는 유대인이었던 후설이 나치에 의해 독일 학계에서 비참한 처지로 밀려나는 상황에서도 후설이 사망하는 1938년까지 그의 개인 조교로서 곁을 지켰다. 이 시기에 핑크는 『재현과 이미지(*Vergegenwärtigung und Bild*)』로 박사학위를 취득했고, 후설의 강연 및 미간행 원고들이었던 「데카르트적 성찰」, 「베르나우 원고」, 「C 원고」 등의 수정 및 편집에 관여했다. 후설 사후 그의 유고는 반브레다(Herman van Breda) 신부의 노력으로 나치의 분서(焚書) 위협을 피해 벨기에의 루뱅으로 옮겨지게 되는데, 1939년 핑크는 반브레다 신부의 초청으로 란트그레베와 함께 후설이 남긴 원고의 편집에 헌신하고자 루뱅으로 이주한다. 하지만 독일이 벨기에를 점령함으로써 그 계획은 수포로 돌아가게 된다. 그 후 핑크는 나치에 의해 프랑스로 강제 이송되었다가 가까스로 목숨을 구해 독일로 돌아왔지만 이내 강제 징집되어 2차 세계대전에 참전하게 된다. 전쟁이 끝나고 1946년에 핑크는 전쟁 전에 집필한 『제6 데카르트적 성찰(*VI. Cartesianische Meditationen*)』을 통해 교수자격을 취득하고, 1948년 프라이부르크대학에서 '철학 및 교육학을 위한 학과'의 교수가 된다. 1950년에는 프라이부르크대학에 '후설 문서보관소(Husserl-Archiv)'를 설립하고 1971년까지 소장을 맡았다.[1]

핑크 사상의 발전 과정은 크게 두 시기로 나누어 볼 수 있다. 2차 세계대전 전에 핑크는 후설과 함께 후설 현상학의 중요 개념들인 환원, 자아, 세계, 시간, 상호주관성 등에 대한 보완과 수정에 전력했다고 할 수 있다. 이 과정에서 그는 현상학적 환원에 관한 현상학, 비존재자(메온)로서의 초월론적(선험적) 자아, 초월론적 자아의 세속화 등을 통해 현상학의 발전에 큰 기여를 했으며, 이것들 가운데 일부는 『유럽 학문의 위기와 초월론적 현상학(Die Krisis der europäischen Wissenschaften und die transzendentale Phänomenologie)』과 같은 후설 말년의 주요 저술 안에 포함되기도 했고, 일부는 핑크 자신의 독자적인 개념들로 남게 되었다.

종전 후 핑크는 후설 아래에서 발전시켰던 새로운 현상학적 개념의 연장선에서, 그러나 동시에 하이데거 후기의 존재 사유에 강한 영향을 받으면서 자신만의 독자적인 철학을 개척해 나간다. 특히 후설과 하이데거의 세계 개념을 뛰어넘는 새로운 세계 이론을 '우주론(Kosmologie)'이라는 이름으로 제시했으며, 하이데거의 '존재론적 차이'에 대응하는 '우주론적 차이' 개념을 통해 세계, 존재, 존재자 간의 관계를 하이데거와는 다른 차원에서 제시했다. 이러한 '우주론'을 바탕으로 자신만의 독자적인 인간학을 전개하는데, 거기에서 그는 기존

---

1 Landgrebe(1976), "Eugen Fink (1905-1975)", pp. 594-595; S. Fink(2006), "Die Biographie Eugen Finks", *Eugen Fink, Sozialphilosophie - Anthropologie - Kosmologie - Pädagogik - Methodik*, pp. 267-276 참조.

의 철학뿐만 아니라 후설과 하이데거의 논의에서도 충분히 조명되지 못한 인간 삶의 근본 현상들, 즉 에로스, 죽음, 노동, 지배, 놀이를 인간학의 중심적인 주제로 삼았다. 마지막으로 그는 교육 철학에 관한 저술을 통해 현대의 교육 이론에 기여했다.

핑크는 당대 및 후대의 현상학 및 인문학에 상당한 영향을 미쳤다. 우선 후설 현상학이 프랑스에 수용되는 과정에서 핑크의 후설 연구가 큰 영향을 미쳤다는 사실이 언급되어야겠다. 『지각의 현상학 (*Phénoménologie de la perception*)』 서문을 통해 우리는 메를로퐁티(Maurice Merleau-Ponty)가 후설 현상학을 수용하는 과정에서 핑크의 후설 연구에 영향을 받았다는 사실을 알 수 있다. 또한 데리다가 수행한 후설의 발생적 현상학의 헤겔식 독해는 스스로 인정하듯이 핑크의 현상학적 환원과 반성 개념에 강한 영향을 받았다.[2] 또한 핑크 후기의 우주론과 세계 사유는 놀이 개념을 매개로 현대 철학 및 인문학 분야에 중요한 개념 틀을 제공해 주었다.

2. 후설, 하이데거 그리고 핑크

핑크는 1928년부터 1938년까지 후설 곁에서 그의 원고를 정리하고 편집하면서 원고의 수정과 보완에 적극적으로 개입했다. 후설은 핑크를 미완으로 머물러 있던 자신의 현상학 체계와 방법을 완성하

---

2 Depraz(2006), "Rezeptionsberichte, Frankreich", *Eugen Fink, Sozialphilosophie – Anthropologie – Kosmologie – Pädagogik – Methodik*, pp. 316-318 참조.

는 데 없어서는 안 될 공동 연구자라고 생각했다. 핑크 또한 당시 학계의 비판으로부터 후설의 현상학을 옹호하면서, 후설과 함께 현상학의 체계와 방법을 완성하고자 했다. 하지만 이 시기에 핑크의 생각이 어느 정도까지 후설의 기획 의도와 일치했는지는 불분명하다. 핑크가 당시 생각한 현상학의 이념은 분명 후설의 것이었지만 그 구체적인 형태는 사뭇 후설의 의도를 벗어나는 것이었다. 핑크가 후설의 『데카르트적 성찰』에 추가하려고 기획한 『제6 데카르트적 성찰』과 그 배경을 이루는 연구 원고들이 이러한 사실을 보여 준다.

후설과 핑크는, 후설이 기존 저술에서 현상학에 대한 체계적인 설명을 시도하면서 제시했던 현상학적 환원의 방법이 여전히 미흡하다고 생각했다. 예를 들어 『이념들 I(*Ideen zu einer reinen Phänomenologie und phänomenologischen Philosophie I*)』에서 후설은 초월론적 주관을 세계가 판단 중지(에포케) 되고 남는 잔여라고 보았다. 하지만 이 경우 초월론적 주관은 세계로부터 분리되어 세계와 병렬적으로 존재하는 또 하나의 존재 영역이 된다. 또한 후설은 초월론적 주관과 구성된 대상 사이의 관계를 세계 내부의 존재자들에게나 적합한 '주관-대상 사이의 상관관계'라는 인식론적 도식의 틀로 파악했다. 『이념들 I』에서 보여 준 현상학적 환원의 이러한 성격 때문에 어떻게 하나의 존재 영역에 불과한 초월론적 주관이 어떻게 또 하나의 존재 영역인 세계를 구성할 수 있는지, 그리고 초월론적 주관과 세계 내의 한 영역을 차지하는 세속적 주관, 즉 인간-자아는 서로 어떤 연관을 맺는지가 여전히 불분명하게 남게 되었다. 후설과 핑크 모두 초월론적 현상학이 가진 이러한 소박성을 극복하고자 했다. 하지만 그 극복 방법으로 핑크가 제시한 많은 것이 후설의 의도에서는 벗어나는 것들이었다.[3]

    핑크에 의하면 이러한 문제점은 기존의 후설 현상학이 초월론적 주관과 세계 내부의 존재자 사이에 놓여 있는 절대적인 차이를 제대로 파악하지 못했기 때문에 생겨난다. 초월론적 환원은 초월론적 주관을 세계 내의 한 존재자로 파악하는 것에서는 벗어났지만 초월론적 주관을 여전히 하나의 존재자로 파악하는 것에서는 벗어나지 못했다. 핑크에 의하면 초월론적 주관과 세계 내부의 존재자 사이에 있는 차이를 제대로 파악하기 위해서는 세계를 구성하는 존재자로서의 초월론적 주관을 세계를 넘어서 있는 것으로 파악해야 한다. 핑크는 세계를 넘어 존재하는 초월론적 주관을, 존재하는 것이 아니라 존재에 앞서는 것이라는 의미에서 소위 '비존재(메온)'로 파악한다. 초월론적 주관은 모든 존재하는 것을 구성하는 원천으로서, 그것 자체는 하나의 존재자일 수 없다는 것이다.

    하지만 핑크에 의하면 비존재로서의 초월론적 주관은 자신만의 공허한 자유에 빠져 있지 않고 반드시 자신을 인간-자아로 세속화하게 되는데, 핑크는 헤겔 철학의 영향 아래에서 이 두 주관 사이의 연관을 존재와 무, 혹은 존재와 비존재 사이의 변증법적 운동으로 파악해야 한다고 보았다. 이를 통해 핑크는 참된 의미의 초월론적 주관의 존재 방식을 존재(자연적 세계)와 무(無, 초월론적 세계)를 변증법적으로 통일하는 절대자의 운동으로 파악하고자 했다. 그리고 현상학이란 절대자로서의 초월론적 주관의 운동에 대한 파악이라고 규정했다. 이렇게 새롭게 규정된 현상학적 기획을 핑크는 메온틱(Meontik)이라고 부르고, 그 방법의 핵심을 헤겔의 용어법에 따라 사변(思辨, Spekulation)이라

---

3   Bruzina(2011), *Edmund Husserl and Eugen Fink*, pp. 93-123 참조.

'메온'은 희랍어에서 '존재'를 뜻하는 '온(ὄν)' 앞에 '-아님'을 뜻하는 '메(μή)' 가 결합된 말로서, '비(非)존재' 혹은 '비존재자'를 뜻한다. 메온틱은 메온에 대한 학문을 말한다. 메온틱은 후설의 초월론적 현상학을 한 단계 발전시 키려는 의도에서 생겨났으나 결과적으로 핑크만의 독자적인 현상학 개념 으로 남게 된다. 메온틱의 핵심 내용은 초월론적 주관의 존재 방식과 그것 의 파악 방식에 관한 것이다. 핑크는 세계를 구성하는 초월론적 주관을, 구 성된 세계와 마주해 있는 또 하나의 존재자가 아니라 존재에 앞서는 선(先) 존재자 혹은 비존재자로 파악했다. 또한 비존재로서의 초월론적 주관은 반드시 자신을 인간-자아로 세속화하게 되는데, 핑크는 이 둘 사이의 연관 을 존재와 비존재를 변증법적으로 통일하는 절대자의 운동으로 파악했다. 또한 이러한 절대자의 운동을 포착하는 방법을 사변이라고 보았다.

고 불렀다.

또한 핑크는 초월론적 주관이 세계를 구성하는 흐름 속에는 세계 구성에서 결정적인 중요성을 갖지만 현상학적 지각이나 재현과 같 은 기존 현상학적 인식 방법으로는 충분히 파악될 수 없는 것들이 속 해 있다고 본다. 예를 들어 탄생과 죽음 사이에 존재하는 초월론적 자아의 전체성, 상호주관적인 모나드 공동체의 전체성, 모나드적 역 사의 전체성이 그러하다. 하이데거가 『존재와 시간』에서 제시했던 '형식적 지시', '실존론적 기획투사'라는 해석학적 방법의 영향 아래 에서 핑크는 이러한 구성적인 과정에 대한 접근 방법으로서 '구축(構 築, Konstruktion)'이라는 새로운 현상학적 방법을 제안한다. 앞서 언급 한 '사변'뿐만 아니라 '구축' 역시 자기 소여성, 직관 등에 기초한 후

설의 기존 현상학적 인식 이론의 한계를 벗어나려는 방법이라 할 수 있다.[4]

또한 후설과 핑크는 『이념들 I』의 세계 개념을 수정하고자 했다. 『이념들 I』에서 세계는 판단 중지에 의해 쉽게 배제될 수 있는 것처럼 이해된다. 하지만 세계는 마음대로 판단 중지 될 수 있는 것이 아니다. 세계는 단지 인간-자아에 의해 '정립된' 대상이 아니기 때문이다. 후설과 핑크 모두 『이념들 I』의 세계 개념에는 세계의 선(先)소여성 (Vorgegebenheit)의 근원적인 의미, 인간-자아가 세계 속에 있다는 사실의 근원적인 의미가 충분히 담기지 못했다고 본다. 특히 핑크는 『이념들 I』에서의 세계가 마치 '자아'와 인식론적 상관관계 속에 놓여 있는 '대상'처럼 존재하는 것으로 파악되었다고 본다. 이 경우 세계는 단지 세계 내부의 존재자 구성의 주관적인 형식적 조건, 혹은 대상 구성의 지평에 불과하게 된다. 이 경우 세계와 세계 내부의 존재자 사이의 절대적인 차이가 제대로 파악될 수 없다. 핑크에 의하면 세계는 대상 구성의 지평이거나 주관적인 선험적 조건이 아니다. 그것은 초월론적 자아의 '나는 할 수 있다'의 상관 영역보다 앞선 영역으로서, 자아가 쉽게 접근할 수 있고 마음대로 처리할 수 있는 영역이 아니다. 핑크는 세계를 인식론적 상관관계 속에 있는 대상이나 대상의 지평을 넘어선, 좀 더 근원적인 것으로서 드러내고자 한다. 후기에 핑크는 칸트(Immanuel Kant)가 『순수이성비판』의 '초월론적 변증론'에서 제기한 '우주론적 이념'으로서의 세계를 자신의 세계 개념의 선구자

4　E. Fink(1988), *VI. Cartesianische Meditation Teil 1*, p. 61 이하; Bruzina(2011), *Edmund Husserl and Eugen Fink*, pp. 375-417 참조.

로 끌어들인다. 그리고 자신의 세계 개념을 후설과 하이데거의 관념론적이거나 실존론적인 세계와 대립된 '우주적 세계(kosmischen Welt)'로 개념화한다.[5]

핑크는 앞에서 살펴본 자아, 세계, 현상학적 환원뿐만 아니라 시간, 상호주관성, 언어, 형이상학 등에 이르기까지 기존의 후설 현상학의 전 영역에서 후설을 보완하고 수정하면서 새로운 현상학적 개념들을 제시하였다.

핑크는 프라이부르크대학에서 후설뿐만 아니라 하이데거 밑에서도 공부했다. 핑크는 후설의 후임으로 프라이부르크대학에 온 하이데거의 세미나에 정기적으로 참여하였다. 그는 하이데거의 "비판적인 이웃"으로서, "숙고하는 절제"[6] 속에서 하이데거의 강의를 들었는데, 하이데거의 실존론적 현상학의 노선을 그대로 따르지는 않았지만 후설 현상학의 체계와 방법을 갱신하는 과정에서 하이데거로부터 큰 영향을 받았다.

2차 세계대전 후 핑크는 후설 아래에서 가다듬었던 자신의 메온틱과 세계 개념의 연장선상에서 하이데거 후기의 '존재 사유(Seinsdenken)'로 기울어지지만, 이내 거기서 벗어나 독자적인 사유의 길을 걷게 된다. 그는 하이데거의 존재 사유를 재검토하여 그것을 시간-공간-운동의 차원을 매개로 한 '세계 사유(Weltsdenken)'로, 그리하여 '우주론'으로 확장하게 된다. 이때부터 세계 사유와 우주론은 핑크 철학의 중심이 된다. 하이데거의 존재 사유를 이처럼 세계 사유로 전환하는 데는

---

5   Bruzina(2011), *Edmund Husserl and Eugen Fink*, pp. 174-219 참조.

6   Landgrebe(1976), "Eugen Fink (1905-1975)", p. 594.

헤라클레이토스, 칸트, 헤겔, 니체 사상에 대한 우주론적 재해석이 바탕이 되었다.[7]

2차 세계대전 후 40년대 핑크의 강의들은 주로 세계 문제를 중심으로 한 우주론에 관한 것으로, 당시의 주요 강의들이 『고대 철학의 근본 물음(Grundfragen der antiken Philosophie)』, 『세계와 유한성(Welt und Endlichkeit)』, 『존재와 인간(Sein und Mensch)』 등으로 출간되었다. 이후 핑크는 인간을 우주론의 관점에서 다루는 인간학 관련 강의를 많이 했고, 주요 강의들이 『자연, 자유, 세계: 교육 철학(Natur, Freiheit, Welt: Philosophie der Erziehung)』, 『실존과 공동 실존(Existenz und Coexistenz)』 등으로 출간되었다. 이 당시의 인간학 강의들은 나중에 출간된 『인간 현존재의 근본 현상들(Grundphänomene des menschlichen Daseins)』에서 체계적으로 정리되었다. 60년대에 들어서 세계와 인간의 관계를 보다 성숙한 관점에서 논의한 『세계 상징으로서의 놀이(Spiel als Weltsymbol)』 또한 핑크의 빼놓을 수 없는 주요 저술 가운데 하나이다.

이제부터는 후설 및 하이데거와 다른 오이겐 핑크의 독자적인 사유의 길을 네 개의 갈래로 나누어 살펴보도록 한다.

3. 형이상학에서 우주론으로

핑크에 따르면 전통적인 형이상학은 사물존재론(Dingontologie)이다. 여기에서 사물은 세계 내부의 존재자, 즉 유한하고 개별화된 존재자

---

7 Franz(1999), *Der Mensch und Seine Grundphänomene*, pp. 33-57 참조.

를 가리킨다. 전통적인 존재론은 유한하고 개별화된 사물의 존재를 '불변하면서 지속하는 것', '통일적인 하나'로서의 실체 혹은 기체라고 보았다. 신, 세계, 영혼과 같은 무한한 존재자들 역시 유한한 세계 내부의 존재자를 모델로 해서 절대적인 '실체'로 파악됐다는 점에서 무한한 것이든 유한한 것이든 실체 개념의 자장(磁場)을 벗어나지는 못했다.

그러나 핑크에 의하면 실체라는 개념은 세계 내부의 존재자인 유한한 사물로부터 생겨난 개념일 뿐이다. 참된 무한이자 절대적인 것으로서 자신 바깥에 어떤 것도 가지지 않는 동시에, 유한한 사물 전체를 포괄하는 세계에 적합한 개념이 될 수는 없다. 전통적인 존재론은 세계 내부의 존재자에서 생겨난 실체라는 개념을 무한하고 절대적인 것으로서의 세계에 부당하게 전이하는 잘못을 범하고 있다.

핑크는 세계를 세계 내부의 존재자와 절대적으로 구별하는 것이 탈형이상학 시대의 사유의 과제가 되어야 한다고 보았다. 세계 내부의 존재자와 절대적으로 구별되는 세계 자체에 관한 사유를 그는 전통적인 존재론에 대비해서 '우주론'이라고 불렀으며, 세계 내부의 존재자와 세계 사이의 차이를 '우주론적 차이(kosmologische Differenz)'라고 불렀다. 이미 후설과 하이데거는 각각 지평과 실존 범주로서의 세계를 통해 세계 내부의 존재자와 구별되는 세계 자체를 사유의 중심으로 끌어들임으로써 탈형이상학적 사유의 관문을 열었다. 하지만 핑크에 따르면 지평과 실존 범주로서의 세계가 여전히 세계 내부의 존재자 가운데 하나인 초월론적 주체나 인간 현존재에 의해 구성되고 있다는 점에서 그들은 세계를 주관화하고 있으며, 모든 형태의 주관화를 뛰어넘는 세계의 존재 방식, 즉 '우주적 세계 개념(kosmischen

우주론(Kosmologie)

핑크는 하이데거와 마찬가지로 존재 자체를 사유하지 않는 전통적인 존재론을 비판한다. 하지만 핑크는 존재 사유의 핵심을 세계 사유로 본다. 전통적인 존재론은 유한한 사물에만 타당한 실체 범주를 세계에도 적용한 결과 세계의 무한성을 포착하는 데 실패했다. 핑크는 모든 유한한 사물을 포괄하면서 결코 대상화될 수 없는 세계의 무한성을 자신의 우주론을 통해 포착하고자 했다. 또한 전통적인 존재론은 유한한 사물을 단지 속성을 가진 실체로 봄으로써 유한한 사물의 세계성을 놓친다. 핑크는 유한한 사물을 세계 개방성(Weltoffenheit) 속에 거하면서 세계를 반영하는 세계 내부적 존재자로 파악하고자 했다.

우주론적 차이(kosmologische Differenz)

핑크에게 우주론적 차이란 세계와 세계 내부적인 존재자가 서로 구별되면서도 연관되는 관계 방식을 가리킨다. 핑크는 이 관계 방식을 세계와 세계 내부적 존재자 사이의 상응과 비(非)상응의 관계, 즉 투쟁(Streit)의 관계라고 보았다. 특히 인간은 자신만의 유한한 삶의 조건들 속에서 세계 그 자체에 태도를 취하는 존재자이다. 그 결과 우주론적 차이는 세계와 인간 사이의 차이 속에서 가장 첨예하게 나타난다. 한편, 세계와 세계 내부적 존재자 사이의 차이는 세계 자체 내 대립된 계기들 사이의 차이, 즉 하늘과 대지, 비춤과 감춤, 낮과 밤의 근원-투쟁에서 발원한다. 세계 자체 내에서의 대립된 힘들 사이의 균열된 틈으로부터 유한한 사물들이 존재를 선사받고 이를 통해 존재자가 세계와의 차이 속에 들어설 수 있기 때문이다.

Weltbegriff)'을 파악하지 못하고 있다.[8]

핑크에 따르면 세계는 직관적으로 주어지는 현상학적 소여가 아니다. 물론 후설의 논의에서 지평으로서의 세계는 초월론적 주관에 지각적으로 현전하는 것이 아니라 모든 지각적인 현전을 넘어서 존재하며, 따라서 초월론적 주관이 마음대로 할 수 있는 것은 아니다. 하지만 지평은, 예를 들어 주사위의 보이지 않는 뒷면과 같이 언제든지 초월론적인 자아인 나에 의해 지각적으로 현전할 수 있고, 이러한 의미에서 현행적인 것(Aktualität)이 될 수 있다는 의미에서 근본적으로 주관적인 것이다. 후설이 지평 개념 속에서 '주관과 대상 사이의 관계'라는 관념론적 구도를 유지하는 한, '주관과 대상 사이의 관계' 이전에 존재하는 절대적인 것으로서의 세계는 제대로 파악될 수 없다. 마찬가지로 하이데거의 '세계' 역시 인간 현존재의 실존 범주로 파악되는 한에서 세계를 주관화했다고 할 수 있다. 핑크에 의하면 세계는 인간학적인 관점에서 발견될 수 있는 것이 아니고, 인간 현존재의 실존 구조에 속하지 않는다. 세계는 인간을 포함한 모든 존재자의 총괄이며 근원 근거이다. 세계를 인간 현존재의 관점에서 이해하려는 시도는 세계가 갖는 절대적이고 초월적인 성격을 파악하지 못한 것이다.

핑크에 의하면 세계는 전통 형이상학이 생각하듯이 '지속성', '통일성', '하나'와 같은 의미 요소로 이루어진 '실체' 개념으로 규정될 수 없다. 세계는 그 본질에서 불화(不和)이자, 투쟁이자, 차이이자, 운동이기 때문이다. 세계는 두 가지 계기인 하늘과 대지, 낮과 밤, 비춤과 감춤 사이의 투쟁이다. 이때 하늘은 빛을 비춤으로써 존재자를 개별화하는 근원적인 힘의 차원이다. 그리고 대지는 개별화된 사물이 침전

---

8 E. Fink(1990), *Welt und Endlichkeit*, pp. 24-33.

되어 익명적인 것으로 되돌아가는 '존재의 어두운 밤'이자, 다 길어 낼 수도 없고 결코 투과할 수도 없는 근원 근거를 의미한다. 핑크에 따르면 전통적으로 서양 형이상학은 빛의 형이상학으로서, 세계의 대지와 하늘이라는 두 계기 가운데 하늘(낮, 빛)의 계기만을 사유해 왔다. 플라톤의 '동굴의 비유'는 이러한 사실을 가장 극명하게 보여 준다. 하지만 핑크에 의하면 하늘은 세계를 이루는 한 계기에 불과하다. 세계는 대지와 하늘의 투쟁이며, 감춤과 비춤, 은폐와 탈은폐 사이의 변증법이다. 전회 이후의 하이데거는 『존재와 시간』의 실존론적 세계 이해를 넘어서 세계의 이러한 근원적인 투쟁을 파악했다. 하지만 핑크가 보기에 전회 이후의 하이데거의 세계 이해는 여전히 하늘(낮, 빛)과 비춤 중심의 형이상학에서 벗어나지 못했으며, 대지와 감춤이 갖는 근원적인 차원을 인정하지 못했다.[9]

세계의 두 계기 사이의 투쟁으로부터, 이 근원-운동으로부터 비로소 존재가 허여(許與)된다. 존재한다는 것은 일차적으로 시간과 공간 속에 나타난다는 것을 의미한다. 하지만 시간과 공간 자체는 사물들 사이의 관계로부터 구성되는 것이 아니고 세계 차원에서 하늘과 대지 사이의 열림으로서, 하늘과 대지의 투쟁 '사이(Zwischen)'로서 등장한다. 세계의 참된 무한성은 하늘과 대지 사이의 불화와 투쟁이며, 이 근원 운동으로부터 비로소 존재가 허여된다. 즉 시공간적인 '사이'가 허여된다. 따라서 존재는 사물로부터 우리에게 주어지는 것이 아니라 세계의 근원 운동이 주는 선물이다.[10]

---

9 E. Fink(1977), *Sein und Mensch. Vom Wesen der ontologischen Erfahrung*, pp. 273-289.
10 E. Fink(1990), *Welt und Endlichkeit*, p. 208 이하.

그렇다면 사물이란 무엇인가? 세계 내부의 존재자는 무엇인가? 세계 내부의 존재자는 세계와 절대적으로 구별된다. 이러한 절대적 구별 속에서 세계 내부의 존재자와 세계 사이에는 놀라운 긴장과 변증법이 생겨난다. 이를 핑크는 '우주론적 차이'라고 부른다. 세계는 세계 내부의 존재자가 가진 속성과 실체, 그리고 그것들 사이의 관계로부터 구성되는 것이 아니다. 세계는 세계 내부의 존재자의 존재 방식을 가지지 않는다. 그럼에도 불구하고 세계는 세계 내부의 존재자를 통해서만 자신을 나타낸다. 따라서 세계의 근원 운동은 항상 세계 내부의 존재자를 필요로 한다. 그렇다면 세계와 세계 내부의 존재자 사이의 연관은 어떤 모습을 띠는가? 핑크는 세계와 세계 내부의 존재자 사이의 변증법적 관계를 '모사(Abbildung)', '반영(Spiegelung)', '반복(Wiederholung)', '상징(Symbol)'의 관계로 파악한다. 세계 내부의 존재자들은 세계 차원에서 일어나는 힘들 사이의 투쟁의 모사이자, 반영, 반복, 상징이라는 것이다. 세계 내부의 존재자에게 세계의 근원 투쟁이 되비친다. 세계 내부의 존재자는 세계의 근원 투쟁을 모사하고 반복한다.[11]

따라서 세계를 중심 주제로 하는 탈형이상학적 사유의 과제는 세계 내부의 존재자 안에서 상징화되고 모사되는 세계의 근원 운동과 투쟁을 환기하는 일이다. 핑크는 이 사유의 방법을 헤겔의 용어를 따라 '사변'이라고 부른다. 세계 내부의 존재자에서 출발하되, 어떻게 그것이 세계를 모사하고 상징하는지, 즉 그것이 어떻게 세계의 투쟁을 자신의 유한한 조건 안에서 반복하는지를 이해하는 일이 오늘날

---

11 E. Fink(1977), *Sein und Mensch. Vom Wesen der ontologischen Erfahrung*, pp. 309-312.

의 철학적 사유가 할 일이다.

4. 인간 현존재의 근본 현상들

    핑크는 우주론을 기초로 자신만의 독자적인 인간학을 제시한다. 전통 형이상학에서 인간은 동물과 신 사이의 중간적 존재자로 자리 매김한다. 인간은 동물보다는 더 지성적이지만 신의 무한한 지성에는 못 미치기 때문이다. 하지만 이렇듯 지성의 소유 여부를 가지고 존재자의 등급을 결정하고 그 속에서 인간을 이해하고자 하는 것은 완전히 잘못된 인간 이해의 방법이다. 핑크에 의하면 '인간이 어떠한 존재인가'라는 물음에는 오직 인간이 가지는 세계 연관에 준해서 답해야 한다. 앞에서 언급했듯이 세계 내부의 모든 존재자는 세계 투쟁의 모사이자 반영이다. 세계 내부의 존재자의 본질과 존재 방식은 그것의 내재적 속성이 아니라, 어떻게 그것이 세계의 근원 투쟁을 반영하고 모사하는지에 따라서 규정되어야 한다. 즉 우주론의 관점에서 인간이 다루어져야 한다는 말이다. 핑크에 따르면 모든 세계 내부의 존재자가 세계의 모사이자 반영이며, 세계에 연관되어 있지만, 그 가운데 인간 현존재는 세계 자체에 열려 있다는 점에서, 탁월한 모사와 반영의 매체가 된다. 인간 현존재가 이렇게 세계 개방성(Weltoffenheit)을 가지는 이유는 역설적으로 그가 유한하기 때문이다. 모든 존재자는 유한하지만, 인간만이 자신의 유한성 자체에 태도를 취하고 자신의 유한성에 열려 있기 때문에, 유한성을 유한성으로서 받아들이기 때문에 세계에 열려 있을 수 있다.

이미 반영이나 모사, 상징이라는 말에서 알 수 있듯이, '인간은 세계에 열려 있는 존재자'라는 말이 곧 '인간이 개방하는 세계가 바로 세계 자체'라는 것을 뜻하지는 않는다. 인간 현존재가 세계를 개방하는 가장 탁월한 존재자임에도 세계는 인간에 대해서 항상 파악 불가능하고 접근 불가능한 측면을 가진다. 그러한 의미에서 세계와 인간은 일치와 상응의 관계만이 아니라 불일치와 어긋남의 관계 또한 가진다. 따라서 투쟁과 불화는 세계의 두 계기, 즉 하늘과 대지 사이에서만 일어나는 것이 아니라 세계와 인간 사이에서도 일어난다. 세계와 인간은 항상 근원적인 긴장과 투쟁의 관계, 변증법적인 관계, 최종적인 화해가 없는 일치와 불일치 모두를 포괄하는 투쟁의 관계 속에 있다. 이러한 의미에서 핑크는 인간에 대한 실존론적 이해와 우주론적 이해 사이의 상호 긴장 속에서 인간을 이해해야 한다고 말한다. 인간은 어쩔 수 없이 자신이 처한 인간적 조건 아래에서만 세계를 이해할 수 있을 뿐이며, 그러한 의미에서 항상 세계를 인간화한다는 점, 하지만 다른 한편으로 세계는 항상 인간의 접근을 벗어나는 방식으로 존재한다는 점, 이 둘을 동시에 포괄하는 인간과 세계 사이의 변증법적 연관을 파악하는 것이 핑크 인간학의 요점이라고 할 수 있다.

　핑크는 인간이 세계 자체에 열려 있는 것을 가능하게 하는 인간의 유한한 삶의 조건을 '인간 현존재의 근본 현상'이라고 부른다. 그는 에로스와 죽음, 노동과 지배, 놀이라는 다섯 개의 근본 현상을 제시하는데, 이 다섯 가지는 서로에 대해 환원 불가능한 독립성을 가지고 대립과 상응의 변증법적 관계를 가지면서 인간의 전체 삶을 관통하는 근본 범주다. 핑크가 제시한 인간 현존재의 근본 현상에 대한 해석은, 멀리는 플라톤에서 시작된 인간에 대한 형이상학적 이해, 즉 인간을 이성적인 존재로 파악하는 것에 대한 반대이고, 가까이는 『존재와 시간』에서 하이데거가 내놓은 인간 실존 이해에 대한 반대이다. 핑크가 보기에 전통적인 인간학의 인간 이해는 빛 혹은 밝힘과 언어(로고스)에 정향된 인간 파악이라고 할 수 있다. 서양의 인간 이해의 이러한 경향은 하이데거까지 내려온다. 언어와 빛이라는 사고 모델 속에서 인간은 일차적으로 사유하고 말하는 존재자로서 파악된다. 하지만 핑크에 의하면 인간 실존은 일차적으로 이성, 자유, 언어가 아니라 에로스, 죽음, 노동, 지배, 놀이라는 조건 속에서 해석되어야 한다. 인간 실존의 세계 개방성은 결코 피할 수 없는 인간적인 유한한 조건, 즉 태어나고 사랑하며 아이를 낳고 일하고 전쟁하고 놀고 죽는다는 유한한 피조물의 조건 속에서만 생겨날 수 있기 때문이다.[12]

인간 현존재의 다섯 가지 근본 현상들 가운데 에로스와 죽음이 인간 역사의 토대를 형성하는 소위 '경악스러운(panisch)' 계기들이라면, 노동과 지배는 인간의 역사를 형성하는 계기들이다. 에로스와 죽음이 인류적 삶의 토대를 형성하는 것으로서 인간 일반, 유(類)로서의 인간 및 가족, 종족 등과 같은 자연적 공동체와 연관된다면, 노동과 지배는 개별화된 인격적 존재 및 인격적 공동체와 연관된다. 또한 놀이는 앞의 네 가지 근본 현상을 재차 반성적으로 포괄하는 근본 현상이라는 점에서 독특한 자신만의 위상을 가진다.[13]

---

12 Franz(1999), *Der Mensch und Seine Grundphänomene*, pp. 64-77 참조.
13 Martin(2006), "Natur Und Verfassung des Menschen. Zur Anthropologie Eugen Finks", *Eugen Fink, Sozialphilosophie - Anthropologie - Kosmologie - Pädagogik - Methodik*, pp. 111-127 참조.

① 에로스와 죽음

전통적인 인간학은 인간의 본질을 동물과 신, 양자 사이의 거리로 부터 규정하고자 하였다. 이때 인간의 본질은 동물과 구별되는 것으로서 이성, 자유, 정신, 인격, 불사적인 영혼 등에 놓여 있게 된다. 하지만 핑크에 의하면 인간 현존재의 존재 방식은 동물과 신, 양자 사이의 거리가 아니라 인간 현존재의 세계 개방성에 근거해서, 하늘과 대지 사이의 투쟁에 대한 상응에 근거해서 파악되어야 한다. 핑크가 보기에 에로스와 죽음은 하늘과 대지의 투쟁을 반영하는 인간의 근본 현상이며, 근본 현상들 가운데 특히 '경악스러운' 근본 현상으로서 인격, 이성, 자유, 정신 등의 어두운 토대를 이룬다.

ⓐ 죽음

세계 내부의 존재자들은 모두 자신의 끝을 가진다. 하지만 핑크에 의하면 인간만이 죽을 수 있는 존재이다. 물질은 단지 파괴될 뿐이며, 식물과 동물은 불빛이 꺼지는 것처럼 다만 꺼지는 존재일 뿐이다. 인간은 자신의 끝에 태도를 취한다는 점에서, 그리하여 시간 내의 존재자임에도 불구하고 시간 자체에 태도를 취한다는 점에서 자신을 포함한 모든 존재자의 생성과 소멸, 그들의 시간 내 존재에 대해 열려 있을 수 있다.

핑크는 하이데거가 『존재와 시간』에서 보여 준 죽음에 대한 일면적인 해석을 비판하면서, 죽음은 다른 사람이 대신해 줄 수 없는 나의 독자적 가능성인 동시에 공동체 속에서 경험되는 타자의 것이기도 하다고 주장한다. 하이데거는 타자의 죽음에 대한 경험을 비본래적인 죽음 경험으로 간주하지만(자신의 독자적인 죽음이 아니기 때문), 핑크

　　　　　　　　　　　　　　　　　2부 원천을 재편한 네 현상학자

가 보기에 나의 독자적인 가능성으로서의 죽음은 공동체 속에서 일어나는 타자의 죽음에 대한 소위 비본래적인 죽음 경험으로부터 분리될 수 없다. 이러한 의미에서 핑크는 죽음을, 산 자들의 세계와 이별하여 낯선 공허로, 형상 없는 익명의 영역인 죽은 자들의 땅으로 들어가는 것이라 규정한다. 죽음은 인간에게 죽은 자들의 땅을 열어 보인다. 산 자의 영역과 죽은 자의 영역으로 인간적 세계가 이중화되는데, 이 이중화는 세계 차원에서 일어나는 현전과 부재의 투쟁, 즉 사물들이 개별화되고 모이는 현전의 열린 장과 사물들이 다시 가라앉는 근원 근거로서의 부재의 장 사이의 상호투쟁을 반영하고 상징화한다.[14]

ⓑ 에로스

죽음 말고 또 하나의 경악스러운 인간 실존의 근본 현상은 에로스 혹은 사랑이다. 인간의 자유로운 결단과 행위의 배후에는 항상 집단적인 삶의 거대한 연속성, 개인을 관통해 가는 삶의 거대한 흐름, 즉 초개인적인 혈통, 종족, 민족의 세대 통일이 흐르고 있다. 이러한 통일은 인간 실존의 '경악스러운' 근본 현상으로서의 에로스를 그 근거로 갖는다. 이러한 의미에서 남성과 여성으로의 분화는 단지 생물학적인 현상이 아니라 인간 실존의 근본 현상이다. 인간의 인격적 삶의 토대에는 남성과 여성이라는 두 성의 대극적인 투쟁, 불화와 일치의 변증법이 흐르고 있으며, 이를 통해 인간 역사의 토대를 이루는 '피의 공동체'의 세대 연속이 가능해진다.

---

[14] Franz(1999), *Der Mensch und Seine Grundphänomene*, pp. 79-83 참조.

앞에서 살펴본 에로스와 죽음은 각기 독자적인 근본 현상이면서도 상호 투쟁의 관계 속에 있다. 죽음이 인간을 무(無)와 죽은 자들을 향해 이끌어 가는 것에 반해, 에로스는 거대한 삶의 연관으로 이끌어 간다. 죽을 수밖에 없는 존재로서의 인간이 불사적인 것을 동경하는 유한한 방식이 에로스이다. 이러한 의미에서 에로스 안에는 죽음이 가까이 놓여 있다. 죽을 수밖에 없는 존재로서의 인간만이 에로스를 통해 불사적인 것, 곧 세대의 연속성을 달성하고자 한다. 그리하여 죽음에는 에로스와의 대극적인 이중화가 놓여 있다. 죽음의 확실성에는 출산과 탄생을 통한 인간 삶의 무한성에 대한 앎이 속한다. 따라서 에로스와 죽음의 이러한 투쟁 안에서 세계 차원에서의 하늘과 대지의 투쟁이 반복되고, 모사되고, 상징화된다.

② 노동과 지배

핑크가 보기에 노동과 지배는 인간 현존재의 근본 현상들 가운데에서 근대에 가장 중심적인 현상으로 나타나는 것들이다. 근대의 역사는 노동과 지배의 본질이 무엇인가를 둘러싼 싸움의 역사라고 할 수 있다.

ⓐ 노동

인간은 죽는다는 점에서만 유한한 것이 아니라 자기 보존을 위해 영양 섭취나 의복, 주거 등을 필요로 한다는 점에서도 유한하다. 즉, 그는 자연적인 궁핍을 겪는다는 점에서 유한하다. 하지만 인간은 이러한 궁핍을 알고 궁핍 자체에 명시적으로 태도를 취한다는 점에서 그가 겪는 궁핍은 동물들이 겪는 궁핍과 차원이 다르다. 궁핍에 대한 앎 속에서, 자신을 내주면서도 거절하는 자연의 힘이 비로소 인간에게 개방된다. 이로써 자연, 즉 어머니 대지에의 인간의 귀속성이 드러난다. 바로 이러한 귀속성으로부터 신체적인 욕구가 생겨나고, 노동이 생겨난다. 그러나 핑크에 의하면 인간의 노동은 자연적인 궁핍에 의해 강제된 욕구를 만족시키는 데 머물지 않는다. 인간은 노동을 통해 자연과 대립해서 자신의 자유를 추구하며, 자신의 자유를 확신하고, 자연의 지배자가 되고자 한다. 또한 자연을 창조하는 힘을 가진 자, 티탄적인 거대한 힘을 가진 자로서 자신을 인식하고자 한다. 따라서 노동은 한편으로는 인간의 자연적이고 신체적인 욕구, 즉 자연에 대한 응답인 동시에 그것을 넘어선 인간의 자유와 창조성의 발현이기도 하다. 이로부터 핑크는 노동을 자연과 자유라는 이중적인 계기 사이의 대극적인 긴장과 투쟁으로 파악한다. 다시 말해 노동은 인간이 가진 자유의 발산과 자연의 저항 사이의 투쟁이다. 저 이중적인 계기 가운데 인간 자유의 실현이라는 계기가 노동의 중심을 차지한 것은 현대 기술 시대에 들어와서이다. 하지만 아무리 기술 시대의 노동이 질료로서의 자연을 마음대로 할 수 있다 하더라도 노동 안에 들어 있는 대극적인 긴장과 투쟁에서 벗어날 수는 없다. 핑크에 의하면 노동의 두 대극적인 계기 사이의 투쟁의 변증법을 잘 보여 주는 것은 현대에서의 '노동 소외'라는 현상이다. 인간이 노동을 통해 자신의 실존을 노동 생산물로서 더 많이 외화(外化)하면 할수록, 그리하여 자연을 더 많이 자신의 노동 생산물 속에서 인간화할수록, 자신이 자연으로부터 더 많이 벗어나서 더 자유로워질수록, 역설적으로 인간은 더더욱 자신의 노동 생산물 속에서 사물화되고 자연화되고 만다. 인간이 벗어나려고 했던 자연이 다른 방식으로 다시 인간의 실존 안으로 되돌아오는 것이다.

ⓑ 지배

노동이 인간과 자연 사이의 관계에 연관된 근본 현상이라면 지배
는 인간과 인간 사이의 관계와 연관된 근본 현상이다. 핑크에 의하면
인간에 대한 기존의 도덕적인 편견을 벗어던지고 사실 자체만을 보
았을 때, 지배는 인간과 인간 사이에서 우연적으로 나타나는 관계가
아니라 인간들 사이의 본질적인 관계를 규정한다. 인간이 존재하는
곳이면 어디에나 힘에 대한 추구와 그와 연관된 고뇌와 고통, 시련과
억압이 있으며, 지배자의 위엄과 피지배자의 불행이 있다. 또한 지배
란 공동체에 질서를 건립하는 것을 의미하는데, 이는 태초의 무질서
나 평화 상태로부터 만들어지는 것이 아니라 이미 사람들 사이에 존
재하는, 다른 사람을 강제할 수 있는 힘을 얻고자 하는 노력에 기초
하고 있다. 이러한 의미에서 지배는 힘을 추구하는 인간들 사이의 전
쟁이며, 평화란 단지 일시적인 힘의 안정화일 뿐이다. 핑크는 전쟁이
모든 사물의 아버지이며 모든 사물의 왕이라고 말한 헤라클레이토
스의 말로 이를 뒷받침한다. 더 나아가 지배의 본질에는 죽음이 놓여
있다고 본다. 한 사람이 다른 사람에 지배력을 갖는 것은 궁극적으로
죽음의 위협을 통해 생겨나기 때문이다.

이러한 의미에서 핑크는 인간 실존의 근본 현상 가운데 노동을 에
로스에 상응하는 현상으로, 지배를 죽음에 상응하는 현상으로 본다.
에로스와 죽음이 대극적인 투쟁 관계에 있는 것과 마찬가지로 노동
과 지배 역시 각기 에로스와 죽음에 상응하면서 대극적인 투쟁관계
에 있다고 할 수 있다. 핑크에 의하면 노동과 지배의 관계는 에로스

　　　　　　　　　　　　2부 원천을 재편한 네 현상학자

와 죽음이라는 보다 은닉된 관계의 다른 변주인 셈이다.[15]

③ 세계 상징으로서의 놀이

인간 현존재의 근본 현상들 가운데 놀이는 세계를 반영하는 가장 탁월한 상징이라는 점에서 핑크의 열정적인 사유의 주제가 되었다. 놀이는 인간의 고차적인 문화 형성체인 종교와 예술의 근원을 형성한다. 예술과 종교 모두 가장 탁월한 의미에서의 놀이인 축제에서 탄생했다는 점에서 그러하다. 하지만 근대에 와서 놀이는 인간 삶의 주변 현상으로만 간주되어 왔다. 놀이는 인간의 삶의 대부분을 채우고 있는 노동에 대립된 휴식과 긴장 이완만을 의미한다. 노동의 진지함과 반대되는, 진지하지 않은 것, 구속력이 없는 것으로 평가절하 된다. 따라서 놀이는 아직 삶의 고단함과 진지함에 무지한, 오직 현재 속에서만 사는 아이들에게만 허락된 비본래적인 삶의 현상으로 간주된다.

그러나 핑크가 보기에 놀이는 아이들에게만 허락된 삶의 현상도 아니고, 삶의 긴장 이완과 휴식만도 아니다. 그가 보기에 놀이는 노동, 나아가 인간 현존재의 여타 근본 현상들 전체를 포괄한다. 즉 놀이 속에서 진지함과 현실성에 속하는 에로스와 죽음, 노동과 지배가 가상적으로 재현되며, 이를 통해 삶의 현실성이 비현실성으로 변양된다. 예를 들어 공동체의 축제 안에서 벌어지는 연극 놀이는 공동체적인 진지한 삶을 무대에 올리고, 그것이 가지는 현실성을 비현실성으로 변양시킨다. 물론 놀이하는 자, 그리고 놀이를 구경하는 자는

---

15 E. Fink(1979), *Grundphänomene des menschlichen Daseins*, p. 250 이하.

현실성과 비현실성을 혼동하지 않는다. 비현실성 속에서 자신을 상실하지 않으면서도 현실성과 비현실성을 하나로 통합시키는 것이 놀이의 고유한 특징이기 때문이다. 따라서 놀이가 만들어 내는 놀이 세계, 즉 가상적인 세계는 인간 현존재를 비진리의 길로 인도하는 것이 아니다. 오히려 놀이 속에서 인간은 자신의 무한한 변이의 가능성들 가운데 자신이 무엇이 될 수 있고 어떠한 존재인지를 알게 된다. 이것은 개념적 사고보다 더 근원적이고 탁월한 인간 자신에 대한 이해 방식이다. 개념적 사고가 인간의 삶 전체를 여러 요소로 구별하면서 명료하게 규정하고자 하는 것이라면, 놀이는 인간의 삶을 개념을 통해서가 아니라 상징화를 통해서 이해한다. 그것은 현실성과 비현실성 간의 구별과 통일이라는 변증법 속에서 수행되는 인간의 자기 삶에 대한 이해이다.

　인간 현존재의 근본 현상인 놀이는 인간적인 삶의 모사와 상징인 동시에, 나아가 인간적 삶을 넘어서 있는 세계 자체에서 일어나는 근원 투쟁의 모사이자 상징이다. 하늘과 대지 사이의 투쟁은 이제 세계 놀이로서 파악되는데, 세계는 놀이하는 자 없는 놀이-공간이자 놀이-시간이다. 하늘과 대지, 낮과 밤, 비춤과 감춤, 존재와 무의 대극적인 놀이의 시공간이다. 모든 개별화된 유한한 존재자는 세계 차원에서 일어나는 이러한 놀이의 도구이다. 세계의 하늘과 대지, 낮과 밤의 놀이는 인간적 삶에서 나타나는 놀이와 마찬가지로 근거도 목적도 목표도 없는 놀이이다. 세계 놀이는 인간의 놀이를 되비추고, 인간의 놀이는 세계 놀이의 상징이 된다.[16]

---

16 E. Fink(1979), *Grundphänomene des menschlichen Daseins*, p. 352 이하; E. Fink(1960),

5. 공동 실존으로서의 인간 현존재

인간 현존재의 근본 현상, 즉 에로스와 죽음, 노동과 지배, 그리고 놀이 모두 핑크에게는 일차적으로 개인적인 현상이 아니라 공동체적인 현상이다. 따라서 공동체는 인간 현존재의 근본 현상 다음에 오는 부가적인 것이 아니라 인간 현존재의 근본 현상 자체를 관통하는 본질적인 위치를 차지한다. 핑크의 공동체론을 주도하는 물음은 후설의 『데카르트적 성찰』의 타자 경험 이론에서처럼 '공동체가 어떻게 개체들 사이의 상호표상으로부터 구성되는가'가 아니다. 핑크에게 그것은 문제가 되지 않는다. 왜냐하면 공동체 혹은 공동 세계가 개체들 사이의 상호표상에 앞서기 때문이다. 공동 세계는 주관에 의해 표상되는 것도 아니고, 주관이 관계 맺는 대상의 지평도 아니다. 공동 세계는 주관과 대상 사이의 관계 자체가 가능한 토대이다. 이러한 관점에서 공동 세계로서의 사회는 세계 내부의 존재자인 자아와 타자, 나와 너의 상호주관적인 태도의 교차를 통해서는 결코 구성될 수 없다. 이렇게 공동 세계가, 개체들 사이의 상호표상을 통해 구성되지 않는다면, 공동 세계를 어떻게 이해해야 하는가?

핑크에 의하면 주관 간의 상호표상에 기초한 "타자에-대한-존재(Füreinander-sein)"보다는 "함께-존재(Miteinander-sein)"가 더 근원적인 것이며, 이때 "함께-존재"란 "세계를 함께 나누어 가짐(Mitteilung von

Spiel Als Weltsymbol, p. 230 이하; Ruggenini(2006), "Selbstbezug und Weltbezug, Grundprobleme der Anthropologie Eugen Finks", *Eugen Fink, Sozialphilosophie – Anthropologie – Kosmologie – Pädagogik – Methodik*, pp. 141-153 참조.

Welt)"을 의미한다.[17] 그리고 "세계를 함께 나누어 가짐"으로서의 공동 세계를 제대로 이해하기 위해서는 앞서 언급한 인간의 근본 현상 속에서 일어나고 있는 대극적인 투쟁과 놀이가 어떻게 인간 공동체를 관통하고 있는지를 이해해야 한다. 즉, 인간 공동체가 인간 현존재의 근본 현상인 에로스, 죽음, 노동, 지배, 놀이 각각의 내부에 있는 계기들 사이의 대립과 긴장, 그리고 이러한 근본 현상 사이의 대립과 긴장 속에서 어떻게 구성되고 존속되는지를 이해해야 한다.

핑크는 『실존과 공동 실존』에서, 어떻게 에로스와 죽음의 대극적인 긴장과 투쟁 속에서 가족, 종족, 세대 등과 같은 자연적 공동체가 구성되는지를 보여 준다.[18] 에로스는 죽음에 대항하는 힘으로서 남성과 여성의 성적 분화에 기초하고 있다. 후설이나 하이데거, 더 나아가 전통적인 형이상학 모두 남성과 여성이라는 인간이 가진 최초의 다수성을 부차적이거나 부담스러운 현상으로만 간주하고 충분히 사유하지 않았다. 앞에서 지적했듯이 남성과 여성으로의 성적 분화는 단지 생물학적인 의미만을 가지는 것이 아니라 인간의 본질에 속한다. 남성과 여성은 상호 간의 일치와 불화의 변증법, 즉 투쟁 속에 있다. 이를 통해 가족이 구성되고 아이가 탄생한다. 에로스는 인간과 인간을 피로 결합시킨다. 여기에서 가족과 종족이 탄생하고 고향(Heimat)이 만들어진다.

하지만 고향은 항상 이방(異邦, Fremde)과의 연관 속에 있다, 공동체

---

17 Kerckhoven(2006), "Weltblindes Füreinandersein und weltdffenes Miteinandersein", *Eugen Fink, Sozialphilosophie – Anthropologie – Kosmologie – Pädagogik – Methodik*, pp. 255-257 참조.

18 E. Fink(1987), *Existenz und Coexistenz*, p. 175 이하.

는 항상 고향과 이방의 상호 투쟁 속에 있다. 핑크에 의하면, 고향이 에로스라는 근본 현상에 근거하는 것이라면 이방은 죽음이라는 근본 현상에 근거한다. 따라서 공동체의 고향과 이방의 상호투쟁은 에로스와 죽음의 대극적 투쟁에 근거한다. 에로스에 의한 출산이 죽음과 맺는 대극적인 투쟁의 관계, 그리고 이것에 기초한 고향적인 것과 이방적인 것의 상호투쟁은 역사의 바탕, 즉 무역사적인 자연 공동체를 구성한다. 에로스와 죽음은 인간 공동체 가운데 피의 공동체, 즉 무역사적인 자연 공동체인 가족, 종족, 민족과 그것의 세대적인 연속과 연관된다. 대신 노동과 지배는 인격적인 공동체, 역사적인 공동체와 연관된다. 전자는 후자의 하부 토대를 이룬다. 하지만 자연과 역사 사이의 변증법적인 연관 속에서 전자와 후자는 다시 투쟁의 관계 속에 놓인다.[19]

6. 기술 시대의 교육

핑크는 교육을 인간 삶의 근본 영역 중 하나로 간주하여 철학적 탐구의 주요 대상으로 삼았다. 그가 남긴 교육에 관한 강의록들은 교육 제도, 조직, 프로그램에 관한 것이 아니라 교육의 본질에 대한 원리적이고 철학적인 접근이다. 핑크에 의하면 과학기술의 시대에 인간의 자유는 쉼 없는 제작(만듦)의 소용돌이로 변질되었다. 이는 경제 영

---

19 E. Fink(1987), *Existenz und Coexistenz*, p. 200 이하; Kerckhoven(2006), "Weltblindes Füreinandersein und weltdffenes Miteinandersein", pp. 252-266 참조.

역만이 아니라 인간이 개입하는 모든 문화 영역에도 해당된다. 가치와 목적 및 의미가 문제 되는 문화 영역에서 인간의 자유는 목적들의 산출과 재산출의 무한한 연쇄 과정이자 소용돌이에 불과한 것이 되었다. 거기에서 생산과 산출의 운동 자체가 절대적인 것이 되고, 생산과 산출 자체가 무한히 연쇄적으로 일어나는 산출 과정의 유일한 목적이 되었다. 또한 인간이 관계 맺고 있는 모든 존재자 역시 이 무한한 산출의 지반 없는 소용돌이에 빨려 들어가 버렸다. 이 과정에서 인간 현존재 및 모든 존재자의 의미와 목적은 감춰져 버렸다.

교육 영역에서도 같은 일이 벌어지고 있다. 핑크가 보기에 현재 교육은 학문이 되었고, 그 결과 기술이 되었다. 거기에서 교육의 의미는 선행하는 모델에 따른 기술적인 생산으로서의 인간 형성이다. 교육은 전문화된 지식을 가능한 한 빨리, 효과적으로 미래의 세대에 전수하는 기술적인 노력을 의미하게 되었다. 하지만 핑크에 의하면 교육은 학문도 아니고, 기술도 아니다. 교육은 인간 현존재의 가장 높고 가장 공통적인 의미를 형성하는 것을 유일한 목적으로 가진다. 인간 현존재의 의미 형성은 교육이 목표로 하는 것이자 교육의 근원이다. 따라서 교육은 일차적으로 학교 조직이나 교육 프로그램과 연관된 제도적인 일이 아니고 인간 현존재의 자기 자신에 대한 가장 근원적인 관계, 인간 현존재의 의미를 둘러싼 자기 형성을 의미한다.

이런 의미에서 교육은 인간의 자유롭고 정신적인 자기 형성이고, 탈존적인 세계 개방성의 형성이다. 본질적으로 이해된 교육은 존재자 전체와 관계되어야 한다. 자연, 풍경, 식물, 동물, 동료 인간, 관습, 유래, 역사, 국가, 운명 등등에 대한 본질적인 관련을 가르치고 배우는 것이다. 따라서 이미 완성된 지식을 교사가 일방적으로 전수하는 것이 중요한 것이 아니라 수업 참여자들 사이에 자유로운 상호 대화가 중요하다. 대화의 참여자들은 부나 경험의 차이와 무관하게 오직 자신의 모든 근본 영역에 대한 경이 속에서만 결합되어 있다. 따라서 모든 교육은 자유의 공간 안에서 함께-있음이고, 상호 간에 주고받는 인간적인 충고의 대화이다. 핑크에 따르면, 과학기술 시대, 니힐리즘(허무주의) 시대를 극복하는 길은 인간 현존재 및 다른 여타의 세계 내부 존재자의 의미를 근원 설립할 수 있는 창조적인 인간을 형성하는 것이다.[20]

---

[20] Barbarić(2005), "Erziehung und Bildung im Schatten des Nihilismus", p. 148 이하 참조.

1. 오이겐 핑크의 저서

Fink, E.(1960), *Spiel Als Weltsymbol*, Stuttgart: W. Kohlhammer Verlag.

_____(1977), *Sein und Mensch. Vom Wesen der ontologischen Erfahrung*, hrsg. Egon Schütz und Franz-Anton Schwarz, Freiburg: Verlag Karl Alber.

_____(1979), *Grundphänomene des menschlichen Daseins*, hrsg. Egon Schütz und Franz-Anton Schwarz, Freiburg: Verlag Karl Alber.

_____(1987), *Existenz und Coexistenz, Grundprobleme der menschlichen Gemeinschaft*, hrsg. Franz-Anton Schwarz, Würzburg: Königshausen & Neumann.

_____(1988), *VI. Cartesianische Meditation Teil 1*, hrsg. H. Ebeling, J. Holl, G. von Kerckhoven, Dordrecht: Kluwer Academic Publishers.

_____(1988), *VI. Cartesianische Meditation Teil 2*, hrsg. G. von Kerckhoven, Dordrecht: Kluwer Academic Publishers.

_____(1990), *Welt und Endlichkeit*, hrsg. von Franz-Anton Schwarz, Würzburg: Königshausen & Neumann.

_____(1992), *Natur, Freiheit, Welt. Philosophie der Erziehung*, hrsg. von Franz-Anton Schwarz, Würzburg: Königshausen & Neumann.

2. 관련 참고문헌

Barbarić, D.(2005), "Erziehung und Bildung im Schatten des Nihilismus", *Bildung im technischen Zeitalter: Sein, Mensch und Welt nach Eugen Fink*, hrsg. A. Hilt, C. Nielsen,

Freiburg: Verlag Karl Alber.

Böhmer, A.(hrsg.) (2006), *Eugen Fink, Sozialphilosophie - Anthropologie - Kosmologie - Pädagogik - Methodik*, Würzburg: Königshausen & Neumann.

Bruzina, R.(2011), *Edmund Husserl and Eugen Fink: Beginnings and Ends in Phenomenology 1928-1938*, New Haven: Yale University Press.

Franz, T.(1999), *Der Mensch und Seine Grundphänomene, Eugen Finks Existentialanthropologie aus der Perspektive der Strukturanthropologie Heinrich Rombachs*, Freiburg: Rombach Verlag.

Landgrebe, L.(1976), "Eugen Fink (1905-1975)", *Philosophy and Phenomenological Research*, Vol. 36, No. 4.

Moran, D(2007). "Fink's Speculative Phenomenology: Between Constitution and Transcendence", *Research in Phenomenology* 37.

김재철(2013), 「E. 핑크의 놀이존재론(II) ─ 세계상징으로서의 놀이」, 『존재론연구』 33, 한국하이데거학회.

문아현(2019), 「현상학의 현상학 : 오이겐 핑크의 제6 데카르트적 성찰을 중심으로」, 서울대학교 철학과 석사학위논문.

홍성하(1996), 「후설, 하이데거, 핑크의 현상학에 있어서 세계개념에 대한 연구」, 『철학연구』 39, 철학연구회.

_____(1998), 「핑크의 우주론에서 나타난 자연 개념에 대한 현상학적인 고찰」, 『현상학과 현대철학』 10, 한국현상학회.

_____(2002), 「『제6성찰』에서 나타난 핑크의 현상학적 현상학」, 『현상학과 현대철학』 19, 한국현상학회.

오이겐 핑크(1905-1975)

1925년 김나지움을 졸업한 후 독일 프라이부르크대학에서 후설과 하이데거에게 수학하면서 이들의 강한 영향을 받았다. 1928년부터 후설의 조교로 일하면서 막대한 분량의 후설의 강연 및 연구 원고의 편집 및 보완 작업에 기여했다. 1929년 후설과 하이데거의 지도 아래『재현과 이미지』로 박사학위를 취득했으며, 1946년 2차 세계대전 이전에 후설 곁에서 작성했던『제6 데카르트적 성찰』로 교수자격을 취득했다. 1948년에는 프라이부르크대학의 '철학 및 교육학을 위한 학과'에서 교수가 되었고, 이듬해『세계와 유한성』을 출간했다. 1950년 동 대학에 '후설 문서보관소(Husserl-Archiv)'를 설립하고 1971년까지 소장을 역임했다. 1975년 뇌졸중으로 사망했다.

4장

얀 파토치카,
자유와 실천의 현상학

홍성하
우석대학교 교양대학

파토치카에게 있어서 새롭게 철학한다는 것은
형이상학적인 앎을 추구하는 것이 아니라
구체적인 삶에서 지속적으로 물음을 찾는 작업이다.
다시 말하면 철학은
인간의 삶, 주변 환경, 세계, 역사나 학문과 관련하여
실천적인 것들을 주제로 삼고
지속적으로 물음을 던져야만 한다.

1. 파토치카의 생애

유럽을 대표하는 현상학자인 얀 파토치카(Jan Patočka)는 체코(당시 체코슬로바키아)의 투르나우에서 중학교 고전어 교사였던 아버지와 예술적 감성이 뛰어난 어머니 사이에서 출생하였다. 부모의 영향을 받아 그는 슬라브학과 로맨스어 중심의 교과 과정으로 구성된 언어학을 전공하기 위해 1925년 프라하 카렐대학 철학부에 입학하였다. 1349년에 개교한 카렐대학은 17세기에 카렐-페르디난트대학으로 개칭되었고, 1882년에 독일어 대학과 체코어 대학으로 분리되어 2차 세계대전까지 유지되었다. 당시 프라하의 학문 중심지는 독일어 대학이었다. 브렌타노(Franz Brentano), 볼차노(Bernard Bolzano), 슈툼프(Carl Stumpf) 등 저명한 철학자들이 독일어 대학에서 강의를 하면서 현상학의 토대를 구축하게 된다. 이런 역사적 배경은 카렐대학이 21세기 현상학 연구의 중심 대학으로 성장하는 데 있어서 결정적 역할을 하였다.

체코어 대학에 입학한 파토치카는 첫 학기부터 언어학보다 철학에 관심을 가지면서 관련 강의들을 수강하였다. 그러나 수강한 강의들에 그리 만족하지 못했던 파토치카는 코자크(Jan Kozák) 교수의 '현대 철학 강의'에서 현상학을 처음 접하고 흥미를 갖게 된다. 이를 계기로 그는 1928년부터 파리 소르본대학의 교환학생으로 1년간 체류하고 이때 '데카르트적 성찰(Méditations cartésiennes)'에 대한 후설의 강의를 듣는 소중한 경험을 한다. 프라하로 돌아온 그는 1931년 현상학을 주제로『명증성 개념과 노에시스학의 의미(Pojem evidence a jeho vyznam pro *noetiku)*』라는 철학박사 논문을 제출하였다. 학위 취득 이듬해부터 카렐대학에서 강의를 하던 중 그는 1933년 훔볼트 장학금을 받아 독일 베를린대학과 프라이부르크대학을 방문하여 현상학 연구에 매진한다. 특히 프라이부르크대학에서 체류할 당시 철학부 교수였던 후설과 그의 조교인 핑크(Eugen Fink)를 만나게 되고 이들과 오랫동안 친분을 유지하면서 학문적 교류를 이어 간다. 파토치카는 체코 최초의 철학지인 『체코의 사상』 편집위원으로 활동하였으며, 1934년에는 란트그레베(Ludwig Landgrebe)와 함께 독일어 대학과 체코어 대학에 '프라하 철학회(Cercle philosophique de Prague)'를 창설하면서 각각 사무총장직을 수행하였다. 1936년에 『철학적 문제로서 자연적 세계(*Die natürliche Welt als philosophisches Problem*)』라는 주제로 교수자격 논문을 제출한 이후에도 파토치카는 현상학 관련 다양한 학술 활동을 통해 체코를 대표하는 현상학자로서의 입지를 공고히 하였다.

하지만 2차 세계대전 당시 나치의 점령으로 대학이 폐쇄되고 일체의 학술 활동이 금지되자 파토치카는 고등학교에서 학생들을 가르치면서 철학 교과서 편찬 작업에 관여한다. 전쟁이 끝난 1945년에 파토치카는 카렐대학으로 복귀했지만 소련의 지원을 받는 공산주의자들이 집권하면서 1949년에 대학을 다시 떠나야만 하는 비운을 겪게 된다. 이런 암담한 시기에 파토치카는 '철학과 교육학 연구소'에서 활동하면서 주로 독일어와 프랑스어를 체코어로 번역하는 일에 종사한다. 일명 '프라하의 봄'이 발발한 1968년은 파토치카의 삶에 있어서 커다란 전환점이 되는 해였다. 소련의 간섭에 저항한 체코의 민주화 운동이 전개되었던 이 시기에 파토치카는 카렐대학의 교수로 정식 부임한다. 하지만 민주화 운동은 1968년 8월 소련이 체코를 침공하면서 그 막을 내리게 되고 1989년까지 소련 군대가 체코를 무력으로 점령한다. 이런 정치적 격변기에 파토치카는 1972년 강제적으로 교수직으로부터 물러나야만 했다.

격동의 삶을 살았던 파토치카가 철학보다 정치 분야에서 더 알려진 계기는 1977년 당시 소련의 지배와 공산주의 체제에 대한 저항의 상징인 「77 헌장(Charta 77)」의 발기인으로 활동하면서부터라 할 수 있다. 1977년 1월 1일 프라하에서 제정된 「77 헌장」은 당시 공산정권의 인권 탄압에 항의하고 헬싱키 조약의 준수를 촉구하는 내용으로 이루어져 있다. 그는 정치적 활동을 통해 이후 체코 대통령이 된 하벨(Václav Havel)과 '프라하의 봄' 당시 대변인이었던 하제크(Martin Hájek)와 더불어 국제 사회에는 잘 알려지지 않은 제3의 인물로 세계 여론의 주목을 받게 된다. 이렇게 주목을 받은 이유는 파토치카가 당시 사회주의 체제하에 가해진 인권탄압을 세계에 호소하기 위한 헌장을 제정하는 데 주도적인 역할을 하였기 때문이다. 인권과 자유에 대해 상세하게 기술한 헌장의 내용은 1977년 2월 10일 자 『르몽드(Le Monde)』지에 게재되었다. 이 헌장이 발표된 이후에 파토치카는 투옥되어 온갖 고초를 겪었을 뿐만 아니라, 학문적으로도 많은 제재를 받았다. 11시간이 넘는 고문 끝에 그는 안타깝게도 뇌출혈을 일으켜 1977년 3월 13일 69세를 일기로 세상을 떠난다. 인간에게 더 가치 있는 것을 지키기 위해서는 어떤 위험도 받아들일 필요가 있다는 「77 헌장」의 메시지처럼 파토치카 역시 삶을 가치 있게 만들기 위해 기꺼이 고통을 선택하였다. 인간의 삶을 가치 있게 하지 않는다면 예술이나 문화는 단지 탁상공론에 불과하고 무의미하다는 것이 파토치카의 신념이었다.

이런 비극적 상황에서도 파토치카는 철학과 현상학에 관련된 많은 연구 업적을 유고로 남겼다. 하지만 상당 기간 정치적 탄압으로 인하여 유고 중에서 극히 일부만 출판되었고 대부분 자료는 학생들 사이에 타이핑 원고 형식으로 유포되었다. 1980년대 후반부터 파토치카에 대한 연구가 체코와 오스트리아, 독일, 프랑스 등지에서 본격적으로 이루어지면서 그의 현상학을 재조명할 수 있게 되었고 상당수 유고가 영어와 독일어, 프랑스어 등으로 번역 출간되었다. 2000년대에 이르러 파토치카의 철학을 주제로 국제학술대회가 다수 개최되면서 그는 유럽을 대표하는 현상학자로서 이름을 널리 알리게 되고 관련 연구 성과도 많이 발표되고 있다.

2. 파토치카 철학의 핵심 이념

① 새로운 철학에 대한 이념

현상학자로서 파토치카의 삶을 조명할 때 크게 두 시기로 구분할 필요가 있다.

첫 번째 시기는 박사학위 논문을 제출했던 초기 1930년대로서 이 시기에 파토치카는 「유럽 인간성의 정신적 위기에 대한 후설과 마사리크의 견해」(1936)라는 논문과 후설의 『유럽 학문의 위기와 초월적 현상학(*Die Krisis der europäischen Wissenschaften und die transzendentale Phänomenologie*)』(1936)에 대한 서평을 1937년 체코어로 발표하는 등 현상학 연구를 활발하게 수행한다. 연구의 핵심 주제로 "영원한 것과 무한한 것, 외적인 한계와 내적인 한계, 저항과 자기 자신에 대한 반성" 등을 꼽을 수 있는데 그 이유는 "불안감, 불일치, 그리고 수수께끼 같은 것들이 확대"[1]되는 당시 체코의 사회적 분위기가 주제에 반영되었기 때문이다. 이런 격동의 시기에 파토치카는 후설, 하이데거, 란트그레베, 핑크와 같은 현상학자들과의 잦은 학문적 교류를 통해 현상학자로서의 입지를 공고히 한다. 하지만 2차 세계대전의 발발과 체코의 공산화라는 급박한 정치적 상황의 변화로 인해 상당 기간 현상학 연구를 중단하고 1940년대부터 주로 체코의 철학자이며 신학자이자 교육자였던 코메니우스(Johann Amos Comenius)와 헤겔(Georg Hegel), 그리고 체코의 초대 대통령이 된 철학자이자 사회학자인 마사리크(Tomáš Masaryk)에 관한 연구에 전념한다.

두 번째 시기는 '프라하의 봄' 직전인 1960년대부터 사망 전까지의 기간을 일컫는다. 「후설의 현상학 연구 입문」이라는 논문을 발표한 1965년 이후 파토치카는 다시 후설 현상학 연구에 매진한다. 이런 역사적 배경에서 탄생한 파토치카의 '새로운 철학'은 고대 그리스 철학자에 대한 깊은 성찰에 그 뿌리를 두고 있다. 파토치카가 현상학으로부터 영향을 받고 오랜 기간 연구를 수행했다 할지라도 단순히 현상학을 추종하는 차원에 머무르지 않았다. 그에게 있어서 현상학은 후설의 사상이나 현상학의 원리를 단순히 가르치고 이해하는 학문이 아니라 '세계가 우리에게 어떻게 나타나는가'를 끊임없이 질문하고 사색하게 함으로써 그 의미가 드러나는 철학이다. 질문하며 사색했던 소크라테스처럼 파토치카 역시 체코 현실에 관해 물음을 던지면서 성찰한다. 특히 그리스 도시 국가에서의 삶이 철학적 사유와 어떻

---

1 Patočka(1999), *Texte-Dokumente-Bibliographie*, p. 124.

게 관계하며 당시 유럽인들에게 있어서 숙명과도 같았던 역사와 정치가 어떻게 관계하는가에 대한 질문은 파토치카 철학의 핵심 과제였다.

파토치카에 따르면 유럽에서의 역사, 철학 그리고 정치는 함께 시작되었으며 정치의 목적은 인간의 자유로운 삶을 추구하는 데 있고 역사는 이러한 자유를 통해 개시된다. 역사는 인간의 측면에서 본다면 자연이나 사태의 변화에 대한 단순한 기록이 아니다. 단순히 기록한다는 것은 역사 서술일 뿐 역사적이지 않다. 역사는 인간의 존재 양태이며 자유를 위협하는 위험으로부터 결단할 수 있는 자유를 어떻게 보호하여 삶의 모델로 삼아야 할 것인가를 주제화한다. 세계 안에서의 자유가 '던져져 있는 자유'로서 제한적일지라도, 인간이 던져져 있는 자유를 반성하고 숙고할 때 역사는 의미를 지닌다. 역사는 '객관적 힘'으로 존재하면서 동시에 현실적인 삶의 일부이기 때문에 인간의 삶과 분리될 수 없다. 다시 말하면 역사는 인간의 삶과 단절된 이론적이고 추상적인 이념이 아니라 객관적 힘을 지닌 관점으로 우리의 삶에 영향을 미친다. 인간은 사는 동안 자유롭게 결단할 수 있고 때로는 이 자유를 위해 투쟁할 수 있기에 역사는 의미를 지닌다. 파토치카에게 있어서 역사적 세계는 "기억에서 시작하고, 결단에서 진행되고, 반복에서 발전한다."[2] 기억을 통해 인간은 과거로 되돌아가기도 하고 이를 반추하는 과정에서 수시로 결단해야 하는 상황과 마주치면서 결단의 기준을 정하기도 한다. 그리고 반복하는 과정을 통해 인간은 역사적 사건들을 종합할 수 있는 혜안을 얻는다.

---

[2] Patočka(1988), *Ketzerische Essais zur Philosophie der Geschichte*, p. 329.

역사와 자유가 서로 긴밀한 관계를 맺고 있다고 해서 "역사를 자유에 대한 의식에서 진보로서 파악하는 견해와는 무관하다. 가능성으로서 역사를 발견하는 것은 결코 자유의 필연적 승리를 의미하지 않기"[3] 때문이다. 정치와 역사가 밀접한 관계를 맺고 있듯이 자유로운 사유로 정의되는 철학은 정치와 역사의 조건이 된다. 철학은 자유를 추구하는 역사 속에서 공공성이라는 이름으로 정치적 실천과 같은 시대적 요청에 부응해야 한다. 무엇보다 철학은 사색적 반성이 아닌 실천을 통해 세계와 관련된 주제를 다루어야 한다. 파토치카는 일상에서 직면하는 삶의 문제를 직접 해결할 수 있는 정치적 힘을 제시하기보다, 사유와 삶이 서로 연결될 수 있다면 철학적 삶이 곧 정치적 삶이 될 것이라 확신한다. 다만 선후의 문제에서 철학적 삶을 통해 정치적 삶으로 나아가야 한다는 점이 파토치카의 정치철학의 핵심이라 할 수 있다. 적극적으로 정치적 행동을 취하지 않고 생애 대부분을 철학 저술 작업에 몰두하였던 파토치카가 현실 정치에 관심을 갖고 참여하게 된 시점은 대학에서 은퇴한 1970년대부터라 할 수 있다. 정부의 불허에도 불구하고 1973년 불가리아에서 열린 제15차 세계철학회 참가, 명예박사학위 취득을 위해 1975년 서독 대사관 방문, 그리고 「77 헌장」 제정 등이 당시 체코슬로바키아 정부에 대항하여 보인 파토치카의 정치적 행보라 할 수 있다. 파토치카에 따르면 정치가 자유로운 삶을 추구하듯 철학은 자유로운 사유를 지향하기에 철학과 정치 모두 자유와 깊은 관련이 있다. 여기서 자유는 인간을 위한 자유를 뜻하며 이념적 자유처럼 절대적이라기보다 세계 안에서의 자유

---

3   Novotný(2013), "Die Genese einer Häresie. Epoché und Dissidenz bei Jan Patočka", p. 173.

로서 제한적 의미를 지닌다. 이렇듯 구체적이고 생생한 현실 세계에 기초하는 역사는 인간의 삶과 함께 진행됨과 동시에 인간의 행동을 규정한다. 한편으로 구체적 삶의 역사는 우리 인간을 정의하지만, 다른 한편으로 인간의 자유는 그 역사로부터 경험된다.

파토치카에 따르면 역사적으로 볼 때 가장 철학적인 삶을 살면서 자유를 경험한 인물은 소크라테스다. 자유에 대한 경험은 감각적 경험이 아니라 대상적인 것들을 초월하는 능동적 경험을 의미한다. 소크라테스는 처음으로 무지의 자각을 통해 자유를 인간의 근본 경험으로 이해하였고, 인간에 대한 깊은 성찰을 통하여 자유의 근거를 찾고자 하였다. 파토치카를 '현대의 소크라테스'라고 부르는 이유는 독재에 저항하면서 인권을 위해 죽음까지 감내한 그의 신념 때문이다. 파토치카가 서방 세계에 알려지면서 그의 철학과 삶에 대한 재조명이 이루어진 결정적 계기는, 자유를 주장하다가 종국에는 죽음을 맞게 된 소크라테스와 같은 생애사와 연관이 있다. 란트그레베는 파토치카의 죽음을 다음과 같이 회상하고 있다.

"그는 이런 위기를 처음부터 의식하고 있었다. 그렇지만 그는 철학적 사유가 단순히 이론적으로 사유하는 것이 아니라, 그 사유에 따라 살아야 한다는 점을 통해 진리를 지니게 된다는 사실을 이해하고 있었기 때문에 이를 감내했다."[4]

이처럼 죽음조차 받아들여야 하는 자유를 향한 갈구는 새로운 철

---

4   Patočka(1999), *Texte - Dokumente - Bibliographie*, p. 463.

학의 토대가 되며 그 모범이 바로 소크라테스의 삶과 철학이다.

　그러나 철학의 역사에서 소크라테스의 자유에 대한 철학적 견해는 플라톤의 형이상학적 이데아론에 의해 축소되면서 그 실천적 특성을 상실하였다. 특히 전체에 대한 절대적인 앎을 추구하는 형이상학적 논의는 결국 인간의 인식 능력에 내재된 유한성이라는 한계만을 깨닫게 한다. 그러나 자유는 플라톤의 이데아와 달리 대상적이지 않고 결코 형이상학적인 방식으로 이해할 수 없는 실천적 특성을 품고 있다. 파토치카에게 있어서 새롭게 철학한다는 것은 형이상학적인 앎을 추구하는 것이 아니라 구체적인 삶에서 지속적으로 물음을 찾는 작업이다. 다시 말하면 철학은 인간의 삶, 주변 환경, 세계, 역사나 학문과 관련하여 실천적인 것들을 주제로 삼고 지속적으로 물음을 던져야만 한다. 이런 물음을 제기함으로써 인간이 삶을 영위하면서 지켜야 할 책임을 자각하게 되는데 이는 단순히 자신의 행위에 대한 도덕적 책임이 아니라 역사를 통해 나타나는 세계에 대한 인간적 실존의 책임을 뜻한다. 그러므로 철학은 추상적인 것을 탐구하는 형이상학이 아니라 구체적으로 역사와의 관계에서 실천을 중시하는 학문이 되어야 한다. 새로운 철학의 출발점은 구체적인 역사적 상황에서 결단할 수 있는 자유를 지닌 실존적 본질로서의 인간 이해에 있다. 철학은 단지 질문하고 이에 대답하는 이론적 차원에만 머물러 있지 않고, 주어진 상황에서 자유롭게 결단하기 위해 스스로 노력하는 실존적 삶과의 긴밀한 관계 속에 있다는 것이 파토치카의 새로운 철학에 대한 근본 이념이다.

② 비주관적 현상학과 세계의 나타남

파토치카가 자신의 철학이 현상학과의 연속선상에 있음을 강조할 만큼 새로운 철학에 대한 이념을 구축할 때 영감을 주었던 철학이 단연 후설의 현상학이었다. 물론 파토치카는 하이데거에 대해서도 높게 평가하고 있지만, 그보다는 후설의 철학적 깊이에 더 많은 점수를 주고 있다. 그가 1976년 죽기 전 마지막으로 드클레브(Henry Declève)에게 보낸 서한에서 "하이데거는 기본적으로 인간학에서 중요하지만, 후설은 하이데거가 관심을 표명하지 않았던 많은 구체적인 것들을 보고 있다"[5]고 술회한다. 그럼에도 불구하고 현상학 운동의 역사에서 알 수 있듯이 다수의 현상학자처럼 파토치카 역시 '사태 그 자체로' 되돌아갈 것을 주장하는 후설 현상학의 이념에 공감하면서도, 초월적 현상학이 주관적이고 관념적이라는 약점을 지니고 있음을 직시한다. 왜냐하면 의식 작용과 대상과의 지향적 상관관계를 통해 의식 현상을 해명하는 초월적 현상학의 특징은 구조상 대상이 의식작용에 의존적일 수밖에 없기 때문이다. 후설의 초월적 현상학뿐만 아니라 하이데거의 존재론적 현상학과 관련해서도 파토치카는 비판적 입장을 취한다. 파토치카는 하이데거의 대표 저술들, 『존재와 시간(Sein und Zeit)』, 『형이상학이란 무엇인가?(Was ist Metaphysik?)』, 그리고 『진리의 본질에 대하여(Vom Wesen der Wahrheit)』를 탐독하면서 기초존재론이 지닌 철학적 강점에 깊은 인상을 받게 된다. 이를 계기로 파토치카는 초월적 현상학의 지향성과 구성 문제로부터 세계-내-존재와 현존재라는 존재론적 지평으로 철학적 안목을 확장한다. 이것은 초월과 실존을

---

5 Patočka(1990), *Die natürliche Welt als philosophisches Problem*, p. 294.

넘어 비주관적 현상학의 핵심 개념인 '나타남(Erscheinen)'으로 나아가는 발판을 마련하는 계기가 되었음은 확실하다.

비주관적 현상학(asubjektive Phänomenologie)

현상학적 방법에 기초하여 파토치카는 1970년대부터 비주관적 현상학을 구상하였다. 후설의 초월적 관념론과 하이데거의 기초존재론과 거리를 두고 있는 비주관적 현상학은 파토치카 후기 철학을 대표하는 개념이다. 비주관적 현상학은 실천적 생활세계를 분석하고 세계의 '나타남'을 해명할 뿐만 아니라 참된 자율성을 실현할 인간적 실존 가능성을 개시하는 것을 목적으로 한다.

후설과 하이데거로부터 영향을 받은 파토치카는 1970년대 초부터 '비주관적 현상학'을 본격적으로 주제화한다. 비주관적 현상학은 자아에 의존하지 않는 '나타남(또는 현출)'이라는 근원적 현상으로 되돌아갈 것을 주장하는 철학으로 세계와 인간 실존의 의미를 동시에 성찰하고자 하는 학문이다. "자아 자체에는 아무것도 나타나지 않기 때문에"[6] '나타남'은 자아의 통찰을 통해 드러날 수 없다. '나타남'과 관련하여 나타나는 것과 그 특성 사이의 현상학적 차이는 다양하게 나타나는 방식에 따른 것이므로 의식의 내재성에 근거하는 분석방식은 비현상학적이며 독단적이다. 그러므로 파토치카에 따르면 '나타남' 그 자체로 되돌아감으로써 후설의 의식 내재성이 지니는 이중성을

---

6 Patočka(1992), *Die Bewegung der menschlichen Existenz*, p. 27.

극복할 수 있고 현상학의 본래적인 의미에 도달할 수 있다.

비주관적 현상학은 이론적이고 형이상학적 세계가 아니라 선이론적이고 실천적 세계인 생활세계를 주제화하면서 세계 구조가 아닌 세계의 '나타남'을 근본적으로 문제 삼는 철학이다. 여기서 세계는 자아와 독립적으로 주어져 있어서 비주관적이며 이 세계 안에 존재하는 사물은 의식 주관에 의해 구성되지 않고 스스로, 그리고 대상으로 나타난다. 현상학에서 강조하는 '사태 자체'는 일종의 사물의 특징으로 사물과 함께 존재하면서도 사물에 속하지 않는다. 이런 점에서 사물에 기초하여 드러나는 후설의 '사태 자체'와는 분명하게 구분된다. 다시 말하면 대상적인 사물과 '사태 자체' 둘 다 우리 앞에 펼쳐진 세계에서 나타나는 것이지, "체험이나 주관적인 것으로서 현존하지 않는다."[7] 그러므로 '나타남'이 갖는 비주관적이라는 특성은 곧 세계의 특성이기도 하다. 여기서 우리는 실제로 존재하는 것처럼 보이지만 존재하지 않는 가상 세계와 '나타남'도 구분해야 한다. '나타남'이 한편으로 우연성이라는 특성을 보이지만, 다른 한편으로 확실성의 토대이기도 하다. 왜냐하면 삶 자체를 의심할 수 없듯이, '나타남' 역시 주체와 객체의 분리 이전에 선행하기 때문이다. 이런 점에서 '나타남'은 주관적이고 관념적인 반성이나 성찰을 통해 구성되지 않고 근원으로 되돌아가려는 세계의 운동(Bewegung)에 의해 가능하다.

1960년대 파토치카에 따르면 인간적 실존의 형식인 '운동'은 '나타남'의 근원으로서 초월적 주관성을 대체하는 중심 개념으로 설명된다. 그는 운동에 주목하면서 초월적 주관성의 능동성이나 수동성에

---

7 Patočka(1992), *Die Bewegung der menschlichen Existenz*, p. 300.

운동(Bewegung)

파토치카 현상학의 특징을 파악할 수 있는 중요한 개념이다. 운동은 실존의 형식으로 '나타남 그 자체'와 그 안에서 나타나는 존재자 사이의 관계를 해명하는 근본 계기다. 파토치카에 따르면 실존 운동의 단계는 '정착', '자기 연장' 그리고 '돌파'라는 세 단계로 구분되지만 상호 변증법적 관계에 있다. 즉 현실에 안주하는 상태인 정착과 노동과 투쟁을 통해 공동체의 삶을 보장받고 유지하고자 하는 자기 연장, 마지막으로 지금까지의 삶을 단절하고 본래의 자신을 돌아보는 돌파라는 실존 운동을 통해 우리가 세계 전체를 경험할 수 있다.

기초하여 나타남을 해석하려는 일체의 시도를 비현상학적인 것으로 거부한다. 파토치카는 당시 체코가 처한 시대적 상황을 직시하면서 사회가 요구하는 철학은 주체의 자기 동일성으로 되돌아가고자 하는 초월적 현상학이 아니라 "타자의 참된 자율성, 즉 다름을 인식하는"[8] 비주관적 현상학임을 확신한다. 비주관적 현상학은 엄밀한 학문의 이론적 토대를 구축하기보다, 자유를 실현하고자 하는 인간적 실존의 가능성을 개시하는 데 목적이 있다. 후설의 반성 개념이 인간의 삶과 밀접하게 연관되어 있다고 하지만, 파토치카가 보기에 이는 이론적인 것으로서 일종의 허구에 불과하다. 반성을 통해 의식을 지각할 수 있다는 주장은 신화적 발상일 뿐이다. 왜냐하면 의식이 스스로 우리에게 어떻게 주어지고 어떻게 이해되는가와 같은 질문에 대한 명쾌한 해답을 후설에게서 찾을 수 없기 때문이다. 반성적 주관주

---

8 Kohák(1989), *Jan Patočka - Philosophy and selected Writings*, p. 91.

의는 절대적 토대를 그 어디에서도 찾지 못하고 결국 주관성이 아니라 존재로 되돌아가야 한다는 한계로 인해 현상학의 출발점은 주체가 아니라 존재가 된다. 파토치카에게 있어서 반성은 근본적으로 자기 이해에 뿌리를 내리고 있다. 반성하는 사람의 관점은 결코 세계를 넘어설 수 없고 절대적일 수도 없다. 세계로 나아가는 길은 "사색적 반성이 아니라 실천의 구성 요소로서, 즉 내적 태도와 행위의 부분으로서 반성이다."[9] 실천의 구성 요소로서 반성은 각자의 삶과 관계하기 때문에 상대적일 수밖에 없다는 점이 파토치카와 후설의 견해차라 할 수 있다.

파토치카는 인간의 실존적 삶과 관련하여 실존을 크게 두 유형으로 구분한다. 첫 번째 유형은 역사적 실존이다. 이는 우리에게 사실로서 역사가 있고 과거를 부정하거나 공고히 하는 방식으로 우리가 과거와 관계하고 있음을 뜻한다. 두 번째 유형은 비(非)역사적 실존이다. 이는 우리가 과거를 부정하지 않고 동일시하며 같은 것으로 영원히 회귀하면서 과거를 반복하는 삶을 뜻한다. 이는 역사적 존재를 존재론적 의미로 이해할 때 거론되는 유형이다. 인간은 실존적 삶을 살면서 반성을 통해 자기 자신을 되돌아보는 사유의 대상이 아니라, 세계 내 삶에서 구체적이고 역사적인 실천을 행하는 주체이며 동시에 그 중심이다. 세계 또한 의식(노에시스)과 대상(노에마)이라는 의식의 지향적 구조로 설명되는 가능한 인식과 경험 인식의 대상에 대한 총체 개념이 아닌 역사적 현실을 의미한다. 파토치카가 반성과 같은 현상학적 환원을 통해서 절대적인 것으로 나아가야 한다는 후설

---

9 Patočka(1990), *Die natürliche Welt als philosophisches Problem*, p. 241.

의 주장을 비판하면서 강조한 부분이 바로 실천이다. 세계를 생생하게 경험하면서 구체적인 역사의 현장에서 실천해야 한다는 파토치카의 사상은 현상학적 환원을 통해 제일철학으로서 현상학을 정초시키고자 하는 후설과의 차별화를 꾀한다. 후설이 순수 의식으로 나아가기 위해 현상학적 환원과 판단 중지를 요구하는 반면에, 파토치카는 환원보다는 판단 중지에 비중을 둔다. 특히 후설이 의식 작용과 대상과의 상관관계를 통해 의식의 구조를 해명하고자 한다면, 파토치카는 현상학적 관찰자(Zuschauer) 개념을 도입하여 자신의 철학적 견해를 개진한다. 대상으로 향하는 관찰자의 시선에서 보면 후설이 주장하는 초월적 삶은 존재할 수 없다. 초월적 삶이 세계에서 나타나는 것이 아니라, 초월적 삶과 세계는 상관관계를 지니면서 나타난다. 이처럼 '나타남'으로서의 세계는 현상학적 관찰자의 시선에 들어오고, 자연적 태도에서 주목받지 않은 세계의 '나타남'이 판단 중지를 통해 현상학의 주제로 부상한다. 세계에는 자율적 속성이 있어 의식으로 환원되기에는 어려움이 있기에 환원보다는 판단 중지를 통해 세계가 현상이 되어 우리 앞에 있는 그대로 나타난다. 그러므로 "환원 없는 현상학은 가능할지 모르지만, 판단 중지 없는 현상학은 없다"[10]는 파토치카의 주장처럼 판단 중지는 현상학을 해명하는 중요한 키워드가 된다.

우리가 철학적 실천으로서 판단 중지를 통해 비주관적 세계로 되돌아갈 때 자유가 드러난다. 자유는 세계와의 관계를 밝히는 근거이며 "세계에서의 초월일 뿐만 아니라, 세계의 내용으로부터 진리의 근

---

10 Patočka(1992), *Die Bewegung der menschlichen Existenz*, p. 423.

거에로의 초월이다."[11] 이처럼 자유는 주어진 상태에 머물지 않고 역사적으로 창조된 또 다른 상황, 즉 진리의 근거로의 초월이다. 파토치카는 당시 소련군에 의해 진압된 체코의 현실을 바라보며 이성적 자유가 아닌, 보다 현실적이고 구체적인 자유의 소중함을 깨닫게 된다. 소련과 같은 강대국에 의해 자행된 군사적 침략과 이를 당연시하면서 살아가는 체코인의 일상적 삶을 비판하면서 강대국에 대해 저항할 수 있는 자유의 중요성을 역설한다. 자유를 강조한 이유는 이런 일상에 대한 저항으로서 삶을 개선하려는 의도가 아니라, 인간의 존엄성을 지키기 위하여 생존만을 위한 삶을 포기할 수 있도록 하기 위함이었다. 우리가 적극적이고 자율적인 행동을 통해서만 인간의 존엄성을 지킬 수 있다는 점에서 파토치카의 현상학은 자유의 철학으로 규정된다. 그러므로 철학적 삶은 세계를 관망하는 자세를 취하는 삶이 아니라, 세계 안에서 사고하고 행동하는 실천적 삶이다.

철학적 삶과 연관하여 파토치카는 자본주의 사회에서 강조하는 합리성이라는 개념에 대해서도 그 허구성을 지적한다. 파토치카가 소련의 비호 아래 사회주의 체제를 공고히 하던 당시 체코 정부를 비판하였다고 하더라도, 이것이 곧 자본주의 체제를 지향한다는 의미는 아니다. 합리성을 토대로 발전한 자본주의는 생산 체계의 합리화를 꾀하면서 보다 많은 이윤을 추구하고자 한다. 그러나 실상은 그렇지 않다. 자본주의 체제에서 우리는 자신을 속박하고 있는 많은 것으로부터 마치 자유를 쟁취한 것으로 착각하며 살고 있다. 특히 합리성이라는 이름으로 발전한 자본주의 체제는 인간의 노동력을 상품으로

---

11 Patočka(1999), *Texte - Dokumente - Bibliographie*, p. 158.

간주하고 인간을 기계나 생산 체계의 일부로 예속시키면서 본래 의미가 변질된 '그릇된 이성'으로 합리성을 받아들인다. 이런 이유로 파토치카는 합리성이라는 이름으로 왜곡된 자유의 회복을 위해 세계에서의 실천에 깊은 관심을 표명하고 실천적 삶을 기초로 비주관적 현상학을 정초하고자 하였다.

③ 실천과 생활세계

실천 개념이 파토치카의 비주관적 현상학에서 중요하게 다루어졌다면 후설 현상학에서는 상대적으로 크게 주목을 받지 못하였다. 파토치카는 추모사에서 후설을 회상하며 후설을 '이념의 힘'에 의존하는 신앙인이라고 언급한다. 그 이유는 후설이 초기에는 논리적 이념, 이후 형이상학적 이념, 그리고 목적론적 이념에 이르기까지 이념에 대한 절대적 신뢰를 보였기 때문이다. 서양의 문화사나 정신사를 관통하는 목적론을 중시한 후설과 달리, 파토치카는 구체적 실천의 문제를 현상학의 핵심 과제로 다룬 철학자다. 비주관적 현상학의 실천 개념은 정치적이고 역사적인 관점에서 구체적 현실 세계로서의 생활세계와 함께 다루어질 때 의미가 분명해진다. 후설과 파토치카는 세계와 관련하여 서로 다른 견해를 표명하고 있다. 후설의 초월적 현상학에서 세계는 의식의 구조와 연관된다면, 파토치카의 비주관적 현상학에서 세계는 구체적인 현실, 즉 생활세계를 뜻한다. 생활세계는 후설의 후기 현상학을 대표하는 개념으로 파토치카가 후설로부터 영향받았음을 입증하는 단서가 되기도 한다. 파토치카가 1936년 교수 자격 논문에서 다룬 자연적 세계는 후설의 후기 저술인 『유럽 학문의 위기와 초월적 현상학』에서 주제화한 선(先)학문적이고 선이론적인 생활세계 개념과 유사하다. 파토치카는 자연적 세계로서 생활세계를 논할 때 먼저 체코어의 어원에 기초하여 세계를 해석한다. 세계(svět)는 체코어로 빛(světlo)과 연관이 있으며 이는 외적인 대상도 아니고 주관적인 것도 아닌 우리가 목표하는 '삶의 빛'을 뜻한다. '삶의 빛'으로서 세계는 감각적이고 정서적인 현재 상황과 지속적으로 갈등하고 대립한다. 이런 갈등 속에서 세계는 전체로서 어떻게 나타나는가를 우리에게 보여 줄 뿐이지, 우리가 인식하는 대상도 아니고 우리의 의식이 구성하는 산물도 아니다. 오히려 세계는 우리가 항상 그 안에서 행동하는 지평이며 역사적 현실일 뿐이다.

세계(Welt, svět)

체코어 빛(světlo)과 연관이 있으며 이는 외적 대상도 아니고 주관적인 것도 아닌 우리가 목표하는 '삶의 빛'을 뜻한다. 삶과 깊은 연관을 맺고 있는 세계는 우리가 인식하는 대상도 아니고 의식이 구성하는 산물도 아니다. 초기에 세계 개념을 다룰 때 파토치카는 후설의 생활세계 개념으로부터 영향을 받았다. 세계는 모든 것을 포괄하는 배경으로 드러나고 우리 행동의 지평이며 역사적 현실이다. 그러므로 세계는 시간 안에 있지 않고, 시간이 곧 세계라고 파토치카는 주장한다.

후설은 후기 현상학에서 생활세계 개념을 유럽 공동체의 쇄신(Erneuerung)이라는 실천 과제와 연관하여 다루고 있다. 1차 세계대전에 참여했던 막내아들의 전사 소식과 함께 전쟁의 야만성을 체험한 후설이 말년까지 결코 외면할 수 없었던 주제 중 하나는 생활세계에서 발생하는 문제를 해결하는 실천적 대안으로 쇄신이었다. 후설은 유럽의 위기를 목적론적 관점에서 진단하면서 유럽의 역사를 철학의 정신과 연관하여 분석한다.

"유럽이라는 개념은 이성의 무한한 목표들로 이루어진 역사적 목적론으로서 탐구되어야 한다. 즉 유럽이라는 세계가 이성의 이념들, 철학의 정신으로부터 어떻게 탄생하게 되었는가 하는 점이 명시되어야만 한다."[12]

이성을 추구하고자 하는 철학의 정신은 윤리적 삶의 이념이고, 이를 수용하는 실천적 태도는 쇄신을 향한 결단을 의미한다. 후설이 강조하는 쇄신이라는 실천적 덕목은 개인 윤리뿐만 사회 윤리에서도 중요한 비중을 차지하고 있으며 보편적 목적론에 기초한다. 이와 달리 파토치카는 쇄신과 같은 실천 개념의 토대가 되는 보편적 목적론이 인간의 자유를 은폐하는 위험을 내포하고 있다고 지적한다. 합리성을 추구하는 근대적 인간은 한편으로는 자연적으로 주어진 세계에서 살고 있지만, 다른 한편으로는 수학적 학문에 기초한 과학적 세계에서 살고 있다. 우리는 이미 주어져 있는 세계를 현실로서 받아들이면서 세계 안에서 나 혼자가 아니라 타인과 함께 역사적으로 실천하는 주체로서 살아간다. 역사적 실천은 결단을 수반하는 삶으로 우리가 처한 불안한 상황과 밀접한 관계를 맺고 있다. 그러므로 목적론적

---

[12] Husserl(1954), *Die Krisis der europäischen Wissenschaften und die transzendentale Phänomenologie*, p. 347.

역사에서 이성에 근거한 이론적 자유는 재차 은폐될 수 있고 인간의 행위 또한 자기와의 관계를 통해 해명되기 때문에 행위의 자유는 사라지게 된다. 파토치카는 1970년대 당시 소련군에 의해 진압된 체코의 민주화 운동을 통해 이성적 자유가 아닌, 보다 현실적이고 구체적인 자유의 이념에 주목하고 그것을 극단화한다. 소련과 같은 강대국에 의해 자행된 군사적 침략과 이를 당연시하면서 살아가는 체코인의 일상적 삶을 비판하면서 강대국에 대하여 저항할 수 있는 자유를 강조한다. 자유를 극단화한 이유는, 인간의 존엄성을 지키기 위해서는 우리가 생존만을 위한 삶을 포기할 수 있어야 하기 때문이다. 이런 시대적 상황을 반영하여 파토치카는 인간이 처한 상황에서 어떻게 결단하는가에 따라 삶을 두 가지 유형으로 구분한다.

첫 번째 유형의 삶은 '균형의 삶'이다. 이는 균형이나 조화를 추구하는 삶으로 주어진 삶에 대해 낙관적이고 현실적인 태도를 취하는 삶이다. 인간은 조화로운 능력을 지니고 있고 행복과 균형을 추구하는 존재다. 인간의 역사는 자연법칙에 적합하게 균형과 조화라는 목표를 향해 나아가는 과정이다. 균형의 삶은 근본적으로 삶을 낙관적이고 긍정적으로 바라보고 수용하는 일상적이고 평범한 삶의 방식이다. 이런 입장은 삶을 과장하거나 환상적인 것으로 이해하는 방식을 비정상적인 것으로 여긴다. 그렇지만 역사를 반추하면 인간은 균형적 삶을 유지할 수 없다. 왜냐하면 다른 생명체에게는 균형이 삶 자체로부터 주어지지만, 인간의 삶은 다른 피조물보다 더 복잡한 구조를 지니고 있기 때문이다. 그러나 파토치카가 보기에는 인간의 삶이 복잡한 것처럼 보여도 근본적으로는 매우 단순한 사건에 불과하다. 그 이유는 평범한 인간이 일정한 교육을 받아 도구를 능숙하게 사용하고 이를 기초로 활동하여 삶을 계속 유지하는데, 이러한 삶의 여정이 역사이기 때문이다. 이처럼 인간의 역사는 근본적으로 진행형이며, 인간이 추구하는 안정은 인간 사회의 목표를 향한 노력으로 정당화된다. 비록 우리의 노력이 완전한 결실을 맺지 못했다 할지라도 이는 우리가 계획한 바를 충분히 진행하지 않았을 뿐이다.

두 번째 삶의 유형은 '격동의 삶'이다. 이는 매사를 문제시하는 불안정한 삶으로, 극단적인 태도를 보이는 삶이다. '격동의 삶'은 삶에 대해 단순히 열광하거나 황홀해지지 않고 일상에서 마주치는 한계를 극복하려는 삶이다. 이 삶은 평범한 인간이 누리는 일상적인 삶이나 무미건조한 삶보다 선행하는 삶이다. 인간은 결코 특정한 생활 방식으로 결정되는 그런 존재가 아니다. 왜냐하면 인간은 어떤 노력에 의해서든 안정과 완성에 도달할 수 있는 존재가 아니기 때문이다. 오히려 인간은 고정된 생활 방식이나 형식을 파괴하고, 그동안 정상적이라고 여겼던 삶 속의 숨겨진 문제를 밝혀내 불안정한 것과 극단적인 것을 지속적으로 드러내고자 시도한다. '격동의 삶'을 사는 사람들은 서로 연대감을 형성하는데, 이런 연대감은 핍박과 불안으로 인해 더욱 공고해진다. 정치적 박해로 인한 불안이나 두려움과 같은 실존적 한계를 극복하기 위해 인간은 연대감을 형성하면서 구체적으로 실천적 삶을 유지한다. 여기서 연대감은 서로 대립하는 의견을 녹여 하나로 만드는 동질성이 아니라 극한 상황을 공유하는 삶을 뜻한다. 인간은 극한 상황과 같은 실존적 문제에 직면해도 좌절하지 않고 더욱 적극적으로 실천하는 삶을 살면서 자신이 처한 상황뿐만 아니라, 세계 전체의 상황을 이해하는 차원으로 비상한다. 이때 어려운 정치적 상황에서 행하는 실천은 곧 결단이며, 인간은 "결단을 위해 스스로 최선을 다하지 않는 한, 더 나아갈 수 없다."[13] 왜냐하면 불안정한 '격동의 삶'은 그저 동요하는 삶이 아니라, 보다 적극적으로 '아니요'라고 결단하며 부정할 수 있는 삶을 의미하기 때문이다. 그러므로 격동의 삶은 주어진 상황을 수용하면서 정착하려는 움직임에 대한 거부이자 현실에 안주하려는 "자기 자신에 대한 시험이며 저항"[14]하는 삶을 뜻한다. 동시에 격동의 삶은 타인과 관계를 맺고 인간을 이해하고 세계와의 결속을 더욱 확고히 하는 진리 안에서의 삶을 의미한다. 우리 인간은 격동의 삶을 살면서 고유한 실존의 한계에 직면하고 실천적 삶의 목표를 넘어 세계 전체를 파악할 수 있다. 이처럼 인간은 한편으로 유한하며 세계의 부분에 속하는 존재이기도 하지만, 다른 한

격동(Amplitude)

파토치카 철학을 이해하는 중요한 개념이다. 어두웠던 체코의 정치적 상황에서 우리가 어떻게 살아야 하는가를 설명한다. 삶은 균형과 조화를 추구하는 삶과 불안이나 두려움과 같은 실존적 한계를 극복하려는 격동의 삶으로 구분된다. 격동의 삶은 평범한 인간이 누리는 일상적이고 무미건조한 삶보다 선행하는 삶이다. 우리가 정치적 박해를 받을지라도 그런 상황에서도 우리는 연대감을 형성하는 등 구체적이고 실천적인 삶을 산다. 이는 단순히 삶을 유지하는 차원이 아닌, 보다 적극적으로 '아니요'라고 결단하며 부정할 수 있는 삶을 뜻한다. 무엇보다 격동의 삶은 자기 자신을 시험하며 저항하는 삶으로 이는 인간을 이해하고 세계와의 결속을 더욱 확고히 하는 진리 안에서 삶이다.

13 Patočka(1988), *Ketzerische Essais zur Philosophie der Geschichte*, p. 327.

14 Patočka(1999), *Texte‑ Dokumente‑ Bibliographie*, p. 99.

편으로 세계를 파악하고 세계를 인식할 수 있는 존재이기도 하다. 우리가 세계 안에서 산다는 것은 이미 세계 안에 던져져 있음을 전제한다. 하지만 세계 안에 던져져 있음은 단순히 수동적 삶을 대변하는 표현이 아니고 오히려 삶을 적극적으로 수용하면서 도약함을 뜻한다.

실천은 인간을 세계와 만나게 하는 삶의 실존적 양태로서 이해되고 불안을 토대로 철학적 놀라움에서 형상화된다. 인간의 통찰력이 철학적 놀라움을 유발하기에는 충분하지 않기 때문에, 지속적인 인내로서 '영혼의 돌봄'이 필요하다. 자기 자신의 영혼을 돌보고자 할 때 인간은 비로소 진실하고 정의로운 삶을 살 수 있다. 진리는 우리에게 언제나 주어져 있는 것도 아니고 직관을 통해 취득한 산물도 아니다. 오히려 우리는 평생 진리를 탐구하고 자신을 통제하면서 실천해야 한다. 영혼의 돌봄은 "우주의 발견과 우주와의 정신적 관계를 발견하는 실천적 형식"[15]으로 직관이나 인식이 아니라 실천적 삶과 밀접하게 연관되어 있다. 다시 말하면 선하고 정의로운 삶을 지향하기 위해 우리는 자신의 영혼을 돌보아야 하고, 궁극적으로 성찰하고 결단하면서 실천하는 삶을 살아야 한다. 인간은 영원하지 않고 언제가 죽음에 이르게 된다. 그렇다 하더라도 우리의 선조처럼 우리가 지금 노동을 하면서 살고 있듯이 우리 후손들 역시 노동을 하면서 실천적 삶을 이어 갈 것이다. 세계에 던져져 있는 우리 인간은 세계 안에서 노동을 하면서 실천적 삶을 살아가는 존재다. 동물과 달리 노동을 통해 자기를 유지하는 인간은 유한한 존재로서 세계의 부분이기도

---

15 Patočka(1988), *Ketzerische Essais zur Philosophie der Geschichte*, p. 108.

하지만 세계를 인식할 수 있는 존재이기도 하다.

④ 운동(Bewegung)

파토치카는 초기에 후설로부터, 후기에 하이데거와 핑크로부터 많은 영향을 받으면서 생활세계라는 토대 위에서 인간적 실존이 실현되는 근본 구조에 보다 깊은 관심을 표한다. 존재자의 존재를 해명하고자 하는 하이데거의 존재론과 세계의 근원적 현상을 밝히고자 하는 핑크의 우주론의 영향 아래 파토치카가 주목한 것은 인간적 실존의 형식으로서 운동이라는 근본 계기다. 다시 말하면 존재와 존재자를 구분하는 하이데거의 존재론, 세계와 내(內)세계적으로 만나는 사물을 구분하는 핑크의 우주론에 기초하여, 파토치카는 '나타남 그 자체'와 그 안에서 나타나는 존재자 사이를 구분하고, '나타남'과 존재자 사이의 관계를 운동 개념으로 해명한다. 운동이 일어나는 생활세계는 후설이 주장하는 근원적 명증성의 영역이 아니라 우리에게 나타나는 세계를 의미한다. 파토치카의 운동 개념은 무엇보다 아리스토텔레스 철학과 깊은 연관을 맺고 있다. 아리스토텔레스의 철학은 형상과 질료의 관계를 가능태와 현실태 사이의 질적 변화인 운동으로 설명한다. 이처럼 파토치카는 실존이 가능성에서 현존재이지만 이 가능성은 곧 현실화에 의해 드러난다는 점을 강조한다. 가능성을 현실화하는 것이 바로 우리의 삶이며 운동이므로 삶의 존재론은 세계의 존재론이라 할 수 있다. 왜냐하면 세계는 인간 실존과의 관계에서 나타나며, '나타남'은 주관적이고 관념적인 반성이나 성찰을 통해 구성되지 않고 운동을 통해 드러나기 때문이다. 파토치카는 운동을 '정착(Verankerung)', '자기 연장(Selbstverlängerung)', '돌파(Durchbruch)'라는 세

단계로 구분하여 설명한다.

첫째 단계는 '정착'으로, 우리가 현실에 안주하고 있는 상태를 뜻한다. 이 단계에 머물러 있는 경우에 우리는 지난 과거와 관계하면서 자신이 처한 상황을 신뢰하고 수용한다. 수용하는 삶은 우리가 세계를 받아들이는 것이 아니라 세계가 우리를 받아들이는 삶을 의미한다. 이때 세계는 "우리를 무한한 형태로 받아들이지 않고 인간적 차원에서 받아들인다."[16] 인간적 차원은 곧 타자와 더불어 사는 공동체를 함의하며, 이 공동체 안에서 우리는 타자처럼 살면서 타자와 개별적이고 우연적인 결속관계를 유지한다. 인간의 삶이 일차적으로 우연적이라는 것은 우리가 주어진 상황을 현실로 받아들이면서 그 안에서 행복을 추구한다는 것이다. 그러므로 정착하고자 하는 운동의 단계에서 우리는 우연성과 긴밀한 관계에 있는 행복이라는 목표에 쾌락을 충족함으로써 도달하게 된다. 존재자를 결속하는 굴레는 쾌락의 굴레를 의미하며, 모든 개별적인 존재자는 그 안에서 사라지는 쾌락을 통일성과 조화라는 차원에서 느끼게 된다.

그러나 역설적으로 인간의 삶은 유한하기 때문에, 완전성과 직면할 때 흔들리는 특성을 지닌다. 인간은 이 단계에서 단순하게 비자립적인 존재를 유지하는 상태에 머무르지 않고, 그 단계를 넘어서려는 욕망을 지닌다. 이는 일종의 '결핍된 실존 감정'으로, 우리가 다른 존재자에 의해 수용되거나 인정된다면 이런 결핍감은 사라진다. 다시 말하면 우리는 타자의 시선에서 실존하며 타자에 의해 수용된 존재임을 느낀다. 타자는 전체를 향한 우리의 간절한 욕구와 갈증의 부르짖

---

16 Patočka(1990), *Die natürliche Welt als philosophisches Problem*, p. 248.

음에 응답한다. 여기서 우리는 타자를 보는 존재자일 뿐만 아니라 타자에게 보이는 존재자로 드러나듯이, 타자 또한 우리에게 보일 뿐만 아니라 우리를 보는 존재자로 드러난다. 이처럼 파토치카는 인간 실존에 내재하는 결핍감을 통해 개별적 존재자와 타자를 결합한다. 이와 같은 결합의 관계는 세계에서 이루어지며, 나와 타자가 공존하는 주위 세계(또는 환경)는 항상 현재적이지만 움직이지 않는 것이 아니라 운동 중에 있다. 이 운동을 통해 주위 세계가 중심이 되는데, 이 중심은 기하학적인 중심이 아니라 '너와 나'라고 하는 두 자아를 의미한다. 이 두 자아가 바로 "중심에 있고, 주변으로 에워싸여 있다."[17] 이처럼 '정착하는 운동'에서 우리는 타자와 관계하고, 사물과 인간의 본질이나 상태가 드러나지 않는 어두운 밤으로부터 이를 개시하는 밝은 낮으로 나온다. 이때 '너와 나'는 객관적으로 신체적일 뿐만 아니라, 신체적으로 '나타난다.' 신체적으로 나타나는 나는 타자에 의해 받아들여짐으로써 내가 믿고 있는 통일적인 세계에서 정착할 수 있다.

둘째, 자기 연장의 단계다. 이 단계에서 우리 인간은 현재에 기초하여 노동과 투쟁을 통해 공동체의 삶을 보장받고 유지하고자 한다. 삶을 유지하기 위해 인간은 사회 안에서 자신의 관심에 따라 노동과 투쟁을 한다. 노동과 투쟁은 정착하는 삶에 기초하여 인간이 수행하는 운동이다.

"노동에서 인간은 사물과 맞서며, 투쟁에서 인간은 가상적인 공격자로서 사물을 적대시한다."

---

17 Patočka(1992), *Die Bewegung der menschlichen Existenz*, p. 93.

"노동하기 위해 인간을 조직화하는 것은 투쟁의 결과며, 그 자체로 투쟁이다."[18]

노동과 투쟁은 서로 밀접한 관계를 맺고 있다. 우리는 노동과 투쟁을 통해 공동체의 삶을 유지하며, 이때 세계는 우리 삶의 중심이 된다. 이러한 공동체의 세계에서 삶을 유지하는 자기 연장은 '사회성'이라는 양태로 설명된다. 그런데 인간은 상이한 경험을 통해 원하지 않은 상황에 처하게 되며, 이 상황에 대한 책임을 짊어져야 한다는 점이 인간 유한성의 본질에 속한다. 이와 같은 자기 연장 운동이 발생하는 근본적인 상황은 '책무', '억압' 그리고 '괴로움'과 관련된 상황이다. 책무는 도덕적인 의미에서 과실을 의미하는 것이 아니라, 그 전제가 되는 억압이 불가피하게 생길 수밖에 없는 세계에서의 삶을 의미한다. 노동과 투쟁에서 위험 요소를 제거하는 상황은 괴로움이다. 이런 근본적인 상황으로 인하여 '정착하는 운동'을 통해 추구하였던 행복은 사라지고, 인간은 반항과 질투 그리고 미움에 빠진다.

셋째, 돌파의 단계다. 이 단계에서 우리 인간은 미래와 관계하면서 먼저 본래의 자신을 파악한다. 돌파하는 운동으로 우리는 존재자에 의존하지 않은 채 세계 전체를 경험하는데, 여기서 후설 현상학이 강조하는 판단 중지가 요구된다. 하지만 파토치카는 판단 중지를 단순한 직관이나 순수한 반성과 같은 영역에 제한하지 않고, 삶과 실천이라는 현상과 관계하는 것으로 매우 폭넓게 응용한다. 우리가 세계에 존재하고 있을지라도 돌파하는 운동에서 우리는 타자를 먼저 만나

---

18 Patočka(1990), *Die natürliche Welt als philosophisches Problem*, p. 260.

지 않고 바로 자기 자신, 즉 본래의 자신을 만난다. 본래의 자신을 만남으로써 우리 인간은 외적인 한계뿐만 아니라 내적 한계와도 직면하면서 괴로움을 겪게 된다. 그런 상황을 통해 우리는 세계를 발견하고, 괴로움의 의미를 자유롭게 해석하면서 개방된 세계를 향해 나아간다. 즉 괴로움을 겪음으로써 우리는 고립된 자기 세계에 머무르지 않고 타자와 더불어 살아가는 공동의 세계를 발견한다. 이런 맥락에서 인간은 권력과 성공으로부터 나오는 황홀함보다 본래의 자기 자신을 만남으로써 겪게 된 괴로움을 더욱 깊게 사랑할 수 있다. 파토치카에 따르면 권력과 성공은 언제나 유한한 것이며 이 유한성은 인간다움의 본질이 아니다. 괴로움을 통해 변화된 인간은 단기간의 권력이나 성공을 추구하지 않는다. 오히려 인간은 영원한 것과 무한한 것을 추구하는데, 이는 저항과 괴로움을 추구한다는 뜻으로 해석된다. 여기서 저항은 굴복하는 태도, 맹목적 미신 또는 환상을 거부하는 태도다.

앞에서 언급한 '격동의 삶'은 바로 돌파하는 운동 단계에 속한다. '정착', '자기 연장' 그리고 '돌파'라는 단계의 운동들은 서로 변증법적 관계를 맺고 있다. 자신이 처한 상황을 수용하는 '정착하는 운동'과 노동과 투쟁을 통해 사물과 대적하는 '자기 연장 운동', 마지막으로 생활세계에서의 실천적 삶을 통해 본래의 자신을 넘어서는 '돌파하는 운동' 단계는 서로 밀접한 관계를 맺고 있다. 본래의 자신을 넘어선다는 표현은 주체를 고립시키지 않고 실천의 영역인 세계에서 타자와 사회적 관계를 맺는다는 것을 뜻한다. '돌파하는 운동'의 단계는 무엇보다 실천과 관계하며, 실천은 불안을 기초로 철학적 놀라움에서 더욱 구체적으로 이루어진다. 파토치카에 따르면 우리는 구태

의연한 경험이나 견해를 맹목적으로 따르지 않는 철학적 놀라움에서 허구적 환상을 버리고 영원한 것에 대한 사랑을 추구해야 한다. 이는 실천을 통해 이기적 태도를 버리고 타자를 위한 헌신적 삶을 사는 태도다. 헌신적 삶이 종교적 의미로는 영원을 지향하는 삶이라 할지라도 인간이 종국에는 죽을 수밖에 없다는 유한성을 극복할 수는 없다. 그렇다고 하더라도 헌신적 삶은 자신의 삶에만 머무르지 않고 "자기 자신 밖에서 살고, 삶을 포기함으로써 '자기-밖-존재(Außer-sich-Sein)'의 참됨을 증명하면서"[19] 타자와 함께 살아가는 삶이다. 이처럼 우리 인간은 실존적 돌파라는 운동을 통해 자신의 세계를 넘어 타자와 더불어 사는 공동의 세계로 나아갈 수 있는 존재다.

---

19 Patočka(1990), *Die natürliche Welt als philosophisches Problem*, p. 267.

1. 얀 파토치카의 저서

Patočka, J.(1988), *Ketzerische Essais zur Philosophie der Geschichte*, Stuttgart: Klett-Cotta Verlag.

_____(1990), *Die natürliche Welt als philosophisches Problem*, Stuttgart: Klett-Cotta Verlag.

_____(1992), *Die Bewegung der menschlichen Existenz*, Stuttgart: Klett-Cotta Verlag.

_____(1999), *Texte - Dokumente - Bibliographie*, Freiburg & München: Verlag Karl Alber.

2. 관련 참고문헌

Husserl. E.(1954), *Die Krisis der europäischen Wissenschaften und die transzendentale Phänomenologie*, Den Haag: Martinus Nijhoff.

Kohák, E.(1989), *Jan Patočka - Philosophy and selected Writings*, Chicago & London: The University of Chicago Press.

Novotný, K.(2013), "Die Genese einer Häresie. Epoché und Dissidenz bei Jan Patočka", in *Phänomenologische Forschungen*, Hamburg: Felix Meiner Verlag.

얀 파토치카(1907-1977)

1925년 프라하 카렐대학 철학부에 입학한 파토치카는, 1931년 『명증성 개념과 노에시스학의 의미』으로 동 대학에서 철학박사학위를 취득했다. 2년 뒤인 1933년, 독일 프라이부르크대학에서 연구하게 된 그는 이듬해 '프라하 철학회'를 창설하여 다양한 철학 연구의 저변을 확대했다. 1936년 「철학적 문제로서 자연적 세계」로 교수자격을 취득하여 여러 대학에서 강의를 이어 나가던 그는, 이듬해 *Česká mysl*(체코의 정신)이라는 철학지의 책임편집자를 역임하며 꾸준히 철학을 연구하고 소개하는 데 힘썼다. 1968년부터 1972년까지 카렐대학에서 교수로 재직하며 강의했으며, 1977년에는 「77 헌장」의 발기인으로 활동하기도 했으나, 그해 생을 마감했다.

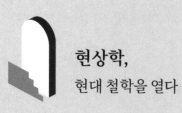

현상학,
현대 철학을 열다